# バリエーションの中の日本語史

編 | 岡﨑友子＋衣畑智秀＋藤本真理子＋森勇太

The History of Japanese as a Variety of Japanese

© Tomoko OKAZAKI, Tomohide KINUHATA, Mariko FUJIMOTO, and Yuta MORI

First published 2018

All rights reserved. No part of this publication may be reproduced,
stored in a retrieval system, or transmitted in any form or by any means,
without the prior permission in writing of Kurosio Publishers.

Kurosio Publishers
3-21-10, Hongo, Bunkyo-ku, Tokyo 113-0033, Japan

ISBN 978-4-87424-766-2
printed in Japan

# まえがき

　本書は、2016 年 4 月 30 日と 5 月 1 日に行われた、研究発表会「バリエーションの中での日本語史」（主催：大阪大学大学院文学研究科日本文学・国語学研究室、共催：土曜ことばの会）での発表を元に、数編の論文を加えて編まれたものである。

　伝統的な日本語史（国語史）研究は、文献資料を緻密に読むことによって発展して来た。そのことにより得られた文献資料に対する知見は計り知れないが、その一方で、日本語史研究が文献資料の内部に閉じこもる面があったのも事実である。極端に言えば、各文献の用例数を数えることを以って、日本語史研究としていた面もあろう。それに対し、近年の日本語史研究では、諸方言に見られるバリエーションをも勘案して、日本語の歴史を捉え、説明していく傾向がはっきりしてきた。また、現代日本語や方言を専門とする研究者にとっても、全ての現象が共時的に説明できるものではなく、歴史的な説明が必要であることが認識されつつある。その意味で、日本語史研究は、単に日本語史の研究者だけのための領域ではなく、また、日本語史研究者は、日本語史の研究の中だけに閉じこもってはいられなくなっていると言えるだろう。

　このような状況のもと、言語の変異がどのように起こるかに興味を持つ日本語史研究者や方言研究者などを集め、その知的交流を図ろうと意図したのが、上記の研究発表会である。発表会では、大きく 3 つのシンポジウムが企画された。一つは存在表現とアスペクトに関するもの、一つは指示詞に関するもの、そしてもう一つは受身に関するものである。この 3 つのシンポジウムで報告された内容は、それぞれ本書の柱となっている。それに加え、個別の研究発表も行われたが、そこでは、日本語史に見られるスタイルシフトや役割語に関するものがあった。本書では、それらの発表を 1 部にまとめた。

　一編の書籍として編む以上、内容は特定のテーマに偏らざるを得ないが、これらのテーマを超えて、日本語史研究の現状・将来を位置づける普遍的な

価値を本書が持つことを願い、これを世に送ることにしたい。

2018 年 4 月

岡﨑友子　衣畑智秀　藤本真理子　森勇太

# 目　次

まえがき .................................................. i

## 存在表現とアスペクト

東北諸方言の存在表現とアスペクト・テンス .................... 高田祥司　3

日本語諸方言における被動者項を指向するパーフェクトの
他動詞文の多様性 ............................................ 竹内史郎　23

市来・串木野方言の静態化体系 ................................ 黒木邦彦　45

存在型アスペクトの文法化のバリエーション .................... 衣畑智秀　69
　―宮古狩俣方言からの示唆―

リスト存在文について ........................................ 金水　敏　89

## 指示表現の地理・歴史的研究

中古のカ（ア）系列とソ系列の観念指示用法 .................... 藤本真理子　103
　―古典語における知識の切り替わりから―

現代語・中古語の観念用法「アノ」「カノ」 .................... 岡﨑友子　119

直接経験が必要ない記憶指示のアノ .......................... 堤　良一　139

## 「非情の受身」の発達をめぐって

「非情の受身」のバリエーション .............................. 岡部嘉幸　159
　―近代以前の和文資料における―

[iii]

iv ｜ 目 次

ラル構文によるヴォイス体系 ............................... 志波彩子 175
―非情の受身の類型が限られていた理由をめぐって―

可能表現における助動詞「る」と
可能動詞の競合について ..................................... 青木博史 197

### スタイルと役割語

役割語の周縁の言語表現を考える ....................... 西田隆政 217
―「人物像の表現」と「広義の役割語」と「属性表現」―

書き手デザイン ................................................. 渋谷勝己 231
―平賀源内を例にして―

行為指示表現「～ておくれ」の歴史 .................... 森 勇太 251
―役割語度の低い表現の形成―

比喩によって生じるキャラクター属性 ................. 大田垣 仁 269
―ラベルづけられたキャラクタの観点からみた―

あとがき ......................................... 289

執筆者紹介 ..................................... 292

索 引 ........................................... 295

# 存在表現とアスペクト

# 東北諸方言の存在表現と
## アスペクト・テンス

高田祥司

## 1. はじめに

日本語諸方言の存在表現、アスペクト・テンスの研究は、西日本（工藤（1995: V 章）の宇和島方言等）で先行し、東日本では、かつては山形県の方言に関するものが散見される程度だったが、その後、他の東北諸方言についても各地で体系の記述が進み、体系の動態に関する考察も行われるようになった[1]。しかし、そこでは諸説が入り乱れ、相互の議論や妥当性の検証は、未だほとんどなされていない。このような現状に鑑み、本稿では、東北諸方言に見られる体系のタイプと、それらの間の関係について、まず筆者の考えを提示し、それと異なる説に対して検討を加える。以下、次のような流れで論を進めていく。

（ⅰ）有標のアスペクト形式を形成する存在動詞について、アクチュアリティやテンスと関わる東北諸方言の特徴と史的変遷過程を確認する（2 節）。

（ⅱ）東北諸方言におけるアスペクト・テンス体系の二タイプ（津軽方言型・南部方言型）を概観し、体系の動態に関する仮説を述べる（3 節）。

（ⅲ）筆者とは逆方向の体系変化を想定する日高（2005）の仮説の概要を示し（4 節）、そこに内在する問題点を幾つかの観点から指摘する（5 節）。

---

1 個別方言の体系的な記述としては、山形県南陽市（金田 1983）・鶴岡市（渋谷 1994）・酒田市（荒井 1983）や、青森県五所川原市（工藤 2004）・弘前市（高田 2001）、岩手県遠野市（高田 2003）、宮城県中田（八亀他 2005）等の方言に関するものがある。

4 ｜ 高田祥司

## 2. 東北諸方言の存在表現

　東北諸方言の存在表現に見られる大きな特徴として、「イダ」が〈現在〉を表すことがある。例えば、青森県弘前方言では次のような文が用いられる（以下、本節の例文は全て弘前方言のもの）。

　(1)　　ソファーノ上サ、猫ッコ、{イル／イダ}[2]。

この〈現在〉を表す「イダ」は、古代語で「立つ」の対義語だった「ゐる」が、「ヰタリ」という状態形で位置変化の結果等として存在を表したことを起源とする（cf. 金水 2006 等）。室町時代には、それに由来する「イタ」に加えて、自身が状態性を獲得した「イル」が用いられるようになった。東北諸方言で、〈現在〉の場合に「イル」と「イダ」が併用される状況は、その名残を留めるものであるが、両者には以下の (a)、(b) のような違いがある。

(a)「イル」は、上例 (1) のような〈現在〉の〈一時的存在〉を表す場合の他に、〈現在〉の〈反復習慣〉や〈恒常的存在〉を表す場合にも用いられるが、「イダ」はこれらの場合には用いられない。

　(2)　　エ（家）ノ猫ッコァ、ムッタド（いつも）ソファーノ上サ、{イル／
　　　　　*イダ}。〈反復習慣〉

　(3)　　ペンギン、南極サ、{イル／*イダ}。〈恒常的存在〉

(b)「イル」は〈未来〉、「イダ」は〈過去〉の場合にも用いられる。

　(4)　　[天気予報によると明日はとても寒そうなので] 明日ァ、猫ッコ、
　　　　　コタツノ中サ、{イルビョン／*イダビョン}（いるだろう）。〈未来〉

　(5)　　サキタ（さっき）マデ、ソファーノ上サ、猫ッコ、{*イル／イダ}。
　　　　　　　　　　　　　　　　　　　　　　　　　　　　　　　　　〈過去〉

これらの点から、「イル」と「イダ」には、事態のアクチュアリティ（具体的な一時点に現象するかどうか）に関する違いがあると考えられる。〈現在〉の〈反復習慣〉、〈恒常的存在〉、〈未来〉は、いずれの場合も事態が具体的な一時点に現象しないポテンシャルなものである。「イダ」は、それらの場合には使用できず、〈現在〉の〈一時的存在〉や〈過去〉の場合に用いられるため、アクチュアルな存在を表すと言える。これは、上で述べた、位置変化の

---

2　東北諸方言では、母音間の /t/ /k/ が有声化によって [d] [g] になる現象が一般的であるが、以下、方言形の表記は極力これを写す形で行う。

結果等として存在を表した擬似存在動詞的「ヰタリ」を出自としていることからも頷ける。

このように東北諸方言では、「イダ」は〈現在〉の場合にも用いられるため、〈過去〉を明示することができない。〈過去〉を明示するためには「イデアッタ」（や縮約形「イダッタ」）が使用される。

（5′）　サキタ（さっき）マデ、ソファーノ上サ、猫ッコ、イデアッタ。

東北諸方言の存在表現は、以上のように、事態のアクチュアリティとテンスの二点と関わって形態が細かく区別されるが、この状況は、次の図1のような史的変遷によるものと考えられる。

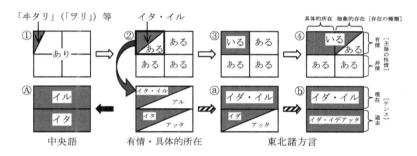

図1　存在動詞の史的変遷過程[3]

中央語と東北諸方言のどちらも、大きな流れとしては、上段の①～④のように元々、主語の有情・非情の区別に関わらず、「ある」が用いられていたところへ、「いる」が有情物の具体的所在から抽象的存在の場合へと使用領域を広げていった。まず、有情物の具体的所在の場合に、擬似存在動詞的「ヰタリ」が用いられ始め（①）、その後、「ヰタリ」に由来する「イタ」に加え、「イル」も用いられるようになった（②、中央語では室町時代）。ここから下段のように、中央語と東北諸方言では、異なる変遷を遂げることになる。中央語では、「イタ」が〈過去〉専用になったことで、「ある」から「いる」へ

---

3　髙田（2003）から再掲。上段は、金水（1984: 289）の図を改変する形で作成し、下段で、特に有情物の具体的所在（本稿で言うアクチュアルな存在に対する金水（1984）の用語、図1についてはそれに合わせる）の場合の変化を、テンス的な側面についてより詳しく示した。

の交替が一気に進んだ（Ⓐ）のに対し、東北諸方言では、「イダ」が引き続き〈現在〉でも用いられたので、この交替が〈現在〉の場合にしか完了せず、〈過去〉を明示するために「アッタ」が残る形で一旦休止した（ⓐ）と推測される。しかし、この状態は、「いる」が大勢を占めつつある中で、〈過去〉の場合だけに異なる動詞「ある」が残っているという点で、体系的に不安定である。そこで、「いる」が「〜テアッタ」の形を取った「イデアッタ」が「アッタ」に取って代わり、「いる」に一本化された体系が成立した（ⓑ）のだと考えられる。

　日本語において、有標のアスペクト形式は、有情の主語に対する存在動詞が文法化して形成される。そこで、本節で見た存在動詞の体系との対応関係、特に「〜テアッタ」という形式の位置付けを考えると、東北諸方言のアスペクト・テンス体系には、次節に見るような二つのタイプが認められる。

## 3.　東北諸方言のアスペクト・テンス体系
### 3.1　津軽方言型の体系

　一つ目は、青森県津軽地方から秋田県北部の地域に見られるタイプの体系である（以下、「津軽方言型」と称す）。弘前方言（高田 2001）を例に取って見ていく。この体系は、完成相については標準語と同じく、〈非過去〉で基本形、〈過去〉で「〜タ」が使用されるが、継続相については特徴を有する。以下に、その例文を挙げる。

　（6）　太郎、今、手紙、{書イデル／書イデラ}。〈現在〉
　（7）　授業、始マル前、生徒、グランド、{走ッテラ／走ッテダ／走ッテアッタ}。〈過去〉
　（8）　明日ノ今頃ァ、大風、吹イデルビョン（吹いているだろう）。〈未来〉

このうち、〈現在〉と〈過去〉の「〜テラ」は、「〜テイダ」から次のような音声的変化（「書く」の場合で代表させる）を経て成立したものである。

　（9）　kaide-ida ＞ kaideda ＞ kaidera
　　　　※東北地方北部では [d] → [r] の転化が起こる。

注意を引くのは、途中「〜テダ」を介していながら、そちらは〈過去〉でしか用いられない（弘前方言の場合）という点である。「〜テラ」と「〜テダ」

の意味の違いについては、後で詳しく述べる。

このように当該体系では、継続相の形式が標準語に比べて多く、複雑な様相を呈している[4,5]。これを完成相や存在動詞（有情）の形式と併せて整理すると、表1のようになる（運動動詞は「書く」で代表させる）。〈非過去〉では存在動詞と継続相が対応するが、〈過去〉では両者の間に不一致が見られる（網掛け部分）。

表1　津軽方言型（弘前方言）の中核的体系

| テンス　述語 | 存在動詞 | 継続相 | 完成相 | |
|---|---|---|---|---|
| 未来 | イル | カイデル | カグ | ・〈現在〉の「イダ」はアクチュアルな存在。 |
| 現在 | イル | カイデル | － | ・アクチュアルな存在を表す形式としては、他に継続相相当形式も使用（5.2節参照）。 |
| | イダ | カイデラ | | ・存在動詞の変化が先行し、図1の⑥の状態。 |
| 過去 | イダ | カイデラ・カイデダ | カイダ | 継続相は一つ前の⑧の段階に対応する状態。 |
| | イデアッタ | ＊1 | | →次の形式が予測されるものの存在せず。 |
| | ＊2 | カイデアッタ | | ＊1：カイデイデアッタ／＊2：アッタ |

## 3.2　南部方言型の体系

二つ目は、岩手県中部から下北半島にかけての旧南部藩領を中心とした地域に見られるタイプの体系である（以下、「南部方言型」と称す）。岩手県遠野方言（高田2003）を例に取って見ていく。このタイプの中核的体系は表2のようになる[6]。まず、継続相については次のような形式が用いられる。

---

4　「ある」、アクチュアルな〈現在〉を表す「イダ」、「いる」という、存在動詞の史的変遷過程における三段階のもの全てに対応した形式が層化（layering, Bybee et al. 1994）して混在している点が注目される。

5　これに加えて、「～テル」に「～チュー」、「～テラ」に「～チャー」、「～テアッタ」に「～テッタ」等の音声的バリエーションも存在する。

6　遠野方言では、[ai] → [ε(:)] の融合により、「カイデ」が「ケ（ー）デ」のようになるが、分かりやすさを考えて変化前の形で示す。

## 表2　南部方言型（遠野方言）の中核的体系

| テンス＼述語 | 存在動詞 | 継続相 | 完成相 |
|---|---|---|---|
| 未来 | イル | カイデル | カグ |
| | | （カイデラ） | |
| 現在 | イル | カイデル | － |
| | イダ | カイデラ | |
| 過去 | イダ | カイデラ | カイダ |
| | イダッタ | カイデラッタ | カイダッタ |

※網掛け部分は継続相に対応する形式なし。

## 表3　「イダ」「〜テダ」「〜テラ」の意味

| 意味・用法＼形式 | | イダ⇒〜テダ➡〜テラ | | |
|---|---|---|---|---|
| 未来 | | × | × | （○） |
| 現在 | 一時性 | ○ | （○） | ○ |
| | 反復性 | × | × | ○ |
| 過去 | | ○ | ○ | ○ |
| 恒常性 | | × | × | ○ |

※括弧付きの○は方言による違いがあるもの。

(10)　太郎、今、手紙、{書イデル／書イデラ}。〈現在〉

(11)　授業、始マル前、生徒、グランド、{走ッテラ／走ッテラッタ}（ッケ）。〈過去〉

(12)　明日ノ今頃ァ、大風、{吹イデルベ（／吹イデラベ）}（吹いているだろう）。〈未来〉

先の津軽方言型との違いとしては、以下の二点が挙げられる。まず、顕著な違いは、〈過去〉の場合に「〜テアッタ」ではなく「〜テラッタ」を使用することである。「〜テラッタ」は「〜テイデアッタ」という構成を持ち、次のように成立したと見られる。

(13)　kaide-ide-aQta ＞ {a. kaide-idaQta ／ b. kaidede-aQta} ＞ kaidedaQta ＞ kaideraQta

　　　※存在動詞の ide-aQta ＞ idaQta の変化後なら a からの経路。

また、弘前方言と異なり、「〜テラ」を〈未来〉の場合にも用いる点が目を引く（ただし、「〜テル」の方が優勢）。弘前方言で、「〜テダ」は本来「イダ」と同様、〈現在〉の〈一時性〉[7]、〈過去〉というアクチュアルな意味を表したが、「〜テラ」は音声的変化を経て「イダ」との関係が希薄化した結果、次例のようにポテンシャルな意味も獲得している（上記の表3）。

---

7　弘前方言において、「〜テダ」は既に〈現在〉の〈一時性〉を表さなくなっているが、これは「〜テラ」との間に機能分担が生じたためだと考えられる。

東北諸方言の存在表現とアスペクト・テンス ｜ 9

(14) 太郎、時々手紙、{書イデル／**書イデラ**／*書イデダ}。〈反復習慣〉

(15) 道ニ沿ッテ、リンゴ畑、{広ガッテル／**広ガッテラ**／*広ガッテ
ダ}。〈恒常的特性〉

弘前方言では、「〜テラ」のポテンシャルな意味はこれらにとどまるが、遠
野方言では、さらに文法化が進み、〈未来〉にまで至ったのだと考えられる。

　次に、完成相について見ていくと、〈非過去〉では標準語と同じく、基本
形が用いられるが、〈過去〉では「〜タ」に加えて「〜タッタ」が用いられ
る。この形式は「〜テアッタ」が音声的に縮小したものであるが、弘前方言
のそれが〈継続性〉を表すのと異なり、〈完成性〉を表す点が注目される。

(16) 昨日ァ、オバーチャンノ昔話、{聞イダ／**聞イダッタ**}。

「〜タッタ」は、「〜タ」には見られない、次のⓐ、ⓑのような副次的な意味
を持っている。

ⓐ現在との断絶性：事態が発話時から切り離されていることを表し、「過去
　の運動が発話時に効力を持つ」という〈現在パーフェクト〉を表さない。

(17) ソノ昔話ナラ、モー{聞イダ／*聞イダッタ}。ダガラ、話ノ筋ァ、
　　　知ッテラ。何カ別ノ話シテケ（してくれ）。〈現在パーフェクト〉

ⓑ体験・目撃性：話し手が自身でしたり直接見たりしたことを表しやすい。
　そのため、歴史上の出来事には用いにくくなる。

(18) 徳川家康ァ、1600 年、関ヶ原ノ戦イニ{勝ッタ／? 勝ッタッタ}。

　津軽方言型の体系では、存在動詞は一足早く「いる」に一本化されている
が、継続相は〈非過去〉では「いる」系、〈過去〉では「ある」系の形式で、
存在動詞と対応していない。このような体系の不均衡を解消すべく、継続相
も存在動詞の後を追う形で変化を進めたのが南部方言型の体系だと考えられ
る。この体系では、〈過去〉でも継続相が「いる」系の「〜テラッタ（＜〜テ
イデアッタ）」になり、存在動詞の「イダッタ（＜イデアッタ）」と対応して
いる。ここでは次のような変化が生じたと見られる。

①元々、津軽方言型と同様、〈過去〉の場合に存在動詞は「イデアッタ」、継
　続相は「〜テアッタ」が用いられ、両者が対応していなかった（「〜テアッ
　タ」に対応する存在動詞は、「イデアッタ」ではなく「アッタ」）。

②継続相に、存在動詞の「イデアッタ」に対応する「〜テイデアッタ」に当
　たる形が成立。旧来の形式「〜テアッタ」は当初、これと競合していた。

③「〜テアッタ」は、対応する存在動詞（有情）の「アッタ」が既に失われて
　いることで位置付けに揺らぎが生じ、次第に〈継続性〉を表しにくくなっ
　ていった結果、完成相過去に移行した[8]。
　さて、次節では、このような仮説に対立する日高（2005）の説を見ていく。


## 4. 日高（2005）の体系変化に関する仮説
### 4.1 日高説の概要

　日高（2005）は、津軽方言型のように「〜テアッタ」を継続相過去で用
いる体系をAタイプ、南部方言型のように「〜テアッタ」の縮約形である
「〜タッタ」を完成相過去で用いる体系をBタイプとし、前者の体系は青森
県津軽地方から秋田県北部、後者の体系は秋田県南内陸部から東北地方太平
洋側の地域の方言に見られると述べている。さらに、秋田県中央部・南沿岸
部（秋田市、南秋田地方、由利地方）には、Bタイプの前段階のものと考え
られる、「〜テアッタ」を完成相過去で用いる体系があると述べ、それをB′
タイプとしている。

　また、このような地域差に加えて、秋田県中央部・南沿岸部には、次のよ
うな世代差が見られるという。

　　老年層：B′タイプで既に「ゆれ」が生じており、「〜テアッタ」を継続相
　　　　　　過去・完成相過去両方で用いるB′・Aタイプ混用の話者が多い。
　　中年層：継続相過去のみで「〜テアッタ」を用いるAタイプ。
　　若年層：「〜タッタ（<〜テアッタ）」を継続相過去で用いるA′タイプ。

　日高（2005）は、以上のような地域差・世代差を、東北諸方言における体
系の変遷過程を反映したものと捉え、B′タイプが本来の体系で、そこから
AタイプとBタイプのそれぞれの体系に分岐していったという見取り図を
描いている。

　これを日高（2005）の表1〜4、図9を基に整理したものが以下の図2で
ある。どのタイプもテンス的に〈未来〉と〈現在〉である場合は、次頁左上の
表の形で同様なので、〈過去〉の場合のみ示す。

---

8　途中、②から③にかけてのどこかの段階で、「〜テアッタ>〜タッタ」「〜テイデアッタ
>〜テラッタ」の音声的な縮小が起こったと考えられる。

体系内の〈未来〉〈現在〉の部分

|  | 「いる」 | 継続相 | 完成相 |
|---|---|---|---|
| 未来 | イル | シテ（イ）ル | スル |
| 現在 | イル<br>イタ | シテ（イ）ル<br>シテ（イ）タ | |

※四つのタイプの体系全てがこの形。

Aタイプ：青森県津軽地方・秋田県北部・
　　　　秋田県中央部と南沿岸部中年層
Bタイプ：秋田県南内陸部から東北地方の
　　　　太平洋側の地域
B′タイプ：秋田県中央部と南沿岸部老年層
A′タイプ：秋田県中央部と南沿岸部若年層

B′<シテアッタ＝完成相過去>タイプ

| 「いる」 | 継続相 | 完成相 |
|---|---|---|
| イタ | シテ（イ）タ | シタ |
| イテアッタ | シテ（イ）テアッタ | **シテアッタ** |

B<シタッタ＝完成相過去>タイプ

| 「いる」 | 継続相 | 完成相 |
|---|---|---|
| イタ | シテ（イ）タ | シタ |
| イタッタ | シテ（イ）タッタ | **シタッタ** |

A<シテアッタ＝継続相過去>タイプ

| 「いる」 | 継続相 | 完成相 |
|---|---|---|
| イタ | シテ（イ）タ | シタ |
| イテアッタ | **シテアッタ** | |

A′<シタッタ＝継続相過去>タイプ

| 「いる」 | 継続相 | 完成相 |
|---|---|---|
| イタ | シテ（イ）タ | シタ |
| イタッタ | **シタッタ** | |

矢印の種類によって、テアッタにどのような面の変化が起こったかを示す。
➡テアッタの機能変化：完成相過去＞継続相過去
⇨テアッタの形態変化：テアッタ＞タッタ

図2　日高（2005）の想定する体系の変遷過程

弘前方言や遠野方言では「〜テラ」「〜テラッタ」を用いるが、音声的変化が起こらず、「〜テダ」「〜テダッタ」を用いる方言もある[9]。日高（2005）が語形をそれらで代表させている（有声化は捨象）ことに注意されたい。

　この中で、B′<シテアッタ＝完成相過去>タイプからA<シテアッタ＝継続相過去>タイプへの変化がなぜ起こったのかについて、日高（2005）は①「〜テアッタ」の発生理由、②形態面の二点から説明する。

　まず、①「〜テアッタ」の発生理由からは、次のような説明が行われている。日高（2005）はこれを、存在動詞「いる」の過去時制を明示するためだと見ている。その点で、Aタイプは「いる」については「イテアッタ」、そ

---

9　八亀他（2005）の宮城県中田方言などがそのタイプである。方言によっては、「書イッタ（<書イテイタ）」「書イッタッタ（<書イテイテアッタ）」のような促音化形式を用いることもある（金田（1983）の南陽方言や渋谷（1994）の鶴岡方言等）。

れ以外の動詞の継続相では「シテアッタ」が過去時制を明示する形となっており、目的は果たされているとされる。これに対して、B′タイプは体系的には整っているが、「いる」以外の動詞の完成相過去の「シテアッタ」は、時制的な意味が「シタ」と変わらず、機能的には余分な存在である（筆者注：それが継続相過去にずれ込んでいく要因になった）とされる。

　また、②形態面からは、次のような説明がなされている。B′タイプは、縮約が起こらない限り、継続相過去が「シテイテアッタ」という冗長な形を取る。Bタイプでは縮約が起こったことで、継続相過去が「シテダッタ」「シテラッタ」などの短い形になったが、Aタイプでは「〜テアッタ」の形態が保持されている。これは、形態変化が起こる前に、冗長さのために「シテイテアッタ」が消滅し、「シテアッタ」がその穴を埋めたためであるとされる。その際、「〜テアッタ」という本来の形態が保たれたことによって、状態的な意味を持つ存在動詞「ある」との類推が容易になり、継続相にずれ込んだと考えられている。

### 4.2　他説との議論の不在

　このような日高（2005）の仮説は、以下の点において、3節で述べた筆者の仮説と大きく異なるものである。

(a) 高田説では、「〜テアッタ」が継続相過去から完成相過去に移行したと考えているが、日高説では、その逆方向に変化したと考えている。

(b) 高田説では「イデアッタ」について、「いる」が過去時制を明示するために、元から存在していた「〜テアッタ」の形を取ったものと見ているが、日高説では、「〜テアッタ」が「いる」の過去時制を明示するために発生したとしている。

　このうち (b) の点について、日高（2005）は次のように述べている。

　　東日本方言の過去時制を表すテアッタの出自について、存在主体が有情物・非情物で区別されなかった古典語の「あり」に直接由来するものと説明する論考があるが、筆者はこの考えをとらない。過去時制を表すテアッタ形は、存在動詞イタ（イル）の確立以降に、東日本方言で独自に発達したものと考える。
　　　　　　　　　　　　　　　　　　　　　　　　　　（日高 2005: 90）

「〜テアッタ」が主語の性情による区別がなかった時期の「ある」に由来すると説明している論考には、高田（2001、2003）も含まれるが、日高（2005）は、「この考えをとらない」とするのみで、具体的な論考とその内容を示して問題点を指摘することは行っていない（当該論文の目的は、あくまで文法化の地域的な傾向を明らかにするところにあり、他の表現と併せて扱っている関係上、「〜テアッタ」についてのみ詳細に論じることができない、といった問題はあるにせよ）。(a) の点についても、日高（2005）に先立つ日高（2000: 209）で、「『継続相過去』の形式が『完成相過去』を表すようになることを説明する積極的な根拠は乏しい」と述べられているが、具体的な批判はなされていない。

　一方、日高説は部分的な違い [10] はあるものの、日高（2000）で既に提唱されていたが、高田（2001、2003）は、それに対する検討を行っていなかった。

　また、日高（2005）は、移動の方向・着点を表す格助詞「サ」、目的語を表示する格助詞「コト・トコ」類についても文法化の方向性と地理的分布の関係を考察して、東北方言に、「文法形式の機能を大幅に変質させる文法化を促進する日本海側の方言」と「本来の意味用法を維持する範囲での文法化が生じる太平洋側の方言」といった傾向の違いを指摘し、「〜テアッタ」「〜タッタ」の文法化もその傾向に沿ったものであると述べる。これに対して、吉田（2008: 59）は「時間表現に関しては、日本海側、太平洋側の区別なく、東北方言全般の変化だと考える」と述べる。アスペクト・テンス体系の変化については、促進型方言・維持型方言の区別が当てはまらないという点は、筆者も考えを同じくするところである。吉田（2008）では、高田説と同様、「〜テアッタ」が継続相過去から完成相過去に移行する方向の体系変化を想定しているが、日高説に対する検討・批判は充分になされていない [11]。

---

10　日高（2005）が「〜テアッタ」を完成相過去で用いる B′ タイプの体系を出発点としているのに対して、日高（2000）は、B′ タイプと A タイプを混用し、「〜テアッタ」を継続相過去・完成相過去両方で用いる体系（秋田県中央部・南沿岸部老年層）を出発点と見ている。

11　ただし、筆者が継続相過去において、存在動詞との対応関係を持つ新興の「〜テイデアッタ（＞〜テダッタ）」に当たる形が、それを欠く「〜テアッタ（＞〜タッタ）」を完成相過去に押しやったと見ているのに対して、吉田（2008）は、先に完成相過去の「〜タッタ」が生じた後で、二項対立を実現するために継続相過去の「〜テダッタ」が生じたとしている点が異なる。この点を含めた吉田説の検討は、別稿で行うことにしたい。

高田（2008）も「～テアッタ」が継続相過去から完成相過去に移行したと見る立場から論を展開したが、韓国語の類似形式との対照に主眼があったため、日高説に対する検討・批判は、やはり行えなかった。

日高（2005）、吉田（2008）、高田（2008）は、いずれも『日本語の研究』掲載の論文である。同一誌に同じテーマの論文が立て続けに掲載され、相反する立場から考察を行っている状況であり、議論によって研究が進展する可能性が開かれているにもかかわらず、それがなされていないのは、望ましいことではない。

このような現状とそれに対する筆者自身の反省を踏まえて、次節では日高説に対する検討を行い、その問題点を幾つかの観点から指摘する。

# 5. 日高（2005）の仮説に対する検討
## 5.1 日高説への疑問① ―変化の一般的な傾向から―

まず最初に、言語変化の一般的な傾向という観点から検討を行っていく（cf. Bybee et al. 1994、Traugott and Dasher 2002 等）。

日本語諸方言において、有標のアスペクト形式は、運動動詞の中止形に有情の主語に対する存在動詞が付いた形が文法化して形成される。ここから考えると、日高（2005）における B′ タイプの体系は、過去時制を明示する形式として、存在動詞「いる」では「イテアッタ」、継続相では「シテ（イ）テアッタ」が用いられ、両者が対応している。これに対して A タイプは、「いる」では「イテアッタ」、継続相では「シテアッタ」が用いられ、両者が対応していない（一見対応しているかのようであるが、「シテアッタ」に対応する存在動詞は、「イテアッタ」ではなく「アッタ」である）。この点で、B′ タイプは体系的に安定しているが、A タイプは体系的に不安定であると言える。日高氏の想定する B′ タイプから A タイプへの変化は、安定した体系から不安定な体系への変化ということになるが、一般的に、体系の変化は内在する不安定さを解消する方向で進むので、それに逆行する変化は考えにくい。

また、日高（2005）は、『方言文法全国地図』における語形（190、196 図の「いた」及び 188 図の「行った」の方言形）の分布を整理した上で、日本海側の地域では「～テアッタ」という本来の形が維持され、太平洋側の地域

東北諸方言の存在表現とアスペクト・テンス | 15

では縮約形「〜タッタ」が用いられる傾向があるとしている。ここから、形態面では、日本海側より太平洋側の方が変化が進んでいるということになる。これに対して機能面では、太平洋側の地域の「〜タッタ」が（日高説で本来の機能と考えられている）完成相過去で用いられる状態を維持し、日本海側の地域の「〜テアッタ」が継続相過去で用いられるとされる。つまり、形態面とは反対に、太平洋側より日本海側の方が変化が進んでいるということになる。しかし、文法化の過程において通常、形態面の変化（縮約）と機能面の変化は並行的に進む。形態面と機能面で逆方向の変化を想定するというのは、自然なことではない。

## 5.2　日高説への疑問② ―「〜テアッタ」の用法と機能から―

　続いて、「〜テアッタ」の用法と機能という観点から考えると、日高説には以下のような問題点がある。

（a）日高説では、「〜テアッタ」が「いる」の過去時制を明示するために発生したと見るが、その目的に対して、なぜこの形式が選ばれたのか。「イダ」が現在時制を表す東北諸方言で、過去時制を明示する形式が必要になるとして、それが「〜テアッタ」という形になる理由は何か。

（b）「〜テアッタ」が「いる」の過去時制を明示するために発生したということを一旦認めたとしても、それがなぜ運動動詞の完成相過去にまで用いられるのか。この点については、完成相過去の形式として「〜タ」が既にあるところに、なぜ新たに「〜テアッタ」が用いられるようになったのかも、併せて説明されなければならない。

（c）日本語諸方言において、"中止形＋存在動詞"は専ら〈継続性〉を表す。このような大勢に反して、「〜テアッタ」が〈完成性〉を表すとするなら、その理由が示される必要がある。

　これらの点について、高田説は納得のいく説明を与えることができる。

　まず、（a）について述べる。「いる」の過去時制を明示するために「〜テアッタ」が用いられるのは、最初からそのために発生したからではなく、それが継続相過去の形式だからだと考える。非動的述語の過去時制に対して、完成相過去ではなく継続相過去の形式が用いられるという点は、直ちに首肯し難く、少々説明が必要であろう。これは、東北諸方言で非動的述語が具体

的な時間におけるアクチュアルな状態を表す場合に、運動動詞の継続相に相当する形を取ることと関わる（例文は弘前方言）。

(19) a. ビルノメ（前）サ、今、警備員、{イル／イダ／イデラ}。

  b. コノビルノメサ、ムッタド（いつも）警備員、{イル／*イダ／*イデラ}。

上例のように、この継続相相当形式は〈現在〉の場合、〈反復習慣〉を表さず、〈一時的状態〉を明示する。これに対して〈過去〉の場合は、〈一時的状態〉と〈反復習慣〉を共に表し、両者の間の違いがはっきりしない。

(20) a. ビルノメサ、サキタ（さっき）、警備員、{イダ／イデラ／イデダ／イデアッタ}。

  b. コノビルノメサ、アノ頃、ムッタド警備員、{イダ／イデラ／イデダ／イデアッタ}。

これについては、次のように考えられる。〈現在〉の〈反復習慣〉は、発話時を含む幅広い期間におけるものであるため、発話時以降も実現の可能性があるが、〈過去〉の〈反復習慣〉は、既に実現の可能性が閉ざされている。したがって、〈過去〉の〈反復習慣〉は、〈一時的状態〉よりはポテンシャルであるが、〈現在〉の〈反復習慣〉に比べればアクチュアルである（cf. 工藤1995）。そのため、〈過去〉の場合は、〈一時的状態〉であれ〈反復習慣〉であれ、継続相相当形式が用いられ、結果として「〜テアッタ」が過去時制を表すことになる。このように、「〜テアッタ」は「いる」の過去時制を明示する形式としてではなく、運動動詞の継続相過去として発生し、非動的述語のアクチュアルな状態を表す用法を通して、「いる」の過去時制を明示するためにも用いられるようになった、というのが筆者の考えである。なお、この考えを取るには、「いる」の過去時制を明示する「イデアッタ」よりも先に継続相過去の「〜テアッタ」が成立していたと見る必要があるが、2節の図1のように、「〜テアッタ」に対応する存在動詞「アッタ」を用いる体系（ⓐ）が「イデアッタ」を用いる体系（ⓑ）よりも古いと考えられるため、そのように見ることは妥当であろう。

　次に、(b) の運動動詞の完成相過去で「〜テアッタ」が用いられるようになった理由について考える。「〜テアッタ」の機能を最初から完成相過去だったとする限り、既存の「〜タ」との競合を招いてしまうにもかかわら

東北諸方言の存在表現とアスペクト・テンス | 17

ず、さらにそれが用いられるようになった理由を説明することは難しい。このような状況が生じたのは、前述の通り、元々は継続相過去の形式だった「〜テアッタ」が新興の「〜テイデアッタ」に当たる形との競合に敗れて、〈継続性〉を表しにくくなり、完成相過去に移行したからだと説明される。その際、完成相過去において「〜タ」と共存し得たのは、時間的な意味の他に、「現在との断絶性」「体験・目撃性」という副次的な意味（3.2節参照）を有するためであろう。

　また、(c)の"中止形＋存在動詞"が〈継続性〉を表す大勢に反し、「〜テアッタ」が〈完成性〉を表すようになった理由も、それを本来の機能と考えた場合、説明が困難である。これも「〜テアッタ」が本来は継続相過去の形式で、上記の競合の結果、完成相過去に移行したと考えると、説明が付く。

## 5.3　日高説への疑問③ ―副次的な意味との関係から―

　さらに、日高説では、「〜タッタ」の副次的な意味が生じる理由が説明できない。3.2節で、「〜タッタ」が〈過去〉の〈完成性〉に加えて、ⓐ現在との断絶性、ⓑ体験・目撃性を表すことを述べた。これについては、「〜タッタ」の原形「〜テアッタ」が本来〈継続性〉を表していたと見ることで、初めて説明可能である。これらの意味は、継続相過去の特徴から生じた文脈的含意が完成相過去になった後も受け継がれたものであろう。

　まず、ⓐ現在との断絶性は、次のような特徴から生じたと考えられる。継続相過去は、発話時を含む時間帯の出来事を表す継続相現在と対立し、〈過去〉の一定時間における過程や結果を表すため、発話時とのつながりを持ち得ない。これは、「〜タ」が〈現在〉の〈結果〉〈パーフェクト〉を表す「〜タリ」を出自とし、発話時とのつながりを持ち得ることと対照的である。

　(21)　ほら、見て！　レモンパイ、全部｛売れた／#売れていた｝。

標準語でもこの例のように、パン屋の店員が厨房にいる同僚に、空になったトレーを見せて話す場合、「〜テイタ」より「〜タ」の方が用いやすい（発話現場に結果が存在。そうではなく単に報告する場合は双方自然となる）。

　また、ⓑ体験・目撃性は、継続相が出来事内部に視点を置き、その一段階のみを微視的に取り上げることから生じたと考えられる。そのような個別の段階は普通、出来事を直接体験・目撃しなければ知り得ないためである。

(22) 松岡さんの娘さんも｛合格した／合格していた｝。

このような標準語の例でも、「〜タ」が用いられた場合には、娘さんの合格を人づてに聞いた可能性もあるが、「〜テイタ」が用いられると、合格発表の会場に居合わせるなどして、直接それを知ったという解釈が強くなる。

以上の内容を図式化すると、次の図3のようになる。ⓐ、ⓑは、継続相にとっては、使用された文脈の中で持つ含意に過ぎないが、「〜タッタ」においては、形式自体の意味として焼き付いていると考えられる。これは文法化理論の一般的傾向にも合致する（cf. Traugott and Dasher 2002 等）。

図3　継続相過去の含意の出所

### 5.4　日高説の根拠に対する反論

以上、日高説に対する疑問点を大きく三つの観点に分けて挙げつつ、高田説がそれらについて自然な形で説明できることを述べてきたが、逆に、日高説で方言地理学的な観点から提示された根拠で、高田説の反証となりそうなものがある。ここでは、そのような点を二つ挙げて見ていくことにする。

一点目は、秋田県の方言における世代差についてである。日高（2005）は、「シテアッタ」を完成相過去で用いる体系（B′タイプ）が見られる秋田県中央部・南沿岸部では、現在の老年層において既に「ゆれ」が生じ、それを継続相過去でも用いるようになっているとする。さらに、中年層では「シテアッタ」、若年層では「シタッタ」を継続相過去で用いる体系（それぞれAタイプ、A′タイプ）になっているという。このような世代差が東北諸方言における体系の変遷過程をそのまま反映したものだとすれば、確かに、日高説のように「シテアッタ」を完成相過去で用いる体系から継続相過去で用いる体系に移行していったと考えられ、これは高田説に対するかなり強力な反証になり得る。この点について、筆者は次のように考える。当該地域の老年層において、「シテアッタ」が完成相過去と継続相過去の両方で用いられる状

況は、B′タイプの体系に「ゆれ」が生じたことによるものではなく、Aタイプから B′タイプに変化する途中段階のものなのではないか。そう考えると、中年層において、「シテアッタ」が継続相過去のみで用いられる状況は、それが一度は継続相過去から完成相過去に移行しかけたものの、変化が完了せず、また元のように継続相過去で用いられるようになったものと解釈される。このような「揺り戻し」が起こった理由としては、B′タイプの体系において、「〜テアッタ」が縮約せず、継続相過去の形式が「シテイテアッタ」という冗長な形を取ることが考えられる。日高説では、これを B′タイプから Aタイプへの変化の理由として挙げているが、「シテイテアッタ」が冗長さのために消滅したとするなら、それが定着した B′タイプの体系が本来存在したと考えるより、Aタイプから B′タイプに変化しかける過程でそれが一旦生じたものの、完全には定着しなかったと考える方が自然であろう（日高（2005）自体、B′タイプの体系は、老年層で既に「ゆれ」が生じていると述べており、このタイプの体系が純然たる形で存在したかどうか疑わしい）。それによって、完成相過去に押し出されかけた「シテアッタ」が継続相過去の枠に戻り、当該地域の中年層では再び Aタイプの体系になっているのだと説明される。

　続いて二点目は、B′タイプの体系を出発点と位置付ける根拠として提示された、竹田晃子氏作成の「小林好日氏による東北方言通信調査地図化資料」の分布図（「（去年も小林は）来た」）についてである。この分布図からは、1939 年の調査時に、津軽地方を含む東北地方のほぼ全域で、完成相過去の「〜テアッタ」が用いられていたことが分かるという。しかし、この調査で回答された形式が完成相過去のものだと言い切れるのだろうか。調査文の述語が「来る」であることに注意する必要がある。この文では、話し手の視点が移動の着点に置かれるため、小林が来ているのを見た、確認したという述べ方が自然となる。その場合は継続相過去の形式が選択され、標準語でも「（去年も小林は）来ていた」という文が用いられる。話し手が移動主体寄りの視点を取る「（去年も小林は東京に）行った」に比べ、継続相の形式が回答されやすいと考えられる。このようなことから、当該調査では、インフォーマントが「〜テアッタ」を完成相過去ではなく、継続相過去の形式として回答している可能性がある。

## 6. おわりに

以上、本稿では、東北諸方言における存在表現とアスペクト・テンスの体系の動態について、筆者自身の説を述べた上で、それと対立する日高（2005）の説を検討し、大きく三つの観点から問題点を指摘した。

① 体系変化が不安定さを解消する方向で進む、文法化の際に形態面と機能面の変化が並行的に進む、といった言語変化の一般的な傾向にそぐわない。

② 「～テアッタ」を「いる」の過去時制を明示する形として用いる理由や、完成相過去として用いにくい条件（「～タ」との競合、"中止形＋存在動詞"が〈継続性〉を表す大勢）に敢えて反する理由が説明できない。

③ 「～タッタ」が〈過去〉の〈完成性〉に加えて、「現在との断絶性」「体験・目撃性」という副次的な意味を持つ理由が説明できない。

当然ながら、自説の展開は、先行研究の丹念な検討に基づいてなされるべきである。立場を異にする者同士が適切な批判を行うことで研究は深化する。例えば、金水（2006: 第9章）にまとめられた柳田征司氏との論争などは、範とすべきものであろう。ここでは、自説に反して、平安時代の「をり」に卑語性を認めない柳田説に対し、関連する諸説や用例の詳細な検討に基づく的確な反証を行った上で、説得力のある主張が展開されている。

日高氏には、本稿の元となるシンポジウム発表の席上で、筆者の疑問・反論に対して貴重な御回答をいただいた。今回は紙幅の都合上、その内容を示して再度筆者の考えを述べることはできなかったが、機会を改めて検討を行う予定である。従来、建設的な批判が不足していた当該分野においても、これをきっかけに活発な議論が交わされていくことを期待して、結びとしたい。

## 付記

金水先生に柳田氏との論争のお話を初めて伺ったのは、大学院の時の御講義でした。そこで「研究とはかくあるべき」と感じ、以来、自分の研究上の指針になっています。先生の還暦記念シンポジウムで対立する学説を検討したのも、その体験が念頭にあったためで、共に講義を受けていた衣畑・竹内両氏と登壇できて感慨を覚えました。学恩に感謝致すとともに、益々お元気で研究に励まれますようお祈りします。

## 参照文献

荒井孝一（1983）「酒田方言の動詞のテンス」『国文学解釈と鑑賞』48-6, pp. 84–100, 至文堂.

金田章宏（1983）「東北方言の動詞のテンス―山形県南陽市―」『琉球方言と周辺のことば』pp. 107–133, 千葉大学教養部.

金水敏（1984）「『いる』『おる』『ある』―存在表現の歴史と方言―」『ユリイカ　総特集　日本語』11　臨時増刊, pp. 284–293, 青土社.

金水敏（2006）『日本語存在表現の歴史』ひつじ書房.

工藤真由美（1995）『アスペクト・テンス体系とテクスト―現代日本語の時間の表現―』ひつじ書房.

工藤真由美（2004）「青森県五所川原方言の動詞のアスペクト・テンス・ムード」工藤真由美（編）『日本語のアスペクト・テンス・ムード体系―標準語研究を超えて―』pp. 120–133, ひつじ書房.

渋谷勝己（1994）「鶴岡方言のテンスとアスペクト」国立国語研究所報告 109-1『鶴岡方言の記述的研究―第 3 次鶴岡調査報告 1―』pp. 237–266, 秀英出版.

高田祥司（2001）「青森県弘前方言のアスペクト・テンス体系〈動詞述語編〉」『待兼山論叢』35, pp. 51–68, 大阪大学文学会.

高田祥司（2003）「岩手県遠野方言のアスペクト・テンス・ムード体系―東北諸方言における動詞述語の体系変化に注目して―」『日本語文法』3-2, pp. 100–116.

高田祥司（2008）「日本語東北方言と韓国語の〈過去〉の表現について」『日本語の研究』4-4, pp. 32–47.

日高水穂（2000）「東北方言のテンス・アスペクト体系の分布と変遷―体系の比較と地理的分布の解釈―」変異理論研究会（編）『徳川宗賢先生追悼論文集 20 世紀フィールド言語学の軌跡』pp. 203–218.

日高水穂（2005）「方言における文法化―東北方言の文法化の地域差をめぐって―」『日本語の研究』1-3, pp. 77–92.

八亀裕美・佐藤里美・工藤真由美（2005）「宮城県登米郡中田町方言の述語のパラダイム」『日本語の研究』1-1, pp. 51–64.

吉田雅昭（2008）「東北方言における基本的時間表現形式について―形式の変化と文法体系との相関―」『日本語の研究』4-2, pp. 45–60.

Bybee, Joan L., Revere Perkins and William Pagliuca（1994）*The Evolution of Grammar: Tense, Aspect, and Modality in the Languages of the World.* Chicago: The University of Chicago Press.

Traugott, Elizabeth C. and Richard B. Dasher（2002）*Regularity in Semantic Change.* Cambridge: Cambridge University Press.

# 日本語諸方言における
# 被動者項を指向するパーフェクトの
# 他動詞文の多様性

竹内史郎

## 1. はじめに

　本稿では、「氷を溶かした」や「もうお風呂を沸かしている」などのように、状態変化を引き起こす他動詞文を「被動者項を指向するパーフェクトの他動詞文」と呼ぶ。これらの例では結果状態が「氷」や「お風呂」に帰されることになっており、被動者項を指向するということができる。このとき、動作主に結果状態が帰される場合、すなわち動作主項を指向する場合との対比を念頭に置いているのはいうまでもない。しかし「被動者項を指向する」と述べるのには他にも理由がある。後に述べるように、有生性や定性を考慮した名詞句タイプの階層において動作主項よりも被動者項の方が上位になったり、談話において動作主項よりも被動者項の方がより重要な構成要素となったりすることがあるが、このような場合も、本稿では被動者項を指向すると言い表す。さらには、動作主項が削除されて目的語であった被動者項が主語となるヴォイス交替が生じた場合も文法関係において被動者項を指向しているということができる。つまり、他動詞文の二つの主要項において諸々の観点から動作主項を差し置いて被動者項の方に重点があるとき、被動者項を指向すると表現することとしたい。言ってみれば、被動者項を指向するということは本来脇役であるものが臨時的に主役の地位を与えられるということである。

　本稿は、日本語諸方言（標準語及び琉球諸語を含む）において、被動者項

24 ｜ 竹内史郎

を指向するパーフェクトの他動詞文がどのような多様性を示すかについて論じる。以下で取り上げるのは、標準語、富山下新川方言、宮古池間方言、山形村山方言である。特に、被動者項への指向性が、形態統語的な複雑さにおいて、あるいは意味・語用上の制限においてどのように現れているかということについて分析を行う。

## 2.　問題の所在

　工藤 (2014) では、「窓が開けてある」などの、他動詞文からヴォイス交替を伴って派生するテアル構文が次のように記述されている（以下、本稿ではこの種の構文をテアル構文と称する）。

　　「窓が開けてある」「洗濯物が干してある」といった言い方は、現在までの調査では、<u>標準語（あるいは東京周辺地域）に限定されていると言え</u><u>そうである</u>。標準語の規範性抜きに考えれば、<u>このようなアスペクトと</u><u>ヴォイスが絡みあった構文が普遍的になりにくいのは</u>、<u>当然であるとも</u><u>言えよう</u>（標準語の影響が強いウチナーヤマトゥグチにおいてもこのような言い方は使用されていない）。　（487–488 頁、下線は引用者による）

下線部にあるように、工藤 (2014) ではテアル構文を標準語に独自の現象と捉えている[1]。しかしながら、ここで、少し視野を広げていくつかの研究を参照しても、なお、こうした結論に至ることになるのかどうか考えてみたい。

　まずは、パーフェクトの他動詞文に言及する Comrie (1981) の通言語的研究を参照しよう。Comrie (1981) によれば、パーフェクトの他動詞文には、例えば「ビルがジョンをなぐった」等のように、結果状態が動作主項に帰せられることになるのか被動者項に帰せられることになるのかが一概に決めることができない類のほかに、結果状態が必ず被動者項に帰せられることになる類があるという。述語が、例えば「殺した」「溶かした」「動かした」などの状態変化動詞のパーフェクト形となる文では、目的語の状態変化が必ず生

---

[1]　別の箇所でも「このような現象は、現在調査した限りでは、方言にはほとんど見られず、標準語独自の現象に近いと考えた方がよさそうである」(484 頁) と述べている。

じることになるわけであるから、上記の状態変化動詞を述語とする他動詞文では動作主項への指向性よりも被動者項への指向性が強く認められることになる。その上で Comrie（1981）は、パーフェクトの他動詞文における被動者項への指向性が言語によって形態統語的な現象を引き起こすことがあると述べる。すなわち、被動者項に結果状態が帰せられることをヴォイス交替で明示する言語が存在するとし、アルメニア語やニブウ語のアスペクトとヴォイスが相関する構文の例を示している。

次に、日本語諸方言に目を向けてみよう。奄美湯湾方言では次のような構文のあることが報告されている。これは、まさにアスペクトとヴォイスが相関するテアル構文である。

（1）　*ama=nan  zii=nu  ka-cjəə-tə-i*
　　　あそこに　　字が　　書いてあるてある
　　　　　　　　　　　　　　　　　　　　　　　　　　　　　　（Niinaga 2010）

この例では、述語の部分で「てある」が重複しているが、このように奄美湯湾方言では重複して「てある」に相当する形式が用いられることがある[2]。また、熊本方言でもテアル構文の報告がある。

（2）　to=no  ak.e-tear-ta
　　　戸が　　開けてあった
　　　　　　　　　　　　　　　　　　　　　　　　　　　　　　（坂井 2015）

後に詳しく述べるように、富山下新川方言でも標準語のテアル構文に対応する構文があり、問題の構文は本州、九州、琉球というように日本列島のあちこちで散見される。そして問題のテアル構文は、まさに Comrie（1981）のいう被動者項に結果状態が帰せられることをヴォイス交替で明示する構文であり、通言語的に見て貴重なアスペクトとヴォイスが相関する構文例の一つであると考えられる。こうした構文を、日本語諸方言のいくつかで見出すことができるわけである[3]。このように見てくると、テアル構文が標準語に限定されているというのは日本語諸方言のテアル構文の実態に見合っているとは言えない。

---

2　新永悠人氏のご教示による。

3　先の引用の下線部にあるように、工藤（2014）では、テアル構文が標準語に限られる理由の一つとして「アスペクトとヴォイスが絡みあった構文が普遍的になりにくい」と述べている。より広く通言語的に見たならばその通りかもしれないが、日本語諸方言を見渡せばそう言えることになるのかどうか疑問である。

26 | 竹内史郎

　本稿の関心は、日本語諸方言における、被動者項を指向するパーフェクトの他動詞文にどのような多様性が見出せるのかというところにある。さしあたって、日本語諸方言におけるパーフェクトの他動詞文の多様性を見出す項目として次のことがあげられる。

(a) アスペクト形式にモノの存在を表す存在動詞（アル系の動詞）を含み、ヴォイス交替がある

(b) アスペクト形式にモノの存在を表す存在動詞（アル系の動詞）を含み、ヴォイス交替がない

(c) アスペクト形式にヒトの存在を表す存在動詞（イル系の動詞）を含み、ヴォイス交替がない

本稿では、(a) の代表として標準語と富山下新川方言を、(b) の代表として宮古池間方言を、(c) の代表として山形村山方言を取り上げる。

　以下では、標準語、富山下新川方言の比較対照的な考察をメインにして、宮古池間方言、山形村山方言のデータも示しながら、被動者項を指向するパーフェクトの他動詞文の多様性の一端を示す。

## 3. 標準語

　まず始めに、標準語のテアル構文について見ていくこととする。標準語のテアル構文の研究は比較的進んでいるので、先行する研究を確認して必要なところで私見を補いながら述べ進めることとしたい。

### 3.1 語彙的な意味の制約

　影山 (1996) では、状態変化ないし位置変化を意図的に引き起こす他動詞だけがテアル構文に用いられると述べている。

(3) a. テーブルに食器が並べてある。

　　b. 黒板がきれいに消してある。

　　c. 庭に桜の木が植えてある。

　　d. すぐわかるように、ページの角が折ってある。　　（影山 1996)

(4) a. 帰ったら夕食が作ってあった。

　　b. 見ると但し書きが書き足してあった。

c.　寝床がこしらえてある。

d.　運動場に大きな穴が彫ってある。

（3）には対象の状態変化ないし位置変化が引き起こされる典型的な例を、（4）には作成動詞による例をあげている。また、次のように、結果状態を伴わない打撃・接触動詞や移動動詞はテアル構文に用いられない、あるいは何らかの特殊な文脈を想定しなければ用いられにくいということができる。

（5）a.　*お父さんの肩が叩いてある。

b.　*杖が握ってある。

c.　*橋が渡ってある。

d.　*弾が獲物に撃ってある。　　　　　　　　　　　（影山 1996）

## 3.2　動作主項の定性や特定性に制限はない

影山（1996）には、テアル構文の動作主に関する重要な指摘がある。すなわち、テアル構文では動作主は表面上姿を現さないだけで統語構造にゼロ形式で存在するとされている。この根拠として、次のような例を示している。

（6）a.　<u>廃屋に見せるために</u>、<u>わざと</u>窓が壊してある。

b.　箱に品物が<u>ていねいに</u>詰めてある。

c.　<u>プライバシーを守るために</u>、<u>意図的に</u>名前が隠してある。

（影山 1996）

「わざと」や「ていねいに」といった動作主を指向する副詞や「～にするために」という目的節が生起することから、テアル構文は目に見えない動作主を持つと考えられている。本稿でも、影山（1996）の説に従い、テアル構文には見えない動作主が存在すると考えておく。

さて、そのテアル構文の動作主についてであるが、井上（1976）は「主語が不特定の名詞句で、これが消去された場合にだけ、受け身文と同じメカニズムが働く」と述べている。

（7）　大学の共用研究室はいつもきれいにしてある。（不定かつ不特定）

この例では、見えないテアル構文の動作主が不定かつ不特定であると解釈できる。テアル構文がこのような例に限られるのであれば、井上（1976）の説明に問題はないが、次のような例を考慮したならばどうだろうか。

（8）a.　机の上がきちんと整理してある。<u>山田さん</u>、ほんとうにきれい好

きだね。（定かつ特定）

b. 机の上がきちんと整理してある。誰かがやってくれたんだね。
（不定かつ特定）

これらの例では、テアル構文の後にその動作主が明示されており、（8a）では「山田さん、ほんとうにきれい好きだね」、（8b）では「誰かがやってくれたんだね」と続けている。（8a）（8b）ともに自然な発話の連なりとなっているので、（8a）のテアル構文の見えない動作主は定かつ特定、（8b）のテアル構文の見えない動作主は不定かつ特定とそれぞれ認められる。そしてこれらは、きわめてありふれたテアル構文であると思われる。だとすれば、井上（1976）の説明は、テアル構文のごく一部を説明しているに過ぎず、井上の説では（8a）（8b）のような例を説明できないということになる。

テアル構文の見えない動作主の指示的な性質は、不定かつ不特定でも、定かつ特定でも、不定かつ特定でもよく、見えない動作主に定性や特定性に関する制限はないと考えられる。

### 3.3　動作主項は有生、被動者項は無生でなければならない

テアル構文の動作主項と被動者項の有生性を確認しよう。すでに見たように、テアル構文の見えない動作主はテアル構文に続く発話で明示できる。

（9）a. 庭の木が倒してある。お父さんが大活躍だった。

b. 庭の木が倒してある。誰かがやったようだ。

c. 木が倒してある。クマが頭上の木の実を取ろうとしたんだ。

（9a）（9b）では、テアル構文の動作主を続く発話で人間名詞として示しており、（9c）では動物名詞として示している。いずれも自然な例と考えられる。これに対し、人間名詞を無生名詞に変えてみるとどうだろうか。（10a）（10b）のように、続く発話で無生名詞を、テアル構文の擬似的な動作主となるように明示してやると、続く発話は容認されない。また、（10c）に示すような文脈でテアル構文を使用することはできない。

（10）a. 庭の木が倒してある。#風が倒したんだ。

b. 遠くの山が真っ白に塗ってある。#昨夜の雪はひどかったからね。

c. （昨晩の強風が庭の木を倒したことを知っていて）#庭の木が倒

してある。

以上から、テアル構文の動作主項は有生名詞に限られることがわかる[4]。さらには、次のことも考慮しよう。（11a）（11b）では、元々の他動詞文における「動作主項＝ガ　被動者項＝ヲ」という格のパターンを「動作主項＝デ　被動者項＝ガ」のパターンに変えてテアル構文をつくってある。

(11) a. ＊風で庭の木が倒してある。cf. 風で庭の木が倒されている。

b. ＊雪で山が覆ってある。cf. 雪で山が覆われている。

対応する受身文では自然な例となるのに対し、テアル構文では非文となる。このような現象もテアル構文の動作主項が有生名詞に限られるという制約から説明することができる。

それでは、テアル構文の被動者項についてはどうだろうか。次に示すのは、テアル構文の被動者項を有生名詞とした例である。

(12) a. ＊安全な場所に子どもたちが連れ出してあった。

b. ＊いたずらばかりするので、倉庫にアキラが閉じ込めてある。

c. ＊子どもが寝かしつけてありますから、心配しないで下さい。

d. ?訓練場に歩兵たちが並べてあります。いつでも指令を発して下さい。

いずれの例も非文となるか、すわりが悪い文ということになってしまう。テアル構文の被動者項は無生名詞に限られるということができる。

## 3.4　文脈・知識との調和・適合が必要である

金水（2009）は、三つの層から成る階層に基づいて、意志性（intentionality）の三分類を提案する中で、テアル構文の使用に関する制約を明らかにしている。

例えば、同一の出来事を表現したテアル構文と「サレテイルの形」を対比したとき、テアル構文の方ですわりが悪くなるということがある。

(13) a. (?)花瓶が割ってある。(cf. 花瓶が割られている。)

b. (?)本が散らかしてある。(cf. 本が散らかされている。)

---

4　そもそも動作主項が有生名詞に限られるというのは当然のことであるが、ここでは、念のため無生であることの可能性を考えて、動作主項の概念を、「対象の状態変化を引き起こす役割」というように、より広く捉えている。

c.(?)鍵が壊してある。（cf. 鍵が壊されている。）　　　　　（金水 2009）

このようにテアル構文のすわりが悪くなるのは、テアル構文の使用の際に適切となる条件が満たされていないからだとされている。(13) に即せば、「花瓶を割る」「本を散らかす」「鍵を壊す」という行為が行われる理由の存在が明らかになっていなければならない。ここで注意しなければならないのは、金水 (2009) が「「理由の存在が明らか」であることは、話し手がその理由を知っていることと同義ではない」(277 頁) と述べる点である。

(14)　{なんのためか／なぜだか分からないが／なんでだろう}、花瓶が
　　　割ってある。　　　　　　　　　　　　　　　　　　（金水 2009）

(14) のように、話し手は「花瓶を割る」という行為の理由を知らなくてもテアル構文を用いることができるが、少なくとも話し手は「花瓶を割る」という行為の理由が存在することを知っている必要がある。つまり、「誰かが花瓶を割らなければならない理由があった、という知識を前提としている」わけである。以上をふまえて、金水 (2009) ではテアル構文が自然に聞こえる場合が次のように整理されている。

(15)a.　話し手がその行為の理由を知っている場合。
　　 b.　話し手がその行為の理由を容易に推測できる場合。
　　 c.　行為の理由が文脈によって明示されている場合。
　　 d.　行為の理由の存在が文脈によって暗示されている場合。

（金水 2009: 277）


## 4.　富山下新川方言

　続いて富山下新川方言のテアル構文を考察する。本格的な考察に入る前に、この方言の有標のアスペクト形式の用法に言及しておく[5]。

---

5　富山下新川方言のデータについては M.O 氏の協力を得て、T.O 氏 (1959 年生まれ、男性) に調査を行い、また別に S.K 氏 (1979 年生まれ、女性) にも同様の調査を行なった。4.1 の観察においては、富山市方言のアスペクトを記述した小西 (2016) も参照したが、記述の方針が異なるため、トルとテアルの用法に関し、下新川方言と富山市方言が同様のあり方を示すかどうかはわからない。今後の課題としたい。

## 4.1 トル、テアル

　富山下新川方言では、〈進行〉を表す際には基本的にトルを用いる。(16a)
(16b) は他動詞文の〈進行〉を表す例、(16c) (16d) は自動詞文の〈進行〉を
表す例である。

(16) a.　A：ナニシトラー？　B：学生シトラー

　　　b.　イマ 本 読ンドルゼ

　　　c.　アコ オトーサン 歩イトルゼ

　　　d.　オ風呂 ズット 入ットッタ

　それから〈結果〉を表す際には、トルを用いてもテアルを用いてもよい。
まずはトルの例を示す。(17) には他動詞文の〈結果〉を表す例を、(18) に
は自動詞文の〈結果〉を表す例を示している。

(17) a.　ダレカ 木 倒シトル

　　　b.　オラ 判子 押シトルゼ

　　　c.　モー 卵 買ットル

(18) a.　アコ 虫 死ンドル

　　　b.　ボタン 取レトルゼ

次にテアルを用いて〈結果〉を表す例を示す。(19) には他動詞文の〈結果〉
を表す例を、(20) にはヴォイス交替が生じている他動詞文の〈結果〉を表す
例を示している。

(19) a.　ダレカ 木 倒シテアル

　　　b.　オラ 判子 押シテアルゼ

　　　c.　アキラ 卵 買ッテアル

(20) a.　木 倒シテアル

　　　b.　判子 押シテアルゼ

　　　c.　卵 買ッテアル

(19a) (19b) (19c) のそれぞれの主語が省略された場合、表層の文の形式が
(20) と同じになる。しかし、「木」「判子」「卵」の格標示を明示してやれ
ば、(19) ではヲを用い、(20) ではガを用いるということになって、両者は
区別される。また、格標示を用いない場合であっても、話者に言わせると統
語的に飽和しているという感覚があるかないかで明らかに両者の区別が可能
であるという。以下では、(20) に示したタイプの構文を扱うことになる。

32 | 竹内史郎

### 4.2 語彙的な意味の制約

　標準語と同じように、富山下新川方言でもより典型的なテアル構文は結果状態を伴う他動詞が用いられたものと考えられる。しかし、富山下新川方言のテアル構文においては標準語のテアル構文で認められた語彙的な意味の制約が弱いようである。すなわち、ふつう結果状態を伴わないと言われる他動詞であってもテアル構文に用いられることがある。

(21) a.　（真っ白な雪に覆われた橋に足跡が点々とついているのを見て）橋 渡ッテアルネ

　　 b.　（エレベーターのボタンが光っているのを見て）ボタン 押シテアルネ

(21a) は移動動詞を用いたテアル構文であり、(21b) は接触動詞を用いたテアル構文である。さらには、次に示すような例も可能である。

(22) a.　（消しゴムの角が丸くなっているのに気づいて）消シゴム 使ッテアルネ

　　 b.　（禁煙とされる部屋で吸い殻が転がっているのを見て）コイトコ デ タバコ 吸ッテアルゼ

　　 c.　（広げられた新聞を見て）新聞 読ンデアルネ

　　 d.　（DVD のパッケージが開いているのを見て）DVD 見テアルネ

　　 e.　（いつもの場所に車がないのに気づいて）車 使ッテアルネ

(21) や (22) は、テアル構文でいわば推論の結果を示していると考えられる。その証拠に、(21) (22) のそれぞれの例の丸カッコ内で示されている文脈を変更して、テアル構文で述べられる行為が発話時に存在するような状況を想定した場合、テアル構文を使用することができなくなる。以上のように、富山下新川方言のテアル構文では、語彙的な意味の制約がゆるみ、推論の用法を獲得していると考えられる。

### 4.3 文脈・知識との調和・適合を必要としない

　3.4 で見たように、標準語のテアル構文では文脈・知識との調和・適合を必要とし、テアル構文が自然に聞こえるためには、その行為が行われる理由の存在が明らかとなっていなければならなかった。ところが富山下新川方言のテアル構文ではこのことが全く当てはまらない。(23) はいずれも「ガ

シャーンと音がして現場にいって見てみると」という文脈を前提とされたい。

(23) a.　アイヤー 花瓶 割ッテアル　cf. 花瓶 割ラレトル

　　b.　アイヤー 本 散ラカシテアル　cf. 本 散ラカサレトル

　　c.　アイヤー 鍵 壊シテアル　cf. 鍵 壊サレトル

(23) のテアル構文はいずれも自然な発話として解釈され、ラレトル構文と比べてみても自然さに違いが認められない。これは、その行為が行われる理由の存在が明らかとなっていなければならないという条件がそもそも問題とならない、つまり富山下新川方言のテアル構文の使用においては、文脈・知識との調和・適合を必要としないためである。

　このようなわけで、富山下新川方言では、話し手が害を被った状況でテアル構文がふつうに使用されることになる。(24) に類例を追加しておく。

(24) a.　アイヤー オラノカルピス 飲ンデアル

　　b.　アイヤー オシッコシテアル


## 4.4　動作主項は不定かつ特定でなければならない

　富山下新川方言のテアル構文には、動作主項の指示的な性質に特徴がある。誰の仕業かわかっている状況ではテアル構文を用いることができない。

(25) a.　(誰の仕業かわかっていて) #靴下オトシテアル

　　b.　(同上) #服 片付テアルネ

　　c.　(同上) #ボタン 取ッテアルネ

　　d.　(同上) #時計ノ針 進メテアルネ

また、次のような例にも注意しよう。

(26)　A：　見テ 庭ニ 変ナ花 植エテアルゼ

　　　B：　誰 ヤッタン

　　　A：#オ母サンヤゼ

A は「見テ、庭ニ変ナ花植エテアルゼ」とテアル構文を用いた後で、その行為が「オ母サン」によるものだと断言することができない。自然な発話の連続とならないからである。ただし、次に示すように、「オ母サンヤロゲ」あるいは「オ母サンヤロカ」というように、非断定形を用いると発話は自然なものとなる。

(27)　A：見テ 庭ニ 変ナ花 植エテアルゼ

B：誰 ヤッタン

A：オ母サンヤロゲ／オ母サンヤロカ

さらに、テアル構文を用いた後で、次のように続けることもできない。

(28) 机ノ上 整理シテアルゼ。＃山田サン キレー好キヤネ

つまり、富山下新川方言のテアル構文では、動作主項が不定でなければならないのである。

　このようにテアル構文の動作主項を特徴づけることで、次のことも説明することができる。富山下新川方言では、話し手が対話者の様子について(29)のように言うことができない。

(29)a.＃キョー スーツ 着テアルネ

　　b.＃キョー メガネ カケテアルネ

　　c.＃キョー 髪 セットシテアルネ

これは、当該の行為を行なったのが対話者であるということが明らかだからである。これに対し、対話者の髪のセットが美容師の手でなされたということであれば、話し手は対話者に次のように言うことができる。

(30) キョー 髪 セットシテアルネ

(30)では、不定かつ特定でなければならないというテアル構文の動作主項に関する条件が満たされているので問題がない。それでは、誰の仕業かがわかっている状況でテアル構文を用いて表現することがほんとうにないのかというとそうでもない。

(31)a. 　（誰の仕業か知ってはいるが、吸い殻を目撃したのち禁煙したはずの人物に聞こえるように）アレー タバコ 吸ッテアルゼ

　　b. 　（誰の仕業か知ってはいるが、便をした飼い犬に聞こえるように）ア コイトコデ ウンチ シテアルゼ

　　c. 　（誰の仕業か知ってはいるが、飲んだ人に聞こえるように）ア オラノカルピス 飲ンデアル

誰の仕業かわかった上でその人に聞こえるようにテアル構文を用いると、あえて知らないふりをしているということになり、非常に嫌味っぽい言い方をしているという効果が生じる。

## 4.5 動作主項は有生でなければならず、被動者項は有生でも無生でもよい

テアル構文の見えない動作主を、続く発話で明示してやると、それが有生か無生かということで違いが生まれる。

(32) a. アレー 木 倒シテアルゼ。　オトーサンヤロカ

　　 b. アレー 木 倒シテアルゼ。　クマヤロカ

　　 c. アレー 木 倒シテアルゼ。#風ヤロカ

有生であれば (32a) (32b) のように自然であるが、無生であれば (32c) のように不自然となる。ここから富山下新川方言のテアル構文の動作主項は有生でなければならないということがわかる。さらに、元々の他動詞文における「動作主項＝ガ 被動者項＝ヲ」のパターンを「動作主項＝デ 被動者項＝ガ」のパターンに変えて、テアル構文をつくってみると非文となる。この現象も、テアル構文の動作主項は有生でなければならないということから生じていると考えられる。

(33) a. *風デ 庭ノ木 倒シテアル。cf. 風デ 庭ノ木 倒サレトル

　　 b. *雪デ 山 覆ッテアル。cf. 雪デ 山 覆ワレトル

一方の被動者項の有生性はどうだろうか。

(34) a. （いるはずの子どもたちがいない状況で）アレ コドモラ 連レ出シテアルゼ

　　 b. 押入レニ アキラ 閉ジ込メテアルゼ

　　 c. 子ドモ 寝カシツケテアルネ

　　 d. （張り付けになっている人を目撃して）アノ人 縛ッテアル

標準語のテアル構文では被動者項が無生に限られたが、富山下新川方言のテアル構文では被動者項が有生であることが問題なく許される。


## 5. 目的語の昇格―標準語と富山下新川方言―

既述のように、本稿は、アスペクト形式にモノの存在を表す存在動詞（アル系の動詞）を含み、ヴォイス交替がある言語の代表として、標準語と富山下新川方言を取り上げている。本節では、この両言語のテアル構文においてヴォイス交替が生じる動機を明らかにしたい。

36 ｜ 竹内史郎

　格標示や受動化に関する研究に、他動詞文の主語と目的語の相対的な関係に着目するものがある（de Swart 2006, de Hoop and Malchukov 2009）。これらの研究によると有生性や定性、特定性などを考慮した名詞句タイプの階層に基づいて、他動詞文の主要項の格標示や受動化の動機に主語と目的語の相対的な関係が関与することが明らかとなっている。日本語の諸方言に目を向けてみても、近年、宮城県登米町方言（竹内・松丸近刊）や宮崎県椎葉方言（下地 2016）において、主語と目的語の相対的な関係によって目的語の格標示が行われるという調査報告がある。本節では、宮城県登米町方言の目的語標示を具体例としながら、主語と目的語の相対的な関係による形態統語的な操作がどういうものなのかをまずは示しておきたいと考える。
　宮城県登米町方言における目的語標示にはドゴという形式が用いられるが、ここでは文焦点の環境におけるドゴの振る舞いに注目しよう。まず、人間主語と無生目的語の組み合わせとなる場合、ドゴの標示は不要である[6]。
　（35）a. ＃ソーイエバキノー 佐々木サン 自転車ンドゴ 買ッダッヂャ
　　　　b. ＃ソーイエバキノー 佐々木サン 朝ゴハンドゴ 食ベダッヂャ
これに対し、有生主語と有生目的語の組み合わせであれば、目的語をドゴで標示することが可能となる。（36a）には人間主語と動物目的語の組み合わせを、（36b）には動物主語と人間目的語の組み合わせを示している。
　（36）a.　佐々木サン アノ豚ンドゴ 押シ出シダラ アダシノ勝チダッヂャ
　　　　b.　アノ豚 佐々木サンドゴ 押シ出シダラ アダシノ勝チダッヂャ
（37）は、人間主語と人間目的語の組み合わせである。
　（37）　佐々木サン 佐竹サンドゴ 押シ出シダラ アダシノ勝チダッヂャ
代名詞と人間名詞の組み合わせも確認しておこう。（38a）には代名詞主語と人間目的語の組み合わせを、（38b）には人間主語と代名詞目的語の組み合わせを示しているが、いずれも目的語をドゴで標示することが可能である。
　（38）a.　アダシ 佐々木サンドゴ 押シ出シダラ 佐竹サンノ勝チダッヂャ
　　　　b.　佐々木サン アダシンドゴ 押シ出シダラ 佐竹サンノ勝チダッヂャ
さらには、無生主語と無生目的語の組み合わせでも目的語をドゴで標示する

---

6　竹内・松丸（近刊）で述べたように、対比焦点の環境では（35a）（35b）の表現が容認される。

ことが可能である。

(39) a.　家ノ鍵 コノドアンドゴ 開ゲダラ タマゲッヂャネ

　　 b.　雲 アノ月ンドゴ 隠シダラ ザンネンダッヂャ

最後に、無生主語と人間目的語の組み合わせでもやはり目的語をドゴで標示することが可能である。

(40) a.　地震デモ起キテ 本棚 アノ子ンドゴ 押シツブシダラ ナジョスンノ

　　 b.　アノニュース 佐々木サンドゴ オドガシダラ ナジョスンノ

　なお、有生性階層における代名詞、人間名詞、動物名詞を high カテゴリーとしてまとめ、無生名詞を low カテゴリーとしておく。また、high-low であれば、high カテゴリー主語と low カテゴリー目的語の組み合わせを表し、high-high であれば high カテゴリー主語と high カテゴリー目的語の組み合わせを表すとしておこう。以上をふまえると、宮城県登米町方言の他動詞文の主語と目的語の相対的有生性とドゴによる格標示の対応関係は次のようになる。

(41)　宮城県登米町方言における目的語の格標示ドゴの出現

|  | high-low | high-high | low- low | low- high |
|---|---|---|---|---|
| ドゴ | − | + | + | + |

high カテゴリー主語と low カテゴリー目的語の組み合わせのときだけ、目的語をドゴで標示することができず、それ以外の組み合わせではドゴの標示が可能であることがわかる。このような現象は、相対的に目的語が目的語たる典型的な性質を失ってしまったために、つまりは、主語と対等な性質を備えてしまったり（high-high、low-low の場合）、あるいは、主語よりも主語的な性質を備えてしまったり（low-high の場合）して、目的語が主語との典型的な関係性を失ったために生じる曖昧性をドゴの標示で排除していると考えられる。

　(41) と同様に、ヴォイス交替における目的語の昇格も他動詞文の主語と目的語の相対的な関係によってその可否が決まるということが通言語的研究の成果として明らかになっている。すなわち受動化は、他動詞文の主語が不定であったり、不特定であったり、談話上で重要でなかったりして、主語が目的語との典型的な関係性を失ってしまったときに適用される（de Hoop and

Malchukov 2009）。

　それでは、テアル構文の目的語の昇格はどのように生じることになるだろうか。まずは、より単純な富山下新川方言のテアル構文から見ていこう。4.5 で見たように、富山下新川方言のテアル構文の動作主項は有生でなければならないのに対し、被動者項は有生でも無生でもよかった。そうすると、「無生主語―無生目的語」や「無生主語―有生目的語」の組み合わせからはテアル構文が生じないということになるので、「有生主語―無生目的語」「有生主語―有生目的語」という二つの組み合わせに限り、テアル構文の目的語の昇格が生じるということが想定される。以上のことは次のように示せる。

（42）　富山下新川方言のテアル構文における目的語の昇格と有生性

|  | 有生－無生 | 有生－有生 | 無生－無生 | 無生－有生 |
|---|---|---|---|---|
| 目的語の昇格 | ✔ | ✔ |  |  |

しかしながら、ここからテアル構文の目的語の昇格の動機を取り出すことはできないと思われる。というのも、（42）をそのまま認めるとすれば、他動詞文の主語と目的語の相対的な関係においてもっとも形態統語的な操作を必要としない「有生主語―無生目的語」の組み合わせで目的語の昇格が生じることになるからである。

　むしろ本稿は、富山下新川方言のテアル構文における目的語の昇格には定性が関わっていると考える。4.4 で見たようにテアル構文の動作主項は不定でなければならないということがあった。被動者項の方は一貫して定であるので、次に示すように、テアル構文における目的語の昇格は「不定主語―定目的語」という組み合わせに限られることになる。

（43）　富山下新川方言のテアル構文における目的語の昇格と定性

|  | 定－不定 | 定－定 | 不定－定 | 不定－不定 |
|---|---|---|---|---|
| 目的語の昇格 |  |  | ✔ |  |

定性の観点からしても、他動詞文の主語と目的語の相対的な関係が逆転しないことが望ましいが、主語が不定、目的語が定ということで、主語を差し置いて目的語が典型的な主語たる性質を備えてしまい、関係が逆転してしまっている。これによって目的語の昇格が生じたと考えられる。

　一方の標準語はどうだろうか。まずは有生性が関わっている可能性を検討してみよう。3.3 で見たように、標準語のテアル構文の動作主項は有生、被

動者項は無生でなければならなかった。とすると、「有生主語─有生目的語」「無生主語─無生目的語」「無生主語─有生目的語」の組み合わせからはテアル構文が生じないということになるので、「有生主語─無生目的語」という組み合わせに限ってテアル構文の目的語の昇格が生じることになる。これは次のように示せる。

（44）　標準語における目的語の昇格と有生性

|  | 有生－無生 | 有生－有生 | 無生－無生 | 無生－有生 |
|---|---|---|---|---|
| 目的語の昇格 | ✔ | | | |

しかし、やはりここからテアル構文の目的語の昇格の動機を取り出すのはむずかしい。なぜなら（44）を認めれば、他動詞文の主語と目的語の相対的な関係においてもっとも形態統辞的な操作を必要としない「有生主語─無生目的語」の組み合わせで目的語の昇格が生じることになるからである。とは言え、標準語のテアル構文において目的語の昇格が「有生主語─無生目的語」の組み合わせに限られるという点は重要である。この点を生かしながら、（44）に談話上の重要度というファクターを加え、（45）のように改良してみよう。（45）において不等号ないし等号の左側は主語を表しており、右側は目的語を表している。そして不等号ないし等号は、主語と目的語の相対的な談話上の重要度を表している。

（45）　標準語における目的語の昇格と談話上の重要度

|  | 有生＞無生 | 有生＝無生 | 有生＜無生 |
|---|---|---|---|
| 目的語の昇格 | | | ✔ |

標準語のテアル構文の目的語の昇格の動機は、やや事情が込み入っているが、主語と目的語の相対的な有生性に加えて、談話上の重要度を加味することで明らかになると思われる。すなわち、「無生」目的語が「有生」主語を差し置いて談話上でより重要となれば目的語の昇格が生じることになると考えられる。


## 6.　ヴォイス交替の生じない、被動者項を指向するパーフェクトの他動詞文

　アスペクト形式にモノの存在を表す存在動詞（アル系の動詞）を含み、

ヴォイス交替がない言語の代表である宮古池間方言を取り上げる[7]。(46)(47)からわかるように、宮古池間方言における被動者項を指向するパーフェクトの他動詞文では、モノの存在を表す 'ai' が用いられる。もちろん結果状態が被動者項に帰せられるが、ヴォイス交替は生じない。

被動者項に有生性の制限はあるだろうか。被動者項が無生であり得るのはいうまでもないが、(46b)(46c)に示すように、被動者項は有生でもよく、被動者項に有生性に関する制限はないと言える。

(46) a. akira=ga    kutusita=u utahii    ai
　　　　 アキラが　　靴下を　　　落として　ある
　　　　「アキラが靴下を落として、そのままにしている」

　　 b. yarabi=mmi=i saarii      ai
　　　　 子どもたちを　　連れ出して　ある
　　　　「子どもたちを避難させている」

　　 c. mma=ga akira=u osiiren=n irii    ai
　　　　 母が　　　アキラを　押入れに　　入れて　ある
　　　　「お母さんがアキラを押入れに閉じ込めている」

また、動作主項の定性や特定性に関してはどうだろうか。(47a)のように不定かつ特定であってもよいし、(47b)のように不定かつ不特定であってもよい。被動者項に定性、特定性に関する制限はないと言える。

(47) a. tarugagara=ga yadu=u akii    ai
　　　　 誰かが　　　　　　　戸を　　　開けて　ある
　　　　「誰かが家の戸を開けて、そのままにしている」

　　 b. itsimai uma=n rakugaki=u hii  ai
　　　　 いつも　ここに　落書きを　　　して　ある
　　　　「いつも、ここに落書きが書かれている」

最後に、アスペクト形式にモノの存在を表す存在動詞(アル系の動詞)を含まず、ヴォイス交替もない言語の代表である山形村山方言に言及する。工藤(2014)が明らかにしているように、東北方言には、被動者項を指向する

---

7　紙幅の都合もあって一つ一つを詳細に記すことはできないが、考察にあたり林(2013)が大いに参考になった。

パーフェクトの他動詞文において、ヒトの存在を表す存在動詞（イル系の動詞）が用いられており、進行と結果が区別なくコード化されている方言があるが、山形村山方言も同様のあり方を示している。したがって、山形村山方言では、被動者項を指向するパーフェクトの他動詞文であっても、動作主項を指向する未完了の他動詞文と同じ文の形式で表現される。

（48）a.　カーチャン アキラ 押入レサ 入レッダ
　　　　　「お母さんから罰を受けて、アキラが押入れに入れられている」
　　　 b.　（いるはずの子どもたちがいない状況で）
　　　　　トサガ ガキベラ シェデッデダ
　　　　　「どこかに子どもたちが連れ出されている」

（48a）（48b）からわかるように、有生名詞が被動者項となることが認められ、有生性に関する制限のないことがわかる。また、（49）に示すように、この方言では、動作主項の有生性にも制限はない。

（49）a.　風 庭ノ木 倒シッダ
　　　 b.　雪 山バ 覆ッデダ
　　　 c.　アヤー 庭ノ木 倒シッダ。トーチャンダベカ／クマダベカ／風ダ
　　　　　ベカ

動作主の定性や特定性についても制限がないことを確認されたい。

（50）a.　アキラ コサ 落書キ 書イッダ（定かつ特定）
　　　　　「アキラの仕業で、ここに落書きが書かれている」
　　　 b.　ダレカ 庭ノ木 倒シッダ（不定かつ特定）
　　　　　「誰かの仕業で、木が倒されている」
　　　 c.　イヅモ コサ 庭ノ木 倒シッダ（不定かつ不特定）
　　　　　「いつ見ても、ここ、木が倒されている」

　先に見たように、標準語では、有生主語よりも無生目的語の方が談話上でより重要となってしまうということで、富山下新川方言の方では、主語が不定、目的語が定となってしまうということで、主語と目的語の相対的な関係において目的語が主語たる性質を備えてしまい、両者の関係が逆転してしまうということを見た。こうした関係を解消するために、標準語や富山下新川方言のテアル構文ではヴォイス交替が生じていると考えられる。そして、標準語や富山下新川方言のテアル構文における動作主項や被動者項に認められ

る指示的な性質の制限、すなわち標準語では「有生主語─無生目的語」に限られる、富山下新川方言では「不定主語─定目的語」に限られるといった制限は、ヴォイス交替が生じているからこそ認められるものと本稿は考える。

　これに対し、宮古池間方言や山形村山方言におけるヴォイス交替の生じない被動者項を指向するパーフェクトの他動詞文では動作主項や被動者項の指示的な性質に特定の制限が認められなかった。このことは、ヴォイス交替の有無と動作主項ないし被動者項の指示的な性質における制限が相関することを示していると思われる。この見方が正しければ、ヴォイス交替があれば動作主項ないし被動者項に指示的な制限が認められ、ヴォイス交替がなければ動作主項ないし被動者項に指示的な制限が認められないということになる。

## 7.　おわりに

　本稿は、標準語と富山下新川方言におけるテアル構文の比較対照を中心に被動者項を指向するパーフェクトの他動詞文の多様性について考察してきた。先に日本語諸方言におけるパーフェクトの他動詞文の多様性を見出す項目として次のことを示したが、形態統語的な複雑さや意味・語用上の制限が(a)の類にもっとも顕著に認められることがわかった。

(a) アスペクト形式にモノの存在を表す存在動詞（アル系の動詞）を含み、ヴォイス交替がある

(b) アスペクト形式にモノの存在を表す存在動詞（アル系の動詞）を含み、ヴォイス交替がない

(c) アスペクト形式にヒトの存在を表す存在動詞（イル系の動詞）を含み、ヴォイス交替がない

すでに述べたように、こうした結論はヴォイス交替が存するかどうかによる。ヴォイス交替という形態統語的な操作のための動機が動作主項ないし被動者項に意味・語用上の制限を引き起こしているからである。

　以上のように、被動者項を指向するパーフェクトの他動詞文の多様性は、結果状態が被動者項に帰せられることに加えて、さらなる被動者項への指向性がどう重なるかによって生じていると考えられる。定性において被動者項を指向することが文法関係において被動者項を指向する（つまり動作主項が

削除されて被動者項が主語となる）ことにつながる言語もあれば、談話上の重要さにおいて被動者項を指向することが文法関係において被動者項を指向することにつながる言語もある。これに対し、定性において被動者項を指向しようが、談話上の重要さにおいて被動者項を指向しようが、一向に文法関係において被動者項を指向することにつながらない言語もある。

　本稿は、被動者項を指向することにセンシティブな言語とそうでない言語を見出したことになる。今後さらに考察の対象を広げ、本稿の主張を検証しつつアスペクトとヴォイスが相関する構文の特性を明らかにしていければと考える。

## 付記

　本稿は、JSPS 科学研究費補助金基盤研究（C）「日本語の分裂自動詞性」（26370549）及び平成 29 年度成城大学特別研究助成金による研究成果の一部である。また、本稿のもととなる口頭発表に際し、渋谷勝己氏、三宅知宏氏、山本佐和子氏からご教示を賜わり、稿を成すにあたり、衣畑智秀氏、林由華氏から貴重なコメントをいただいた。記して御礼申し上げる。

## 参照文献

井上和子（1976）『変形文法と日本語』大修館書店.

影山太郎（1996）『動詞意味論』くろしお出版.

金水敏（2009）「意志性・主観性と文脈」由本陽子・岸本秀樹（編）『語彙の意味と文法』pp. 273–286, くろしお出版.

工藤真由美（2014）『現代日本語ムード・テンス・アスペクト論』ひつじ書房.

小西いずみ（2016）『富山県方言の文法』ひつじ書房.

坂井美日（2015）「熊本方言における接辞 -ar について」『日本言語学会第 150 回大会予稿集』pp. 116–113.

下地理則（2016）「格体系を調べる方言調査票の開発・利用と問題点—九州・琉球方言の事例報告—」『日本言語学会第 153 回大会予稿集』pp. 10–15.

竹内史郎・松丸真大（近刊）「本州方言における他動詞文の主語と目的語の区別について—京都市方言と宮城県登米町方言の分析—」木部暢子・竹内史郎・下地理則（編）『日本語の格の表現』くろしお出版.

林由華（2013）「南琉球宮古語池間方言の文法」博士論文, 京都大学.

Comrie, Bernard（1981）Aspect and voice: Some reflections on perfect and passive. In Philip J. Tedeschi and Annie Zaenen（eds.）*Syntax and Semantics 14: Tense and Aspect.* pp. 79–90. New York: Academic Press.

de Hoop, Helen and Andrej L. Malchukov（2009）Case-marking strategies. *Linguistic*

*Inquiry* 39, pp. 565–587.

de Swart, Peter (2006) Case markedness. In Leonid Kulikov, Andrej Malchukov and Peter de Swart (eds.) *Case, Valency and Transitivity.* pp. 249–267. Amsterdam: John Benjamins.

Niinaga, Yuto (2010) Yuwan (Amami Ryukyuan). In Michinori Shimoji and Thomas Pellard (eds.) *An Introduction to Ryukyuan Languages.* pp. 35–88. Tokyo: Research Institute for Languages and Cultures of Asia and Africa (ILCAA), Tokyo University of Foreign Studies.

# 市来・串木野方言の静態化体系

黒木邦彦

## 1. はじめに

　次掲（1）の下線部は、言表事態を静的に、具体的には、金水（2001）に言う「部分的期間の定理」が適用されうる状態にする。本稿では、このような生産的形式を「静態化形式」と呼ぶ。

（1）a.　見-<u>て</u>#<u>い</u>-た、溶け-<u>つつ</u>#<u>あっ</u>-た

　　 b.　食べ-<u>て</u>-た、捨て-<u>とっ</u>-た　　　　　　（記号・略号は稿末を参照）

連体修飾構文に拠る、「捨て-<u>る</u>#とこ=<u>だっ</u>-た」「着-<u>た</u>#まま=<u>だっ</u>-た」などを除けば、静態化形式は基本、（1a）のように、連用動詞に存在動詞が続く補助動詞構文か、（1b）のように、同構文に由来し、動詞語幹から動詞語幹を派生させる動詞接尾辞[1]かであり、どのような日本語変種にも必ず1つは存在する。

　こうした静態化形式を複数有する変種も少なくない。とりわけ、鹿児島県中西部の旧市来町ないし旧串木野市（現在のいちき串木野市域）[2]で生まれ育った老年層の母方言（以下、「市来・串木野方言」ないし「市串方言」）は、

---

1　以下、A 語幹から B 語幹を派生させる接尾辞を「A-B 接尾辞」と呼ぶ。たとえば、動詞語幹から動詞語幹であれば、V-V、動詞語幹から名詞語幹であれば、V-N。

2　市串方言ではそれぞれ [i.↑t͡ɕiʔ] と [ku̥.ɕi͡iʔ↓.nõ] > [ku̥.ɕĩĩ↓.nõ]。2017 年 4 月 30 日現在における総人口と、市串方言を使うと考えられる 70 歳以上の人口および人口比率とは、旧市来町域で 1,639 / 6,226（26.3%）、旧串木野市域で 5,599 / 22,364（25.0%）。

[45]

46 | 黒木邦彦

次のように同形式を 5 つも揃えている点で異彩を放っている（（2b–c）の呼称
は黒木 2016 に拠る）。

(2) a. V-V 接尾辞 {-cjor-}、{-cjar-}、{-wor-}

   b. 複合不完成相 {Vstm-Ø+kata(=(z)jar-)}（Vstm: 動詞語幹）

   c. 抱合不完成相 {Nstm+Vstm-Ø(=(z)jar-)}（Nstm: 名詞語幹）

静態化形式 (2) の研究としては、上村（1954: 161–62、1968: 16 下）、木部
（1990）、津田（2010: Ch. III § 1）、久保薗（2012）、黒木（2016）などが挙げ
られる。しかし、いずれも体系的研究ではなく、特定形式に関する存在の指
摘や特徴の記述に留まる。そこで、本稿では、市串方言の静態化（≠アスペ
クト）を体系的に示すため、（2）に見られる特徴を音韻、形態統語、意味の
面から解明する。

## 2. 先行研究

丹羽 [1979]（2005: Ch. 5）や工藤 [1983]（1995: Ch. V）を皮切りに、日本語
諸変種の静態化形式に関する研究が活性化し、その多様性は周知と成った。
とりわけ、同形式の意味論は、長きに亘って、様々な研究者により行なわれ
ており、研究蓄積の厚みから日本語アスペクト研究の主軸と成っている。

ところが、同研究の多くは形式的（＝音韻的・形態的・統語的）特徴の記
述を疎かにしているため[3]、研究対象の選定や「体系」の意味するところが
はっきりしない。峰岸（2000）から知られるように、日本語は、不定数の文
法範疇を有する、「不定範疇言語」であり、「文法接尾辞」（清瀬 2013）が担

---

3 たとえば、拘束形式 -goQ ' IPFV:NPST '（複数変種の音素に言及する際は括弧無しのローマ
字を用いる）が動詞語根 wor- '居る' ではなく、形式名詞 goto '様'（< goto- '如'）に由来す
ると考える、津田（2010: Ch. III § 1）は、近年における形式軽視の風潮を如実に反映してい
る。津田も、次の点に注意を払っていれば、同形式の資源を goto に求めることはなかった
ろう。

(I)a. 久保薗（2012）が指摘するとおり、-goQ は同一話者においても -oQ と交替しうる。

 b. -goQ は形態統語的環境や意味に拠り、-goreba ' IPFV:COND '、-goiga ' IPFV:NPST:CALL '、
 -goQta ' IPFV:PST 'のように語尾を変える。

 c. goto のような名詞で終わる述部は薩摩方言では珍しい。たとえば、goto を含む述
 部は、-{'u/ªu} #goto#ar- ' {NPST/VOL} #様#有 '（-'u#... は様態表現、-ªu#... は願望表
 現）のように補助動詞 ar- を形態的基幹とする動詞述部。

う用言の統語機能を除けば、いずれの文法範疇も任意に標示するに過ぎない（丹羽 2005: Ch. 1, 3 も参照）。同時に、範例的統語原理に依存しない、「連辞的言語」でもあるから、静態化形式のような特徴的形式の意味・用法を解明するだけでは、日本語文法の体系的研究とは言えない。

市串方言の静態化を解明するにあたって、本研究が形式面の記述にも力を注ぐのは、日本語に備わる不定範疇性・連辞性の明確化と、同言語の形態類型に即した文法研究の確立とを図っているからでもある。一変種の限定的記述とはこの点で異なる。

## 3. 資料

本研究が依拠する市串方言資料は、1950 年以前に生まれ、言語形成期を旧市来町ないし旧串木野市で過ごした話者から得た。具体的には、黒木（2016: 32 (6)）の市串方言話者および次掲 4 名（ID の B/C は串木野 / 市来の別、m/f は性別）との面接（文字は不使用）で得た回答と、彼らの会話とから収集した。

(3)　**Bm10**[ID]: 1940 年代後半生まれ[生年]; [15–59 歳] 遠方で働きつつ、6–12 ヶ月ごとに串木野に長期帰省[外住歴] **Bm11**: 30s 後; [18–20] 大阪府　**Bm12**: 30s 後; [54–64] 鹿児島市　**Cf02**: 40s 前; [15–18] 静岡県 [18–24] 大阪府

(2) に挙げた形式が言表事態を静態化させることは、工藤（1995: Ch. IV § 3.2）に言う部分的同時関係を副詞節事態と主節事態とが結ぶ、次のような調査例文で確認した（例文の理解に要する音韻論は黒木 2016: § 3 を参照 [4,]

---

4　市串方言の音節構造は /(O)(M)N(K)/ で、各スロットには次の音素が入りうる。
(II) Onset: /p/ [p], /b/ [b], /m/ [m], /s/ [s], /c/ [ts], /z/ [z ～ dz] ([z] / V_), /t/ [t] ( * /ti, tu/), /d/ [d] ( * /di, du/), /n/ [n], /r/ [ɾ ～ ɭ] ([ɭ] / _ [+high]), /k/ [k], /g/ [g], /h/ [ɸ ～ h] ([ɸ] / _u)
Medial: /w/ [w] ( * /wu/ (, wi)), /j/ [j] ( * /ji/)
Nucleus: /i/ [i], /u/ [u], /e/ [je ～ e] ([je] / #_), /o/ [o], /a/ [ɐ]（一括する場合は /V/）
Coda: /ç/ [ʃ, ɕ, ç], /N/ [+nasal], /Q/ [–sonorant], /V/
現代日本語一般に同じく、Onset に入る子音音素は硬口蓋化する。そのため、(i) /i/ の直前のものは常に [Cʲ] で、(ii) /e/ の直前の /s/、/z/ は稀に（Bm08 においては大抵）[ʃ/ɕ]、[ʒ/

48 | 黒木邦彦

5)。

(4) a.　$[_S [_{AdvC}$heje　　　iQ-taja]　　hoN=no　joN#zjoQ-ta] .$^{[QNR] 6}$

　　　　heja=$^n$i$^7$　　ir-taja　　　hoN=$^w$o　jom-cjor-ta

　　　　部屋=DAT　入ᵣ$^8$-COND　本=ACC　　読ᵤ-CONT-PST

　　「〔私が〕部屋に入ると、〔太郎が〕本を読んでた。」　　　【進行】

b.　$[_S [_{AdvC}$mi+mawasu-reba]　uçte　　　suwaQ#cjoQ-ta] .$^{[QNR]}$

　　　　mi$_r$+mawas$_e$$^9$-$^r$eba　uçto=$^n$i　suwar-cjor-ta

　　　　見ᵣ+回ᵤ-COND　　　後ろ=DAT　座ᵣ-CONT-PST

　　「〔太郎はどこだろうと私が会場を〕見回すと、〔当人は〕後ろに

　　座ってた。」　　　　　　　　　　　　　　　　　　　　　【結果継続】

(4) の各文における 2 事態間の時間関係は、工藤 (1995) が提唱する「達成限界」という用語に拠れば、副詞節事態の段階が達成限界に到達した時点において既に、主節事態のそれが達成限界を越えていると換言できる。

## 4.　市来・串木野方言の静態化形式に見られる特徴

### 4.1　語例

静態化形式 (2) を内包した語 (以下「静態化語」) は [表 1] の音形を取る。

---

z] で、そして、(iii) Bm08 においては、/e/ の直前の /t/、/d/ もしばしば [tʃ/tɕ]、[dʒ/dz] で実現。

5　市串方言は薩摩方言一般と同様に語声調 (word tone) 言語であり、音韻的語の第 1 構成要素に基づいて、次に挙げる 2 種類の声調を区別する (いわゆる 2 型アクセント)。

　(III) A 型：末尾 2 音節 (Bf07 や Cm01 においては末尾モーラとその直近の neucleus と) に HL 旋律を与える (表層では /—↑σ↓.σ#/)。

　　 B 型：末尾 2 音節に LH 旋律を与える (表層では /#—σ.↑σ#/)。

6　3 行から成る例文の 1 行めは音素表記、2 行めは基底表記 (/ / も { } も省略)、3 行めは注釈。最後に標準語訳。例文が音声表記を欠くため、ピッチは便宜的に音素表記に記す。〔　〕内 (任意) は文脈等の補助情報。$^{[QNR]}$ 付きの例文は、話者の発話から得たものではなく、話者が適格と判断したもの (その性格上、ピッチも声調も欠く)。

7　上付き 1/4 の音素は特定の音韻的条件において現れるもの。清瀬 (2013)、屋名池 (1987) ではそれぞれ「連結母音・子音」、「活用部」。

8　「入ᵣ」「読ᵤ」「悲しᵢ」のように注解する形式は用言語根。

9　下付き 1/4 の音素は特定の形態的条件において現れるもの。

表1　静態化語

|  | 書く- ... -COND | 上げる- ... -PST | する- ... -NPST=INFM |  |
|---|---|---|---|---|
| {-cjor-} | [ ke.tɕo.↑le↓.bɐ*¹ | ɐ.ge.↑tɕot͡↓.tɐ | ɕi.↑tɕoi↓.gɐ | ] |
|  | / ke.cjo.re.ba | a.ge.cjoɒ.ta | si.cjoi.ga | / |
|  | { kak-cjor-ʳeba | age-cjor-ta | sᴇ-cjor-ʳu=ga | } |
| {-cjar-} | [ ke.tɕɐ.le.↑bɐ | ɐ.ge.tɕɐt͡.↑tɐ | ɕi.↑tɕɐi↓.gɐ | ] |
|  | / ke.cja.re.ba | a.ge.cjaɒ.ta | si.cjai.ga | / |
|  | { kak-cjar-ʳeba | age-cjar-ta | sᴇ-cjar-ʳu=ga | } |
| {-wor-} | [ kɐʔ(g).(g)o.le.↑bɐ | ɐ.ge.↑(g)ot↓.tɐ | ɕi↓.(g)oi.gɐ*² | ] |
|  | / kaɒ.(g)o.re.ba | a.ge.(g)oɒ.ta | si.(g)oi.ga | / |
|  | { kak-wor-ʳeba | age-wor-ta | sᴇ-wor-ʳu=ga | } |
| 複合 | [ kɐʔk͡.kɐ.↑tɐ↓.zæ.le.bɐ | ɐ.ge.↑kɐ↓.tɐ.zɐt͡.tɐ | ɕ:.kɐ↓.tɐ.zɐi͡.gɐ | ] |
|  | / kaɒ.ka.ta.zja.re.ba | a.ge.ka.ta.zjaɒ.ta | si.ka.ta.zjai.ga | / |
|  | { kak-Ø+kata=zjar-ʳeba | age-Ø+kata=zjar-ta | sᴇ-Ø+kata=zjar-ʳu=ga | } |
| 抱合 | [ te.gɐŋ.↑kɐʔd͡↓.dʑæ.le.bɐ | te.ɐ.↑ge↓.zɐt͡.tɐ | dɐ.le.ja.me.↑ɕi↓.zæi.gɐ | ] |
|  | / te.gaɴ.kaɒ.zja.re.ba | te.a.ge.zjaɒ.ta | da.re.ja.me.si.zjai.ga | / |
|  | { tegaɴ+kak-Ø=zjar-ʳeba | te+age-Ø=zjar-ta | darejame+sᴇ-Ø=zjar-ʳu=ga | } |

*¹ 母音の表記は簡易的。母音音素がその両隣りの分節音から受ける音声的影響は規則的で、[ɐ, ɐ, ɐ̃] などの補助記号を欠いても、実際の音価を掴みうるため。

*² [(g) o] の [g] は、{-wor-} の直前の音素に関わらず、観察される（上村 1965: 31–33）。

V-V 接尾辞 {-cjor-}、{-wor-} はそれぞれ、西日本に広く分布する、-te#wor-'ATT#居ᵣ' > -tjor-、-Ø#wor-'NL#居ᵣ' > -wor- と形態的に対応する。各々、意味・用法の面でも -tjor-、-wor- の一種と見て、間違い無かろう。

V-V 接尾辞 {-cjar-} は、現代諸方言の -te#ar-'ATT#有ᵣ' > -tjar- と形態的に対応する。市串方言の -te#ar- > -tjar- は、標準語や熊本方言のそれに同じく、結果継続の静態化形式に移行している。

注目すべきは、これらに加えて、上村（1954）、木部（1990）、津田（2010: Ch. III § 1）、黒木（2016）が指摘する、複合型ないし抱合型の静態化形式も備えている点である。複合不完成相の存在は、角田（1996）が指摘する日本語特有の「体言締め文」との類似性からも興味深い。

## 4.2 音韻的特徴
### 4.2.1 静態化語における連声

　子音終わりの動詞語幹末は、(i) {-wor-} を、或いは、複合・抱合不完成相において {-Ø} 'NL' を取ると、[表2] のように、(ii) {-cjor-} ないし {-cjar-} を取ると、[表3] のように連声する[10]。

### 表2　{-wor-} ないし {-Ø} を取る際の動詞語幹末連声

| 古代 | マ四ナ変 | バ四 | タ四 | カ四 | ガ四 | ラ四下一上二 | ハ四 | | | 下二 | カ変 | 上一上二 | サ四 | サ変 |
|---|---|---|---|---|---|---|---|---|---|---|---|---|---|---|
| 基底 | m | b | t | k | g | r | uw | ow | aw | e | o | $i_r$ | $s_e$ | $s_E$ |
| 表層 | N | Q | | | | i | u | e,o | e,o,a | e | i | i,ii | se | si |

### 表3　{-cjor-} ないし {-cjar-} を取る際の動詞語幹末連声

| 基底 | b | m | w | t | r | k | g |
|---|---|---|---|---|---|---|---|
| 表層 | u | | | Q | | i | |

b・m・g 語幹はテ形接尾辞の初頭子音音素を濁音化させる (e.g. /too.da/ {tob-ta} '飛ぶ-PST', /oo.da/ {am-ta} '編む-PST', /kee.da/ {keg-ta} '漕ぐ-PST')。

　[表2] の連声は、共時的に広く、[表3] のそれは、子音動詞語幹がテ形

---

10　市串方言の動詞語幹はその末尾音形に基づいて、C 語幹 (＝子音音素で終わる語幹。以下同様)、e 語幹、o 語幹、$i_r$ 語幹、$s_e$ 語幹、$s_E$ 語幹に分けられる。C 語幹以外は後続接尾辞に拠って、その末尾を次のように交替させる。

| 語幹末 | | | | | 後続接尾辞 |
|---|---|---|---|---|---|
| e | o | $i_r$ | $s_e$ | $s_E$ | |
| e | o | i | s | s | {-ªase-} 'CAUS', {-ʳare-} 'INACT', {-ªs-} 'ADLT', etc. |
| e | o | ir | s | se | {-ªn-} 'NEG', {-ªNzi-} 'INATT', {-e ~ -i} 'IMP' |
| e | i | i,ir | se | si | {-wor-} 'IPFV', {-Ø} 'NL', {-te} 'ATT', etc. |
| u | u | ir | su | su | {-ʳeba} 'COND', {-ʳu} 'NPST', {-ʳuna} 'PROH' |

　なお、市串方言は日本語一般とは異なり、n 語幹は {-ªn-} 'NEG' で、s 語幹は {-ʳas-} 'ADLT'、{-jas-} 'ADLT'、{-moS-} 'POL' ({S} → /h/ / _a; {Su} → /n/ / _=d) で終わる派生動詞語幹しか持たない。§4.3.1 で後述するとおり、これらからは複合不完成相も抱合不完成相も作りえない。

接尾辞（＝ -te 'ATT' とそれに由来する動詞接尾辞と）を取る場合にのみ化石的に生じるもの（黒木 2014）である。なお、黒木（2016: §4.1）が指摘するとおり、複合不完成相においても抱合不完成相においても、連濁は生じない。

### 4.2.2　静態化語の声調

#### 4.2.2.1　{-wor-}

　次のとおり、{-wor-} は多くの話者において、動詞接尾辞一般と同様に音韻的語[11]の基幹を成さない（以下、「形式 A を内包する語」を「A 内包語」と呼ぶ）。

(5)　1 語のみの発話における {-wor-} 内包語のピッチ

|  | {age⁽ᴬ⁾-} '上げる' |  | {ozir⁽ᴮ⁾-} '下りる' |
|---|---|---|---|
| / | **a**↓ . gu**o** / '上げる' | / | o . ↑**zio** / '下りる' |
| / | a . ↑**ge**↓ . ta / '上げた' | / | o . zi**o** . ↑**ta** / '下りた' |
| / | **a**↓ . ge**N** / '上げない' | / | o . zi . ↑**raN** / '下りない' |

|  | {age⁽ᴬ⁾-ˢase-} '上げる-CAUS' |  | {ozir⁽ᴮ⁾-ˢase-} '下りる-CAUS' |
|---|---|---|---|
| / | a . ge . ↑**sa**↓ . su**o** / '上げさせる' | / | o . zi . ra . ↑**suo** / '下りさせる' |
| / a | . ge . sa . ↑**se**↓ . ta / '上げさせた' | / | o . zi . ra . se . ↑**ta** / '下りさせた' |
| / | a . ge . ↑**sa**↓ . se**N** / '上げさせない' | / | o . zi . ra . ↑**seN** / '下りさせない' |

|  | {age⁽ᴬ⁾-wor-} '上げる-IPFV' |  | {ozir⁽ᴮ⁾-wor-} '下りる-IPFV' |
|---|---|---|---|
| / | a . ↑**ge** . wo**o** / '上げてる' | / | o . zii . ↑**wo o** / '下りてた' |
| / | a . ge . ↑**wo o**↓ . ta / '上げてた' | / | o . zii . wo**o** . ↑**ta** / '下りてた' |
| / | a . ge . ↑**wo**↓ . ra**N** / '上げてない'[12] | / | o . zii . wo . ↑**raN** / '下りてない' |

　ただし、Bf07、Bm08、Bf09 からは、{-wor-} が次のように音韻的語を成す、興味深い例も得ている。

---

11　形態統語的語とは必ずしも一致せず、拘束形式も含む。たとえば、繋辞動詞語根 {=(z)jar-} は常に音韻的語の基幹を成すが、それに拠る音韻的語は必ずしも形態統語的語ではない。

12　現在確認している限り、他の話者における /—↑σ↓.Oa**N**/ を M10 は /—σ.↑Oa↓**N**/ で実現させる。ここではモーラ単位でピッチを与えているように映るが、A 型・重音節（＝ /(O)(M)N**K**/）終わりの語で常にそうするわけでもない。

(6) a. Bf07  b. Bf09

a↓ke#woi↑jaQ↓ta#↑doo
ake$^{(A)}$-wor$^{(A)}$-jar-ʳu=do$^{(X)}$
開ける-*IPFV*-ADLT-NPST=CNFM
「開けてらしたぞ」

ai#↑oQ↓-ta#↑doo
ar$^{(B)}$-wor$^{(A)}$-ta=do$^{(X)}$
有る-*IPFV*-PST=CNFM
「行なわれてたぞ」

c. Bm08

| to↑r-ja↓ | toi=si↑ko↓ | nai#joi+ka↑ta↓=ga | a↑r-a. |
|---|---|---|---|
| tor$^{(B)}$-ʳja | tor-ʳu=siko | nar$^{(B)}$-wor$^{(A)}$-Ø+kata=ga$^{13}$ | ar$^{(B)}$-ʳu=a |
| 取る-COND | 取る-NPST=だけ | 成る-*IPFV*-NL+方=NOM | 有る-NPST=CNFM |

「〔歳を〕取れば取るほど、〔元気に〕成りつつあるわ。」

## 4.2.2.2　{-cjor-} と {-cjar-}

{-cjor-} 内包語のピッチは、1語のみの発話では (7) のように、2語以上（＝文）の発話では (8) のように実現する。

(7)　1語のみの発話における {-cjor-} 内包語のピッチ

**{age$^{(A)}$-cjor$^{(A)}$-}** '上げる-CONT'　　**{ozir$^{(B)}$-cjor$^{(A)}$-}** '下りる-CONT'

/ a↓. ge#　　（↑）cjoǫ / '上げてる'　　/ o.↑ ziǫ↓# 　　 cjoǫ / '下りてる'

/ a .ge#↑ **cjoǫ↓**. ta / '上げてた'　　/ o. ziǫ#↑ **cjoǫ↓**. ta / '下りてた'

/ a .ge#↑ **cjo↓**.raN / '上げてない'　　/ o. ziǫ#↑ **cjoǫ↓**. raN / '下りてない'

(8)　2語以上の発話における {-cjor-} 内包語のピッチ

a.　ko↓N　　koçka↑ke↓a　　jo↑go↓re#cjor-a#↑wo.

　　koN$^{(A)}$　　kosi$^{(A)}$+kake-Ø=ʷa　　jogore$^{(A)}$-cjor$^{(A)}$-ʳu=a=wo$^{(X)}$

　　この　　腰+掛け-NL=TOP　　汚れる-*CONT*-NPST=CNFM=INFM

　　「この腰掛けは汚れてるわよ。」

b.　a↑tai↓=mo so↓gee　　o↑moo↓#cjoǫ-ta↓#too.

　　atai$^{(A)}$=mo soge$^{(A)}$=$^n$i　　omow$^{(B)}$-cjor$^{(A)}$-ta=to$^{(X)}$

　　あたし=も そのよう=DAT　　思う-*CONT*-PST=NL

　　「あたしもそう思ってたの。」

---

13　/naQ.↑te/ '成って' や /na.↑rjaa/ '成れば' から {nar-} の声調は明らかに B 型であるから、次末尾音節を高めた /nai.joi.ka.↑ta↓.ga/ は {-wor-} の声調に拠ると考えてよかろう。

c. zuN↑bai↓　hito=↑maQ↓　acu↑maQ↓#cjoi-jaQ↓-ta#do#↑na↓a.

　　zuNbai^(B)　hito^(B)=ga　acumar^(B)-cjor^(A)-jar-ta=do^(X)=na^(X)

　　たくさん　人=NOM　集まる-CONT-ADLT-PST=CNFM=CALL

「たくさん人が集まってらしたわなあ。」

（7）に拠れば、{-cjor-}内包語の声調は、V-V 接尾辞 {-cjor-} が例外的に決めているかに映る。しかし、（8）においては、{jogore-}、{omow-}、{acumar-}の声調に基づくピッチが各形式の表層に、（8c）に至っては、{-cjor-}に拠る A 型のピッチも {-cjor-jar-ta} の表層に現れている。

　以上を踏まえるに、{-cjor-} は、先行動詞語幹とは異なる音韻的語を成すと考えられる。（7）において先行動詞語幹の、（8a–b）において {-cjor-} の声調が表層に現れないのは、同語幹の音節数や文音調に拠るのであろう。{-cjar-} も、先行動詞語幹とは異なる音韻的語を成す点で {-cjor-} に等しい。

## 4.2.2.3　複合不完成相と抱合不完成相

　黒木（2016: §4.2）の指摘どおり、複合不完成相の {VSTM-Ø+kata} も抱合不完成相の {NSTM+VSTM-Ø} も、次のようにその声調を第 1 構成要素に拠る。

（9）　複合・抱合不完成相の声調

|  | {ki_r^(A)-} '着る' |  |  | {nug^(B)-} '脱ぐ' |  |
|---|---|---|---|---|---|
| / | ki↓.raN | / '着ない' | / | nu.↑gaN | / '脱がない' |
| / | ki.↑sa↓.suǫ | / '着させる' | / | nu.ga.↑suǫ | / '脱がせる' |
| / | ki(i).↑ka↓.ta#zjaQ | / '着てる' | / | nuǫ.ka.↑ta↓#zjaQ | / '脱いでる' |

|  | {hakob^(A)-} '運ぶ' |  |  | {tatak^(B)-} '叩く' |  |
|---|---|---|---|---|---|
| / | ha↓.koǫ | / '運ぶ' | / | ta.↑taǫ | / '叩く' |
| / | ha.↑ko↓.baN | / '運ばない' | / | ta.ta.↑kaN | / '叩かない' |
| /ha.koǫ. | ↑ka↓.ta#zjaQ | / '運んでる' | / ta.taǫ.ka. | ↑ta↓#zjaQ | / '叩いてる' |

|  | {ki_r^(A)-Ø+moN} '着る-NL+物' |  |  | {teko^(B)} '太鼓' |  |
|---|---|---|---|---|---|
| / | ki↓.moN | / '着物' | / | te.↑ko | / '太鼓' |
| / | ki.↑moN↓.ga | / '着物が' | / | te.ko.↑ga | / '太鼓が' |
| / | ki.↑moN↓.kii#zjaQ | / '着物を着てる' | / te. ko.ta. | ↑taǫ↓#zjaQ | / '太鼓を叩いてる' |
| / | ki.↑moN↓.nuǫ#zjaQ | / '着物を脱いでる' | / te.ko.ha. | ↑koǫ↓#zjaQ | / '太鼓を運んでる' |

この点において、複合語を含む、音韻的語一般に等しいので、{VSTM-Ø+kata} も {NSTM+VSTM-Ø} も音韻的には 1 語である。市串方言では単純

語と複合語とが音韻的に区別できないため、複合不完成相の構造は {Vsᴛᴍ-kata (=(z)jar-)} で、不完成相の標識は V-N 接尾辞 {-kata} とも見做しうる。

### 4.3　形態統語的特徴
#### 4.3.1　静態化語幹 (2) が内包しうる生産的動詞語幹化接尾辞

　市串方言において動詞語幹を生産的に派生させる接尾辞は、A-V 接尾辞 {-kar-} 'ᴠʟᴢ' と次掲 V-V 接尾辞との 2 種である (その他は生産性を欠く)。V-V 接尾辞が互いに承接する場合は次の順に並ぶ ((10c-i) と (10c-ii) とは同位)。

（10）　市串方言の V-V 接尾辞

a. | b. | c-i. | c-ii.
{-ˢase-} 'ᴄᴀᴜs' | {-ʳare-} 'ɪɴᴀᴄᴛ' | {-cjor-} 'ᴄᴏɴᴛ' | {-cjar-} 'ʀsʟ'
 | | | {-cjok-} '-ておく'[14]

d. | e. | f. | g.
{-wor-} 'ɪᴘꜰᴠ' | {-ʳas-, -ʳaseₑ-, -ʳar-, | {-moS-} 'ᴘᴏʟ' | {-ᵃn-} 'ɴᴇɢ'
 | -jas-, -jaseₑ-, -jar-} 'ᴀᴅʟᴛ' | |

これらのうち、静態化形式 (2) で終わる語幹 (以下「静態化語幹 (2)」) が内包しうるものは [表 4] のとおり。

表 4　静態化語幹 (2) が内包しうる生産的動詞語幹化接尾辞

| | {-ˢase-} | {-ʳare-} | {-cjor-} | {-cjar-}<br>{-cjok-} | {-wor-} | {-jar-}<br>etc. | {-moS-} | {-ᵃn-} | {-kar-} |
|---|---|---|---|---|---|---|---|---|---|
| {-cjor-} | ✓ | ✓ | | | | | | | |
| {-cjar-} | ✓ | | | | | | | | |
| {-wor-} | ✓ | ✓ | ✓ | | | | | | ✓ |
| 複合 | ✓ | ✓ | ✓ | | ✓ | | | | |
| 抱合 | ✓ | | | | | | | | |

　注目すべきは、{-wor-} 語幹が {-cjor-} を、複合不完成相が {-cjor-} と {-wor-} とを内包しうる[15]点である。次のとおり、筆者が調査で得た {-cjor-

---

14　-jok- と形態的に対応する V-V 接尾辞、つまり、参照時点に対する先行性を有し、かつ、開始限界達成・終了限界未達成を表す V-V 接尾辞は無いようである。

15　黒木 (2016) に拠れば、{-wor-} は内包しないようであるが、(6c) のようにこれを内包

wor-} はいずれも結果継続の習慣を意味し、かつ、過去時制の {-ta} を伴っている。

（11）　hu↑ne　　no↓r-o=ci-te　　　zuɴ↑bai ko↓ke　　na↑raɴ...
　　　　船(:DAT)　乗ぅ-VOL=と言ぅ-ATT　たくさん　　此処:DAT[16]

　　　　na↑ra↓ɴ-de　↑maǫ↓-cjoi···　↑maǫ↓-*cjoi-goi*-↑jaǫ↓-ta　moɴ=↑na↓a.[17]
　　　　並ぶ-ATT　　　　　待っ-*CONT-IPFV*-ADLT-PST　　物=CALL

　　　　「船に乗ろうといって、たくさんここに並ん…並んで、待ってて…
　　　　待っておりなさったもんなあ。」　　　　　　　　【結果継続・習慣】

　以上のように、{-cjor-}、{-wor-}、複合不完成相の三者は、言表事態を静的にするという点では共通するものの、排他的・択一的関係には無いのである。静態化という語形成に与かる範疇を市串方言に設けるにしても、印欧諸語に代表される、一定範疇言語（峰岸 2000）の文法範疇と同一視してはならない。

　所動の {-ᶠare-} や主格の人物を成人として待遇する {-jar-} と {-cjar-} が共起しないのは、{-cjar-} 内包語の他動性制約に起因する。これについては §4.4.4 で後述する。

### 4.3.2　静態化語幹（2）が取りうる動詞文法接尾辞

　動詞の形態と節の類型とを決定する、動詞文法接尾辞（清瀬 2013）は、市串方言においては、（12a）副詞節の形成に与かる「連用接尾辞」、（12b）名詞節の形成に与かる「準体接尾辞」、（12c）文ないし連体詞節の形成に与かる「終止 - 連体接尾辞」（{-ᵘu} 'VOL' は形式名詞 {goto} '様' のみ連体修飾可能）、（12d）文の形成に与かる「終止接尾辞」の４種に、そして、連用接尾辞（12a）は意味の面から更に３種に分けられる。

（12）　市串方言の動詞文法接尾辞

| a-i. | a-ii. | a-iii. | b-i. | b-ii. |
|---|---|---|---|---|
| {-nagara} 'SIM' | {-ᶠeba, -ᶠja} 'COND' | {-te} 'ATT' | {-tai} 'ILL' | {-Ø} 'NL' |
| | {-taja} 'COND' | {-ᵃɴzi} 'INATT' | | |

---

する例が少数ながら見付かった。

16　：区切りで注解する形式は複数個の形態素から成る（e.g. {koko=ⁿi} '此処=DAT' → /koke/ '此処:DAT'）。

17　2 行から成る例文は基底表記を欠く。

c-i.　　　　　c-ii.　　　　　d.

{-ʳu} 'NPST'　　{-ᵃu} 'VOL'　　{-e 〜 i} 'IMP'

{-ta} 'PST'　　　　　　　　　{-ʳuna} 'PROH'

これらのうち、静態化語幹 (2) が取りうるものは［表5］のとおり。

表5　静態化語幹 (2) が取りうる動詞文法接尾辞

| | {-nagara} | {-ʳeba, -ʲja} {-taja} | {-te} {-ᵃNzi} | {-tai} | {-Ø} | {-ʳu} {-ta} | {-ᵃu} | {-e 〜 i} {-ʳuna} |
|---|---|---|---|---|---|---|---|---|
| {-cjor-} | | ✓ | ✓ | ✓ | ✓ | ✓ | ✓ | ✓ |
| {-cjar-} | | ✓ | ✓ | ✓ | | ✓ | | |
| {-wor-} | | ✓ | | ✓ | ✓ | ✓ | ✓ | ✓ |
| 複合 | | ✓ | | ✓ | | ✓ | | |
| 抱合 | | ✓ | | ✓ | | ✓ | | |

複合・抱合不完成相を構成する繋辞動詞語根 {=(z)jar-} は、その他の {=(z)jar-} に形態面で等しく、［表5］のとおり、{-ʳu} 'NPST' も {-ta} 'PST' も取りうる。ただし、黒木 (2016: §4.5) が説くように、{=(z)jar-ta}[18] は連体詞節を形成しうるが、{=(z)jar-ʳu}[19] はそれを成しえない。そのため、両不完成相で連体・非過去を表現する場合は、主-属格助詞 {=no} を代用する。

意志的行為を表す動詞語幹にのみ接尾する {-ᵃu} 'VOL'、{-e 〜 -i} 'IMP'、{-ʳuna} 'PROH' と {-cjar-} とが共起しないことも、{-cjar-} 内包語の他動性制約に起因する。これについても §4.4.4 で後述する。

### 4.3.3　抱合不完成相が内包しうる名詞語幹

抱合不完成相の構成制約は黒木 (2016 :§4.3.2, 4.4) に詳しい。本研究ではその追調査として、'蹴ぅ' を意味する抱合不完成相を用い、これが内包しうる名詞語幹の有生性、敬意、数、連体修飾要素の統語範疇を Bm03 と Bf07 とに確認した。想定される制約はほぼ存在しないようで、［表6］のような結

---

18　基本的には /(z)jaQta/ で実現し、助詞の直前では /(z)jaQtai/ とも。

19　形態統語的語末では /(z)ja/ で、歯茎系音素の直前では /(z)jaQ/ で、その他の環境では /(z)jai/ で実現。

果を得た。

表6 '蹴る' を意味する抱合不完成相が内包しうる名詞語幹

| No. | NSTM の種類 | | 語例 | Bm03 不適 | Bm03 他[*1] | Bf07 不適 | Bf07 他 |
|---|---|---|---|---|---|---|---|
| 1 | モ | 毬 | mai+kee=zjaọ-ta | | | | |
| 2 | ノ | 毬-APL | mai-domo+kee=zjaọ-ta | | | | ✓ |
| 3 | | 犬 | iN+kee=zjaọ-ta | ?[*2] | ✓ | | ✓ |
| 4 | | 犬-APL | iN-domo+kee=zjaọ-ta | ? | ✓ | | ✓ |
| 5 | 動 | 兎+PJR | usaọ+goro+kee=zjaọ-ta | ? | ✓ | | ✓ |
| 6 | 物 | 兎+PJR-APL | usaọ+goro-domo+kee=zjaọ-ta | ? | ✓ | | ✓ |
| 7 | | 猿-TTL | saọ-doN+kee=zjaọ-ta | ? | ✓ | | ✓ |
| 8 | | 猿-TTL-APL | saọ-doN-taọ+kee=zjaọ-ta | ? | ✓ | | ✓ |
| 9 | | 子供 | kodoN+kee=zjaọ-ta | ? | ✓ | | ✓ |
| 10 | | 子供-APL | kodoN-taọ+kee=zjaọ-ta | ? | ✓ | | ✓ |
| 11 | ヒ | 兄(-TTL) | aN(-)saN+kee=zjaọ-ta | ? | ✓ | | ✓ |
| 12 | ト | 兄(-TTL)-APL | aN(-)saN-taọ+kee=zjaọ-ta | ? | ✓ | | ✓ |
| 13 | | 医者-TTL | isa-doN+kee=zjaọ-ta | ? | ✓ | | ✓ |
| 14 | | 医者-TTL-APL | isa-doN-taọ+kee=zjaọ-ta | ? | ✓ | | ✓ |
| 15 | 指 | これ | koi+kee=zjaọ-ta | ? | ✓ | ? | ✓ |
| 16 | 示 | これ-APL | koi-domo+kee=zjaọ-ta | ? | ✓ | | ✓ |
| 17 | | 俺 | oi+kee=zjaọ-ta | ? | ✓ | | ✓ |
| 18 | | 俺-APL | oi-domo+kee=zjaọ-ta | ? | ✓ | | ✓ |
| 19 | 人 | お前 | aọko+kee=zjaọ-ta | ? | ✓ | | ✓ |
| 20 | 称 | お前-APL | aọko-domo+kee=zjaọ-ta | ? | ✓ | | ✓ |
| 21 | | 貴方 | omaN+kee=zjaọ-ta | ? | ✓ | ? | ✓ |
| 22 | | 貴方-APL | omaN-taọ+kee=zjaọ-ta | ? | ✓ | | ✓ |
| 23 | 連 | この#毬 | [NP [ADN koN]#mai+kee]=zjaọ-ta | N/A[*3] | | N/A | |
| 24 | 体 | 俺=NOM#毬 | [NP [ADN oi=ga]#mai+kee]=zjaọ-ta | N/A | | N/A | |
| 25 | 修飾 | とても#大きぃ-NPST#毬 | [NP [ADNC waọza(r)e#huto-ka] #mai+kee]=zjaọ-ta | N/A | | N/A | |

[*1] {-wor-} ないし複合不完成相の方が自然。
[*2] No. 3–14 は対象をモノ扱いしているように感じられるとのこと。
[*3] {-wor-} 語幹動詞も複合不完成相も連体修飾要素は取らないため。

## 4.4 意味的特徴

### 4.4.1 概観

静態化形式 (2) 同士の意味的差異を明確にするため、静態化形式との意味的関係から提案された、工藤 (1995: Ch. II § 1.2) の動詞分類に基づき、静態化を次のように下位分類する(以下、「主体動作・客体変化」は「主動客変」)。

(13) 将然：主体動作および主動客変の開始限界達成前。

強進行：主体変化の開始限界達成後かつ終了限界達成前。

中進行：主動客変の開始限界達成後かつ終了限界達成前。

弱進行：主体動作の開始限界達成後かつ終了限界達成前。

結果継続：主体変化の終了限界達成後かつ事態期間内。

結果維持：主動客変の終了限界達成後かつ事態期間内。

完了：終了限界達成後かつ事態期間外。

進行(＝開始限界達成後かつ終了限界達成前)に設けた強中弱の別は、主体変化および主動客変の進行に当たる「強進行態」と、主体動作のそれに当たる「弱進行態」とを区別する、金水 (1995) に発想を得た。金水の強進行態を本稿において強進行と中進行とに細分するのは、市串方言の {-cjor-} がこのふたつの進行を区別することに拠る (後掲 (14) を参照)。

(13) に拠れば、静態化形式 (2) の意味的用法は [表7] のように成る。

### 表 7　静態化形式 (2) の意味的用法

|  | 将然 | 強進行 | 中進行 | 弱進行 | 結果継続 | 結果維持 | 完了 |
|---|---|---|---|---|---|---|---|
| {-cjor-} |  | ✔ | ✔ |  | ✔ | ✔ | ✔ |
| {-cjar-} |  |  |  |  |  | ✔ |  |
| {-wor-} | (✔) | ✔ | ✔ | ✔ |  |  |  |
| 複合 | (✔) | ✔? | ✔ | ✔ |  |  |  |
| 抱合 |  | N/A[*1] | ✔ | ✔ | N/A[*1] |  |  |

✔:可　✔?:話者に拠っては不可　(✔):限定的

[*1] 抱合不完成相は、(18a) のような強進行における {ik-} '行く' を除くと、主体変化動詞語幹を内包しえないため (黒木 2016: § 4.3.2)。

静態化形式 (2) 同士の意味の異なりを具体的に示すため、各形式の用例を

次に挙げる。

（14）　V-V 接尾辞 {-cjor-} 'CONT'

   a.　〔お隣りさんが窓をガラガラ開けていたのを見て来て〕

     mado=↑wo↓ ake-↑*cjo*↓*i*-jaQ-ta=↑do.

     窓=ACC　　　　　　開け*ᵣ*-CONT-ADLT-PST=CNFM

     「窓を開けてらしたぞ。」　　　　　　　　　　　　【中進行】

   b.　he↑ja↓=je haiQ-ta↑ja↓ ta↑roo↓=ga hoN=↑wo↓

     部屋=ALL　入ᵣ-COND　太郎=NOM　　本=ACC

     joN#↑*zjoQ*↓#to=ga²⁰ ↑ki↓=ga cui-ta.

     読ᵤ-CONT:NPST=NL=NOM　気=NOM　付ᵧ-PST

     「〔私が〕部屋に入ると、太郎が本を読んでるのに気が付いた。」

     　　　　　　　　　　　　　　　　　　　　　　　【弱進行】

   c.　aç↓ko　　mi-ta↑ja↓ moo ke-↑siN↓#*zjoQ*-ta#↑do.

     あそこ(:ACC)　見ᵣ-COND　もう　??-死ₙ-CONT-PST=CNFM

     「〔俺が〕あそこを見ると、〔蝉が〕もう死んでた。」　【結果継続】

   d.　aç↑ko↓=no i↑e↓ iQ=↑mo hajo=ka↑ra↓ mado=↑wo

     あそこ=GEN　家　いつ=も　早ᵢᵢ:ADVL=ABL 窓=ACC

     a↓ke#*cjoi*-jaQ#do#↑na↓a.

     開けᵣ-CONT-ADLT:NPST=CNFM=CALL

     「あそこの家、いつも早くから窓を開けてるわなあ。」【結果維持】

   e.　mo↓ gaQko=↑e↓ agai#ma↑e↓=ni ↑moo↓ kono#he↓N=no

     もう　学校=ALL　　上がᵣ:NPST#前=DAT　もう　　この#辺=GEN

     jama=↑de asu↓#*zjoQ*-ta#↑do.

     山=INST　遊ᵦ-CONT-PST=CNFM

     「もう、学校に上がる前にもう、この辺の山で遊んでたぞ。」

     　　　　　　　　　　　　　　　　　　　　　　　【完了】

（15）　V-V 接尾辞 {-cjar-} 'RSL'

     e=N↓　　ma↑e↓ tooQ-↑taa↓ kui↑ma↓=wo ↑to↓me#*cjaQ*-ta#↑do.

     家=GEN　前　　　通ᵣ-COND　車=ACC　　　止めᵣ-RSL-PST=CNFM

---

20　{=ⁿi} 'DAT' が期待される。

「〔俺が隣りの〕家の前を通ったところ、〔そこにお隣りさんの〕車が

停めてあったぞ。」 【結果維持】

(16) V-V 接尾辞 {-wor-}‘ IPFV ’

a. 〔…〕 mi-↑te↓ mi-ta↑ja cjoo↓do uç↑te↓e suwai-↑woɒ↓-ta.

　　　　見 る-ATT　見る-COND　ちょうど　後ろ:DAT　座る-IPFV-PST

「〔後ろを〕見てみたら、ちょうど後ろに座ろうとしてた。」

【将然？強進行？】

b. 〔雪が溶けつつあったのを見て来て〕

juɒ↓=ga toke-woɒ-↑ta.

雪=NOM　溶ける-IPFV-PST

「雪が溶けつつあった。」 【強進行】

c. 〔お隣りさんが窓をガラガラ開けていたのを見て来て〕

a(↓)ke-woi-↑jaɒ↓-ta#↑doo.

開ける-IPFV-ADLT-PST=CNFM

「開けてたぞ。」 【中進行】

d. 〔太郎が本を読んでるのを見て来て〕

hoN=↑wo↓ joN-goi-jaɒ-ta#↑doo.

本=ACC　　読む-IPFV-ADLF-PST=CNFM

「本を読んでたぞ。」 【弱進行】

(17) 複合不完成相

a. cjoo↓do i↑ma↓ uçto mi-↑taa↓ suwai+↑ka↓ta#jaɒ-ta.

ちょうど　今　　後ろ　見る-COND　座る:NL+方=COP-PST

「〔太郎はどこだろうと俺が〕ちょうど今後ろを見たところ、〔当

人は〕座ろうとしてた。」 【将然？強進行？】

b. 〔瀕死の蝉を見て〕

ke-siN+ka↑ta#jaa.

??-死ぬ:NL+方=COP:NPST

「死につつある。」 【強進行】

c. 〔お隣りさんが窓をガラガラ開けていたのを見て来て〕

mado=↑wo↓ ake+↑ka↓ta#zjai-jaɒ-ta.

窓=ACC　　　開ける-NL+方=COP-ADLT-PST

「窓を開けてらしたぞ。」 【中進行】

d. he↑ja↓=je i-ta↑ja↓[21] hoN=↑no↓ joN+ka↑ta↓#jaQ-ta.

部屋=ALL 行く-COND 本=ACC 読む:NL+方=COP-PST

「〔俺が〕部屋に行くと、〔太郎が〕本を読んでた。」 【弱進行】

(18) 抱合不完成相

a. 〔太郎が鹿児島に行こうとしていたのを見て来て〕

deN↑sja↓=de kagoçma+↑iQ↓#zjaQ-ta.

電車=INST 鹿児島+行く:NL=COP-PST

「電車で鹿児島に行こうとしてた。」 【強進行】

b. 〔お隣りさんが窓をガラガラ開けていたのを見て来て〕

mado+a↑ke↓#jaQ-ta#↑doo.

窓+開ける:NL=COP-PST=CNFM

「窓を開けてらしたぞ。」 【中進行】

c. 〔「今何してるの？」と聞かれ〕

i↑ma↓ sjocu+↑noN#zja↓#ga.

今 焼酎+飲む:NL=COP:NPST=INFM

「今焼酎を飲んでる。」 【弱進行】

## 4.4.2 将然

　静態化形式（2）のうち、将然用法を備えていると断言しうるものは無い。たとえば、{suwar-} '座る' という意志的有生主体の変化を表す（16a, 17a）は、将然（＝動作兆候）とも強進行（＝変化過程）とも解釈できる。

　将然の確例は僅か1例、Bm10との面接調査で得た /ake+kata=ja/ '開ける:NL+方=COP-NPST' に限られる。よって、将然用法を確立させている、宇和島方言などの -wor-（工藤［1983］1995: Ch. V の表記では「シヨル」）とは、{-wor-} も複合不完成相も幾分異なると考えられる。

　市串方言で将然を表す場合は、{-wor-} や複合不完成相よりも、次のように、形式名詞 {tokoi} '所'、{goto} '様' で終わる連体修飾構文や、'しようとしてる' を意味する補助動詞構文を利用するのが一般的である。

---

21 {ik-} '行く' にせよ {ir-} '入る' にせよ A 型であるから、/i.↑ta↓.ja/ が期待される。

62 | 黒木邦彦

(19) 〔太郎が何かしようとしているのを見て（来て）〕

    a.   cjoo↓do i↑ma↓ ma↑do a↓ku-Q   *to↑ko↓i<sub>#</sub>zjaǫ*-ta.

        ちょうど  今    窓(:ACC) 開け<sub>る</sub>-NPST ところ=*COP*-PST

        「ちょうど今窓を開けるとこだった。」

    b.   suwai(#)↑*go↓to* i↑ma↓ *si<sub>#</sub>↑cjoi↓*-jaǫ<sub>#</sub>ga.

        座<sub>る</sub>-NPST#よう   今    す<sub>る</sub>-*CONT*-ADLT-NPST=INFM

        「座ろうと今してるよ。」

### 4.4.3　強進行

　静態化形式 (2) のうち、強進行を表しうるものは、{-wor-} と複合不完成相とである。ただし、後者が強進行を表す、(17b) のような例は、Bm06、Bm10、Bm11、Cf02 以外からは得ていない。{-wor-} を内包する複合不完成相が強進行を表す、次のような例も、複合不完成相だけでは強進行が表現しがたいことを示唆する。

(20)  to↑r-ja↓   toi=si↑ko↓  *nai<sub>#</sub>joi+ka↑ta↓*=ga a↑r-a.

     取<sub>る</sub>-COND  取<sub>る</sub>:NPST=だけ  成<sub>る</sub>-*IPFV:NL*+方=NOM    有<sub>る</sub>-NPST:CNFM

     「〔歳を〕取れば取るほど、〔元気に〕成りつつあるわ。」

　なお、次例において複合不完成相が表しているのは、共起している擬態語を踏まえるに、言表事態の主体こそ無生ながら、強進行（＝変化過程）ではなく、弱進行（＝動作過程）と見るべきであろう。

(21)  kaǫ=ga site   boto〜boto  *hiǫcjai+kata<sub>#</sub>zja*.

     柿=NOM 下:DAT ボト〜ボト    落ち<sub>る</sub>:*NL*+方=*COP*:NPST

     「柿が下にボトボト落ちてる。」               【弱進行】

### 4.4.4　結果維持

　静態化形式 (2) のうち、結果維持を表しうるものは、{-cjor-} と {-cjar-}とである。両者は (22) のように、所動の {-'are-} や主格成人待遇の {-jar-}との共起関係を異にする。これらと共起しない {-cjar-} は、動作の対象こそ (15) のように対格助詞 {=<sup>w</sup>o} で標示するものの、他動性を欠くと考えられる。(14d) と (15) とを比較し、{-jar-} の有無にも注目されたい。

日本語諸方言における被動者項を指向するパーフェクトの他動詞文の多様性 ｜ 63

(22) a.　V_STM-「are- cjor-　　　b.　* V_STM-「are- cjar-
　　　V_STM-　　cjor- jar-　　　　* V_STM-　　cjar- jar-

## 4.4.5　習慣

　静態化形式（2）のうち、習慣用法が確認できるものは、複合不完成相と抱合不完成相とである。次のように、習慣用法の両者は必ずしも静態化を伴わない。

(23)　oki-taja　　iQkii mado=wo *ake+kata_#zja.*^[QNR]

　　　起きる-COND　まず　窓=ACC　**開ける**:*NL+方=COP:NPST*

　　　「起きたら、〔いつも〕まず窓を開ける。」　　　　【習慣・非静態化】

(24)　oki-ta↑ra↓　iQ↑kii↓　*mado+a↑ke↓zja_#↑na↓a.*

　　　起きる-COND　まず　**窓+開ける**:*NL=COP:NPST=CALL*

　　　「起きたら、〔いつも〕まず窓を開けるなあ。」　　【習慣・非静態化】

　では、複合・抱合不完成相と同様に進行用法を持つ、{-cjor-} と {-wor-} とはどうか。たとえば、「毎朝 # ご飯 = を # 食べる tabe-ru」と「—# 食べてる tabe-{tjor/wor}-u」とは、-tjor-・-wor- 類の有無でこそ異なるものの、アスペクト的には大よそ同じく、どちらも習慣表現に感じられる。これら 2 表現だけを比較すれば、現代日本語の -tjor-・-wor- 類は動詞語幹を常に静態化するわけではないように映る。

　ただし、市串方言の場合、次のような習慣表現においても、-tjor-・-wor- 類の有無がアスペクト的意味を左右する。

(25) a.　asa oki-taja　　siNbuN=no joN_#do.^[QNR]

　　　朝　起きる-COND　新聞=ACC　**読む**:NPST=CNFM

　　　「朝起きたら、〔いつも〕新聞を読むぞ。」　　【習慣・非静態化】

　　b.　asa oki-taja　　siNbuN=no joN_#{*zjoQ/woQ*}_#do.^[QNR]

　　　朝　起きる-COND　新聞=ACC　**読む**-{*CONT:NPST/IPFV:NPST*}=CNFM

　　　「朝起きたら、〔いつも〕新聞を読んでるぞ。」　【習慣・弱進行】

　Bm10、Cm01、Cf02 に訊ねたところ（調査時間の都合でこの 3 名のみ）、Bm10 と Cf02 とは、(25) の意味は上記のようにしか解釈できないと回答した。つまり、両者の {-cjor-} および {-wor-} は、習慣表現においても静態化

64 ｜ 黒木邦彦

を行なうようである[22]。一方、Cm01 は次例において (26a) と (26b) とを同義に解釈する。よって、彼の {-cjor-} および {-wor-} は習慣をも表しうる。

(26)　o↓ja#↑ne↓e　a↑sa↓　okiǫ-↑te↓　iǫpai=da↑ke　mi↓zjo
　　　　俺:TOP=TT　　朝　　起き_ぁ-ATT　　一杯=だけ　　水:ACC

　　　a.　↑noN↓#↑to#jo.　　　　　　b.　↑noN↓-{zjoǫ/woǫ}#to#jo.
　　　　　飲_ぁ:NPST=NL=INFM　　　　　　　飲_ぁ-{CONT:NPST/IPFV:NPST}=NL=INFM

　　　　「俺は〔いつも〕ね、朝起きて、1 杯だけ水を飲むんだよ。」

【非静態化・習慣】

### 4.4.6　静態動詞語幹に接尾する {-wor-} の意味

　最後に、静態動詞語幹に接尾する {-wor-} の意味について考察する。

　静態化形式 (2) のうち、静態動詞語幹に接尾しうるものは {-wor-} だけである。この用法の {-wor-} は大きくふたつに分けられる。ひとつは、{ar-} '有_ぁ' に接尾して、弱進行のような意味を表すものである。

(27)　gaǫ↑ko=N　maje=↑wo↓　tooǫ-tara#↑na↓a　kjoo=↑wa↓
　　　　学校=GEN　　前=ACC　　　通_ぁ-COND=CALL　　今日=TOP

　　　uNdoo↑kai↓=ga　ai-↑oǫ↓-ta#↑doo.
　　　　運動会=NOM　　有_ぁ-IPFV-PST=CNFM

　　　　「学校の前を通ったところなあ、今日は運動会が行なわれてたぞ。」

【弱進行】

もうひとつは、p. 55 (11) のような静的事態の習慣表現におけるもの。

(28)　neǫka↑ra↓　biNboo=↑de↓　zeN=↑na↓　na-kai-joǫ-↑ta↓#wo#↑na↓a.
　　　　全部　　　　貧乏=INST　　　銭=TOP　　　無_ぃ-VLZ-IPFV-PST=INFM=CALL

　　　　「〔昔は〕どこも貧乏で、銭が〔いつも〕無かったよなあ。」

【習慣・過去】

(28) における {-wor-} の意味については、/na-kai-joǫ-ta/ と /na-kaǫ-ta/ との比較を通じて、Bf09 が次のように述べていた。

(29)　/na-kai-joǫ-ta/ ってゆのは、もう、ずっと長い期間。〔 … 〕ずっと

---

22 「太郎が起きる時、俺は―」という意味で (25b) を発話する場面が想像しづらいせいか、両者は、主格の人物を 1 人称以外（つまり、「俺が起きる時、太郎は―」）と解釈する。

貧乏暮らしだったってゆう意味の /na-kai-joQ-ta/ ですね。/na-kaQ-ta/ ってゆのは、その時に集金に来たけど、新聞代払えなかったとか、そおゆう、あれ。たまには潤ってる時も有ったってゆう意味。

{-wor-} は進行を表すので、静態化という範疇において、{-cjor-} などと対立するように映る。しかし、§4.3.1 でも述べたように、{-cjor-}、{-wor-}、複合不完成相の三者は、言表事態を静的にする点では共通するものの、排他的・択一的関係には無いのである。市串方言の静態化を語形成に与かる範疇として立てるにしても、一定範疇言語の文法範疇と同一視してはならない。

## 5. まとめ

本稿では次のことを解明した。

(30) a. (i) {-wor-} を、或いは、複合・抱合不完成相において {-Ø} 'NL' を取る動詞語幹の末尾連声は共時的、(ii) {-cjor-} ないし {-cjar-} を取る動詞語幹のそれは化石的（§4.2.1）。　　　　　【音韻的】

   b. V-V 接尾辞 (2a) は動詞接尾辞一般とは異なり、音韻的語を成しうる（§§4.2.2.1–4.2.2.2）。　　　　　　　　　　　　　　　　【音韻的】

   c. 複合・抱合不完成相は、複合語を含む音韻的語一般に同じく、その声調を第1構成要素に依拠する。市串方言では単純語と複合語とが音韻的に区別できないため、複合不完成相の構造は {VSTM-kata (=(z)jar-)} で、不完成相の標識は V-N 接尾辞 {-kata} とも見做しうる。（§4.2.2.3）。　　　　　　　　　　【音韻的】

   d. 静態化形式 (2) は［図1]（次頁）のように共起し、必ずしも互いに排他的ではない（§4.3.1）。　　　　　　　　　　　　　【形態統語的】

   e. 抱合不完成相を構成する名詞語幹はどのようなものでも良く、有生性、敬意、数、連体修飾要素の統語範疇には制限されない（§4.3.3）。　　　　　　　　　　　　　　　　　　　　　【形態統語的】

   f. 静態化形式 (2) は［表7］の意味的用法を持つ（§4.4.1）。
　　　　　　　　　　　　　　　　　　　　　　　　　　　　【意味的】

| VSTM- | ᶳase- | ʳare- | -cjor- | -wor- | -Ø+kata 複合 |
|---|---|---|---|---|---|
| | | -cjar- | | | |
| NSTM (抱合) | | -Ø(抱合) | | | |

横（同行）に並んだもの同士は連辞関係に有り、左から順に出現。縦（同列）に並んだもの同士は共起不可。抱合不完成相は、{VSTM-sase-}までであれば、内包しうる（p. 54 [表4]）。

### 図1　静態化形式（2）の共起関係

## 記号一覧

［ ］: 音声表記　/ /: 音素表記　{ }: 基底表記　↑: ピッチの上昇　↓: ピッチの下降　.: 音節境界　…: 中断　-: 接辞境界　=: 接語境界　+: 語幹境界　～: 重複　#: 音韻的語境界　#: 統語的語境界　(A): A は選択要素　A/B: A ないし B　{A/BC}: A ないし BC　A ～ B: A と B は異形態の関係　ᴬ: 特定の音韻的条件において現れる音素　ᴀ: 特定の形態的条件において現れる音素　*: 文法的に不適格　[ᵠᴺᴿ]: 質問用の作例

## 略号一覧 (多義的なものは大文字表記)

ABL: ablative（奪格）　ACC: accusative（対格）　ADLT: adult（成人）　ADVL: nominal/adverbial（準体 / 連用）　ALL: allative（向格）　APL: associative plural（連合複数）　ATT: attaining（限界達成）　CALL: calling（呼び掛け）　CAUS: causative（使役）　CNFM: confirming（確認）　COND: conditional/sequential（条件 / 継起）　CONT: continuous/perfect（継続 / 完了相）　COP: copula verb root（繋辞動詞語根）　DAT: dative/allative/locative/essive（与 / 向 / 処 / 様格）　GEN: genitive/nominative（属 / 主格）　ILL: illustrative（例示）　IMP: imperative（命令）　INACT: inactive（所動）　INATT: inattaining（限界未達成）　INFM: informing（通達）　INST: instrumental/locative（具 / 処格）　IPFV: imperfective（不完成相）　NEG: negative（否定）　NL: nominal（準体）　NOM: nominative/genitive（主 / 属格）　NPST: non-past（非過去）　PJR: pejorative（蔑称）　POL: polite（丁寧）　PROH: prohibitive（禁止）　PST: past（過去）　RSL: resultative（結果相）　SIM: simultaneous（同時並行）　TOP: topic（主題）　TTL: title（敬称）　TT: turn-taking（発話権保持）　VLZ: verbalizer（動詞化）　VOL: volitive/inferential（意志 / 推量）

## 参照文献

上村孝二 (1954)「鹿児島懸下の表現語法の覚書」『文科報告』3 [再録：井上史雄ほか（編）『日本列島方言叢書 27　九州方言考 5（鹿児島県）』pp. 141–50, ゆまに書房].

上村孝二（1965）「上甑島瀬上方言の研究」『鹿児島大学法文学部紀要文学科論集』1, pp. 21–49, 鹿児島大学法文学部.

上村孝二（1968）「南九州方言文法概説」『国語国文薩摩路』12, 鹿児島大学文理学部国文研究室［再録：前掲『日本列島方言叢書27』pp. 201–211］.

木部暢子（1990）「鹿児島方言の語法—「カタ」と「ジ」—」『筑紫語学研究』1, pp. 65–71, 筑紫国語学談話会.

清瀬義三郎則府（2013）『日本語文法体系新論』ひつじ書房.

金水敏（1995）「いわゆる「進行態」について」築島裕博士古稀記念会（編）『築島裕博士古稀記念　国語学論集』pp. 169–97, 汲古書院.

金水敏（2001）「テンスと情報」音声文法研究会（編）『文法と音声』III, pp. 55–79, くろしお出版.

工藤真由美（1995）『アスペクト・テンス体系とテクスト—現代日本語の時間の表現—』ひつじ書房.

久保薗愛（2012）「鹿児島方言の「動詞連用形＋オル」」『語文研究』114, pp. 28–47（左開き）, 九州大学文学部国語国文学会（open access）.

黒木邦彦（2014）「テ形動詞に関する音韻規則の一般性と特殊性」『語文』102, pp. 1–8（左開き）, 大阪大学国語国文学会.

黒木邦彦（2016）「北薩方言の複合不完成相と抱合不完成相」『Technical and applied linguistics at Kobe Shoin』19, pp. 31–43, 神戸松蔭女子学院大学（open access）.

津田智史（2010）「南九州地方のカタとゴッ」『言語科学論集』14, pp. 65–77, 東北大学大学院文学研究科言語科学専攻（open access）.

角田太作（1996）「体言締め文」鈴木泰・角田太作（編）『日本語文法の諸問題—高橋太郎先生古希記念論文集—』pp. 149–61, ひつじ書房.

丹羽一彌（2005）『日本語動詞述語の構造』笠間書院.

峰岸真琴（2000）「類型論から見た文法理論」『言語研究』117, pp. 101–127（open access）.

屋名池誠（1987）「活用—現代東京方言述部の形態＝構文論的記述〔2〕—」『学苑』565, pp. 194–208（左開き）, 昭和女子大学近代文化研究所.

## 謝辞

　調査にご協力くださった市串方言話者およびいちき串木野市シルバー人材センター職員、北薩摩方言についてご助言くださった、大久保寛先生、そして、諸々の研究会でご意見くださった方々に感謝申し上げる。なお、本稿は次の研究助成を受けている。

［1］宮地裕名誉教授記念基金（大阪大学文学研究科）：ポスドク研究支援「鹿児島県北西部方言における述部の語形成とアクセント形成」、2010年度

［2］国立国語研究所：人間文化研究機構連携研究「鹿児島県甑島の限界集落における絶滅危惧方言のアクセント調査」、2011–2014年度

［3］日本学術振興会：KAKEN・挑戦的萌芽研究「現代日本語諸方言における連声規則の記述とそのデータベース化」、（課題番号：16K13227）、2016–2018年度

# 存在型アスペクトの
# 文法化のバリエーション
―宮古狩俣方言からの示唆―

衣畑智秀

## 1. はじめに

　日本語の諸方言では、中心的なアスペクト形式として、有情物の存在を表す動詞が文法化される（以下「存在型アスペクト」）。工藤（2014）は、諸方言に見られる存在型アスペクト形式のバリエーションは、「I）人の存在を表す3つの動詞があること　II）「～シ」「～シテ」という2つの中止形があること」（p. 473）という二つの要因から生み出されているとする。『日本言語地図』第53図によると、有情物の存在を表す動詞は、和歌山県の一部にアル、日本アルプスを境に東日本にイル、西日本にオルが分布し、これらを元に、アスペクト形式がそれぞれ文法化されている（『方言文法全国地図』第198図）。

　このような地域ごとに異なる存在動詞と存在型アスペクト形式のペアは、それが個別に文法化されたことを示唆している。たとえば金水（2006）では、京阪中央語において、存在動詞イルが中世末から近世にかけてアスペクト形式化していくのに対し、西日本諸方言におけるオルのアスペクト形式化は上代の「動詞連用形＋をり」の複合動詞を元にした中央語の外での変化だと見ている（p. 270）。また、同じイルという形式でも、オルに挟まれた京阪方言のイルと、東日本方言のイルとでは、アスペクト形式への変化が独自に進んだことも主張されている（迫野1998）。

　このように、存在型アスペクトの文法化が異なる地域・時代に起こったも

70 ｜ 衣畑智秀

のならば、その文法化の経路が異なっていても不思議ではない。従来、諸方
言のアスペクト表現のバリエーションは、上記のようなアスペクト形式その
ものの違いから捉えられることが多かった。これに対し本稿では、存在動詞
がどのような語もしくは句を承けるかに注目する。それにより、一見用法が
現代日本共通語と変わらないように見える宮古狩俣方言[1]に異なる文法化の
プロセスが想定されることを論じる。

　以下、本稿は次のように構成される。まず2節では宮古狩俣方言の存在
動詞及び存在型アスペクトについて記述する。続いて3節で狩俣方言にお
ける存在型アスペクトの文法化過程について論じ、日本語本土方言との相違
を述べる。4節では先行研究における宮古諸方言の記述について確認し、5
節を全体のまとめとする。

## 2.　宮古狩俣方言の存在型アスペクト

### 2.1　存在動詞

　狩俣方言の存在動詞は、非情物主語と有情物主語で aɨ と uɨ が使い分け
られる点で、日本語とよく似ている。前者は日本語の /aru/（/ari/）、後者は
/oru/（/ori/）に対応する形である[2]。金水（2006）の存在文の分類に基づいて、
(1)に aɨ、(2)に uɨ の例を挙げる[3]。[ ]内に金水（2006）による存在文の分類
を示す。

(1) a.　cɨkue=nu　waabi=n=du　hon=nu　aɨ.　　　　　　　［所在文］
　　　机 =GEN　　上 =DAT=FOC　本 =NOM　ある
　　　「机の上に本がある。」　　　　　　　　　　　　　　　　　　KM

---

1　狩俣方言は、沖縄県宮古島市の本島北部にある狩俣集落で話される、宮古方言群に属す
る方言である。宮古諸方言は後置詞を持つ主要部後置型の言語であり、複数の接辞を膠着
させて動詞複合体を形成するなど、文構造は日本語と共通している。狩俣方言の文法の詳
細は衣畑・林（2014）を参照されたい。

2　古代語の /wori/ との対応では buɨ が期待されるが、宮古諸方言で語頭の ＊w に対応する
/b/ を持つのは、多良間方言（多良間島）と伊良部仲地方言（伊良部島）のみのようである。

3　以下、本稿で用いる狩俣方言の例は、全て筆者のフィールドワークによる。データは面
接調査及び筆者が作成した談話資料から取った。用例を採取した話者は、NM（1934 年生、
女性）、KM（1933 年生、女性）、IH（1926 年生、男性）、SC（1926 年生、女性）の4名であ
る。用例の末尾にそれぞれのイニシャルを付す。

b. kanujuu=ja a<u>i</u>=dus<u>i</u>. [実在文]
あの世 =TOP ある =FOC

「あの世はある。」 KM

c. tomato=nu=du a<u>i</u>=naa. [眼前描写文]
トマト =NOM=FOC ある =SFP

「トマトがある。」 KM

(2) a. uja=a ka<u>i</u>mata=n=du u<u>i</u>. [所在文]
父親 =TOP 狩俣 =DAT=FOC いる

「父親は狩俣にいる。」 KM, NM

b. uja=a nnama=mai u<u>i</u>=dus<u>i</u>. [生死文]
父親 =TOP 今 = も いる =FOC

「父親は今もいる。」 KM

c. ujaamma=a ur-amai=dus<u>i</u>. [実在文]
神様 =TOP いる -HON=FOC

「神様はいらっしゃる。」 NM

また、日本語ではアルが使われやすいとされる限量的存在文でも、主語が有情ならば、以下のように基本的に u<u>i</u> が使われる。

(3) a. mjaaku=n=na javvimunu=nu=du {ui/＊a<u>i</u>}. [部分集合文]
宮古 =DAT=TOP 喧嘩っ早い人 =NOM=FOC {いる / ある}

「宮古には喧嘩っ早い人が {いる／ある}。」 NM

b. ban=na tuc=ca {ui/??a<u>i</u>} =dus<u>i</u>. [所有文]
私 .DAT=TOP 妻 =TOP {いる / ある} =FOC

「私には妻が {いる／ある}。」 KM

以上のように、狩俣方言の存在動詞には主語の選択制限が見られ、u<u>i</u> は有情物の主語しか取らない。よって、u<u>i</u> のアスペクト形式への文法化は、この選択制限の解除を一つの指標とすることができる。

## 2.2　存在型アスペクト

### 2.2.1　動詞承接型

工藤（2014: II 第 4 章）は現代日本共通語（以下「共通語」）の基本的なアスペクト対立を、スルーシテイル（あるいはシターシテイタ）の対立に見て

いる。スル（シタ）は、工藤（2014）によると運動をひとまとまりに捉える「完成」を表し、シテイル（シテイタ）は運動を限界づけない「継続」を表す。形態的には前者が補助動詞を取らず、後者が存在動詞が文法化したイルを補助動詞として取る。

　狩俣方言においても、共通語同様、運動動詞に、存在動詞から文法化したアスペクト形式 ui を取る取らないによる対立がある。たとえば asi（する）を例にすると、非過去で asi—asi ui、過去で asi-tai—asi u-tai が対立している。ただし、補助動詞を取らない asi（非過去）は、稀に反復・習慣を表す程度で、ほとんど使われることはない。過去時制が付く asi-tai は、共通語同様、単純過去を表す。

　補助動詞 ui を取る場合、動作継続、結果継続ともに表すことができる。客体の変化があるないに関わらず、主体の動作を表す動詞が ui を取った場合には、以下のように動作継続を表す[4]。［　］内に工藤（2014）による動詞分類を示す。

(4) a. nnama=a hon=nu=du jumi <u>ui</u>. 　　　　　　　　［主体動作］
　　　　今=TOP　本=ACC=FOC　読む　CONT
　　　　「今は本を読んでいる。」　　　　　　　　　　　　KM, NM

　　 b. ami=nu=du ffi <u>ui</u>. 　　　　　　　　　　　　　　［現象動詞］
　　　　雨=NOM=FOC　降る　CONT
　　　　「雨が降っている。」　　　　　　　　　　　　　　　KM, NM

　　 c. nnama=du tokee=ju mibaari <u>ui</u>. 　　　　　［主体動作客体変化］
　　　　今=FOC　　時計=ACC　修理する　CONT
　　　　「今、時計を修理している。」　　　　　　　　　　　KM, NM

　　 d. taroo=ga=du jadu=u aki <u>ui</u>. 　　　　　　 ［主体動作客体変化］
　　　　太郎=NOM=FOC　窓=ACC　開ける　CONT
　　　　「太郎が窓を開けている。」　　　　　　　　　　　　KM, NM

　これに対し、主体の変化を表す動詞が ui を取った場合には、結果継続を表す。

---

4　たとえば東北諸方言では主体動作客体変化動詞に存在型アスペクトが付いた場合、動作継続も結果継続も表すが、狩俣方言では結果継続は表さない。狩俣方言で主体動作客体変化動詞の結果継続を表すには ufu という「置く」から文法化した形式が使われる。

存在型アスペクトの文法化のバリエーション ｜ 73

(5) a. musɨ=nu=du sɨni uɨ.　　　　　　　　　　　　　　　　　　　　　　　［主体変化］
　　　虫 =NOM=FOC 死ぬ CONT

　　　「虫が死んでいる。」　　　　　　　　　　　　　　　　　　　　　　　KM

　　b. jaa mmja dooro=o diki uɨ=saa.　　　　　　　　　　　　　　　　　　［主体変化］
　　　VOC もう 道路 =TOP できる CONT=SFP

　　　「ほら、もう道路はできている。」　　　　　　　　　　　　　　　　　NM

また、運動の最中でない点では結果継続に近いが、必ずしもそれ以前の変化が含意されない「単純状態」（金田一 1976、藤井 1976）を表す用法も見られる。

(6) a. kari=ga sugu nisɨbara=sai. narabi uɨ=sai.
　　　あれ =GEN すぐ 西側 =SFP 並ぶ CONT=SFP

　　　「あのすぐ西側だよ。（その家の）並びだよ。」　　　　　　　　　　　SC

　　b. nnta=nu mujari uɨ=ngari uɨ=sai.
　　　野イチゴ =NOM 尖る CONT= よう CONT=SFP

　　　「（乳首が）野イチゴが尖っているようになっているよ。」　　　　　NM

(6a) は話題の家が西側にあることを、(6b) は野イチゴの先端の様子を述べており、対象の位置変化や状態変化を含意していない。

　以上のような動詞の語彙的な意味に依存して決まるアスペクト的意味に加え、反復・習慣やパーフェクトの用法も uɨ は持っている。(7a) は反復、(7b) は習慣の例である。

(7) a. nankai=mai nankai=mai kajoi uri-siti
　　　何回 = も 何回 = も 通う CONT-CONJ

　　　「何回も何回も通っていて」　　　　　　　　　　　　　　　　　　　NM

　　b. andzi kintaroojaa=nu asi u-tai=dara.
　　　そう キンタローヤー（屋号）=NOM する CONT-PST=SFP

　　　「（製糖を）キンタローヤーがしていたよ。」　　　　　　　　　　　SC

狩俣方言において、パーフェクトは、完全に動詞の語彙的な意味から解放されているわけではない。他動詞を用いた動作パーフェクトでは (8a) のように uɨ よりも「置く」から発達した ufu が用いられる。しかし、動詞を受身にすると、(8b) のように uɨ でパーフェクトの一種である経験を表すことが

74 ｜ 衣畑智秀

できる[5]。

 (8) a. unu tokee=juba mmja miin=na sjuuri asi {ufu/<sup>*</sup>ui}.

    この　時計=ACC.TOP　もう　三回=TOP　修理　する PERF

    「この時計はもう三回は修理している。」

  b. unu tokee=ja mmja miin=na sjuuri asi-rari {<sup>*</sup>ufu/ui}.

    この　時計=TOP　もう　三回=TOP　修理　する-PAS　PERF

    「この時計はもう三回は修理されている。」    KM, NM

　以上、狩俣方言の ui による存在型アスペクトが、動作継続、結果継続、単純状態、反復・習慣、パーフェクトといった意味を持つことを見た。これらは、共通語のシテイルにも見られる用法であり、一見すると共通語と狩俣方言の存在型アスペクトは似ている。しかし、これは ui が動詞を承ける場合にだけ言えることであり、動詞を承けない場合には両者は非常に異なる。次に、このことを見る。

### 2.2.2　非動詞承接型

　狩俣方言でアスペクトを表す ui は、名詞述語や形容詞述語も取ることができる[6]。名詞述語を ui が取った場合、その述語の表す状態が恒常的なものではないことを表す。

　狩俣方言の名詞述語文は、通常 (9a) のようにコピュラを伴わず、名詞のみで現れる。これに対し、ui を取る (9b) のような言い方も可能である。

 (9) a. ba=a siitu.

    私=TOP　生徒

---

5　主体動作動詞のパーフェクトに ui が使えるか否かは、話者の中で判定に揺れがあり、はっきりしたことは言えない。ただ、林 (2013) によると、池間西原方言では存在型アスペクトがパーフェクトの用法を持たないとされており、だとすると、狩俣方言のパーフェクトが完全に語彙的意味から解放されていないのは、パーフェクトがまだ発達段階にあるからである可能性がある。

6　工藤 (2014) ではアスペクトという用語を運動動詞に成立する（形態論的な）対立に限って使用しているが、本稿では、状態動詞や形容詞の一時性や恒常性もアスペクトとして考える（たとえば Comrie 1976: 2.3 節など参照）。ただし、本稿の考察は、アスペクトの意味的対立よりも存在動詞が承ける語・句の形態的特徴が対象になるので、この違いが本稿の議論に影響を与えることはない。

「私は学生だ。」

b. ba=a　siitu=basi=du　ui.

　　私 =TOP　生徒 =CONJ=FOC　CONT

「私は学生だ。」　　　　　　　　　　　　　　NM, KM

ただし、この対立は恒常的な属性を表す述語では見られない。たとえば「生徒」と異なり、生まれつき持つ属性である「女性」では、（10）のように ui を使うことはできない（（10b）は女性のフリをしているといった意味なら可能）[7]。

（10）a.　ba=a　　midun.

　　　　私 =TOP　女性

「私は女だ。」

b. # ba=a　　midun=basi=du　ui.

　　私 =TOP　女性 =CONJ=FOC　　CONT

「私は女だ。」　　　　　　　　　　　　　　NM, KM

　この ui が存在動詞からアスペクト形式へと文法化している根拠として、主語の選択制限が有情物に限られないことが挙げられる。たとえば、（11）では、主語が非情物にも関わらず、ui を取る取らないの対立がある。

（11）a.　urja=a　　jubisi.

　　　　これ =TOP　蕾

「これは蕾だ。」

b.　urja=a　　nnama=a jubisi=basi=du　ui=naa.

　　これ =TOP　今 =TOP　　蕾 =CONJ=FOC　　CONT=SFP

「これは今は蕾だ。」　　　　　　　　　　　　KM

ただし、この対立も、述語の表す意味が恒常的であれば、ui は使えない。

（12）a.　urja=a　　deego.

　　　　これ =TOP　デイゴ

---

7　ただし、いわゆる「青い目をしている」構文（佐藤 2003、影山 2004）の場合は存在型アスペクトの ui が使用される。これは、注 8 で述べるように、=basi ui という形が元々「～をしている」に由来することによると考えられる。「青い目をしている」構文は、「ジョンは青い目だ」のように存在型アスペクトを使わない形に置き換えにくい点で、ここで扱う名詞述語文とは異なる構文であるため、振る舞いが異なると思われる。

「これはデイゴだ。」

b. # urja=a　deego=basi=du ui.
これ =TOP　デイゴ =CONJ=FOC　CONT

「これはデイゴだ。」　　　　　　　　　　　　　　　　KM, NM

　形容詞述語にも、ui を取る取らないによる対立が以下のように見られる。単に属性を述べる場合は（13a）のように言うが、一時的に顔が白い場合は（13b）のように ui を使って言うこともできる。

（13）a.　kari=ga　mipana=a ssu mipana.
あの人 =GEN　顔 =TOP　　白い　顔

「あの人は顔が白い。」

b.　kesjoo=juba asi vva=a　mipana=a ssoo ssu=du ui.
化粧 =ACC.TOP する あなた =GEN　顔 =TOP　白い =FOC　　CONT

「化粧をして、あんたの顔は白いね。」　　　　　　　NM

次も同様のことを示している。単純にお湯の属性を述べる場合は（14a）だが、料理の最中など一時的な場面では（14b）のように ui を使うことができる。

（14）a.　juu=ja aci-kan.
湯 =TOP　熱い -ACOP

「お湯は熱い。」

b.　nnama=a juu=ja aci-kari=du　ui.
今 =TOP　　湯 =TOP 熱い -ACOP=FOC CONT

「今、お湯は熱いよ。」　　　　　　　　　　　　　　NM

（13）も（14）も主語は非情物であり、ui が一時性を示すアスペクト形式として使われていることが分かる。

　非動詞承接型のもう一つのタイプとして、助詞を介して ui が様々な句を承けることを示しておきたい。ci はオノマトペを副詞化する接辞としても、引用の助詞としても使われる。次はこの -ci がオノマトペに付いて ui に係る例である。（15a）は有情物主語、（15b）は非情物主語の例である。

（15）a.　pagi=zu jamasi, karja=a　nnama=a naiginaigi-ci=du ui.
足 =ACC　痛める　あの人 =TOP　今 =TOP　ONMP-ADVL=FOC　CONT

「足を痛めて、あの人は今ビッコを引いている。」　　　IH

b. ami=nu dadadada-ci=du ui.
雨 =NOM ONMP-ADVL=FOC CONT

「雨がザーっと降っている。」 NM

　(15) ではオノマトペが主語の非恒常的な性質を表しているが、次の例で
は後置詞句が主語の一時的な状態を表している。(16a) は有情物、(16b) は
非情物が主語である。

(16) a. karja=a uma=ai kama=ai=ci=du ui.
あの人 =TOP こちら =ALL あちら =ALL=QUO=FOC CONT

「あの人はあっちへこっちへとふらふらしている。」 NM

b. upusi=nu pana=n=du gomi=nu nisi=ngai aa=ngai=ci ui.
海 =GEN 上 =DAT=FOC ゴミ =NOM 西 =ALL 東 =ALL=QUO CONT

「海の上をゴミが西へ東へと浮いている。」 KM

引用の助詞 =ci は、屈折接辞 -di を伴った動詞を取って ui に係ることもある。
-di は意志的な未来の動作を表すが、ui に係った場合、その動作が起こりつ
つあることを表す。この場合も主語は有情物でも非情物でも可能である。

(17) a. putu=nu=du budunga-di=ci ui.
人 =NOM=FOC 飛び込む -VOL=QUO CONT

「人が飛び込もうとしている。」 KM, NM

b. kii=nu pana=nu=du uti-di=ci ui.
木 =GEN 花 =NOM=FOC 落ちる -VOL=QUO CONT

「木の花が落ちそうになっている。」 KM

(17) は意味的には動詞の前望相 (prospective aspect) を表すと言えるが、ui
が承けるのは助詞 =ci であり、(16) と同じ構文的条件であるためここに分
類する。

　=ci 以外では、助詞 =ngari が ui に係る例が得られている。=ngari は類似
性を表しモーダルな意味を持つ。しかし、ui は「酔っ払いのよう」「掛かっ
ているよう」といった類似性が一時的に存在することを表し、アスペクト的
意味は名詞・形容詞述語に付くものと共通している。

(18) a. karja=a bjuuimunu=ngari=du ui.
あの人 =TOP 酔っ払い = よう =FOC CONT

「あの人は酔っ払っているようだね。」 NM

b. pasi=nu=du  kaari  u=ngari    u̇i=naa.
　　橋 =NOM=FOC　掛かる　CONT= よう　CONT=SFP

「橋が掛かっているようだね。」　　　　　　　　　　　　　KM

(18b) が示すように、これらにおいても主語の選択制限がなく、文法化されていることが分かる。

　狩俣方言の存在型アスペクトには、以上のように動詞以外を承けて、述語の状態が非恒常的であることを表す用法がある。これらは「*花が蕾でいる」「*顔が白くいる」「*雨がザーっといる」「*ゴミが右へ左へといる」「*花が落ちようといる」などと言えないことからも、共通語には見られない特徴であると言える。

## 2.3　まとめ

　本節では、狩俣方言の存在動詞 u̇i が有情物主語に限って使われることを見た後、存在型アスペクトに文法化された u̇i には主語の選択制限がなくなることを述べた。狩俣方言の存在型アスペクトは、動詞承接型は共通語のシテイルとよく似ているが、形容詞述語、名詞述語、助詞を承ける、共通語にない非動詞承接型の用法がある。次節では、存在型アスペクト形式 u̇i に係る述語の形態的特徴を分析し、存在型アスペクトの文法化の過程が、現代日本共通語や日本語本土方言と異なることを論じる。

## 3.　存在型アスペクトの形成過程
### 3.1　宮古狩俣方言

　2.2 節では、狩俣方言の存在型アスペクトが、動詞以外の要素を承けて一時的状態を表すことを見た。ここではまず、存在型アスペクトの形成過程を考えるために、動詞以外の要素の形態的特徴について整理する。結論としては、狩俣方言の存在型アスペクトは、動詞（用言）修飾要素と存在動詞 u̇i の組み合わせから成り立っているというものである。

　まず、名詞述語の例から見る。名詞述語の例では、名詞が =basi という助詞を取り、u̇i に係る [8]。この =basi は u̇i 以外の動詞にも係り、その様態を表す

---

8　助詞 =basi は元々、対格 *ba と動詞 *si（する）から成り立っている（林由華氏の指摘）。

存在型アスペクトの文法化のバリエーション ｜ 79

のに使われる。次の（19a）と（19b）を比べられたい。

(19) a. uja=a=du　　abugui=basi=du uɨ.
　　　　父 =NOM=FOC 大声 =CONJ=FOC　 CONT
　　　　「父は大声で叫んでいる。」

　　　b. uja=a=du　　abugui=basi=du barai uɨ.
　　　　父 =NOM=FOC 大声 =CONJ=FOC　 笑う　CONT
　　　　「父は大声で笑っている。」　　　　　　　　　　　　　NM

（19a）は名詞述語を取る存在型アスペクトの例であり、（19b）は本動詞を修飾している例である。本動詞を修飾している（19b）が「動詞修飾要素 +
barai」から成るとすれば、存在型アスペクトの（19a）も「動詞修飾要素 +
uɨ」から成っていると言える。

　形容詞述語に存在型アスペクトが続く場合には、形容詞は二つの形を取ることができる。一つは語幹の重複形であり、もう一つは接辞 -kari⁹ を付けた形である。どちらの形も、形容詞が動詞修飾する際に使われる。まず、重複形の例から挙げる。（20a）が存在型アスペクト、（20b）が本動詞の修飾である。

(20) a. vva=a　　　mipana=a ssoo ssu=du uɨ.
　　　　あなた =GEN 顔 =TOP　　白い =FOC　　CONT
　　　　「あんたの顔は白いね。」　　　　　　　　　　　= (13b)

　　　b. kubju=u ssoo ssu nuri.
　　　　壁 =ACC　白い　　塗る .IMP
　　　　「壁を白く塗れ。」　　　　　　　　　　　　　　　　KM

---

だとすると、=basi uɨ は元々は「〜をしている」に対応し、動詞を承ける存在型アスペクトに由来する可能性もある。しかし、現在では si は動詞として使われず、名詞に =basi が付いた全体がアクセント単位になることから、=basi は既に助詞化していると考えられる。よって、本稿では「名詞 =basi」全体を動詞修飾要素として扱う。なお、存在型アスペクトであれ、本動詞の修飾であれ、=basi の代わりに =si（「する」に由来）を用いることもできるが、これにも =basi と同じ議論が成り立つ。

9　-kari は *ku ari に由来し、よって元々動詞を含んでいる。Shimoji（2008, 2009）では、伊良部長浜方言におけるこの形式が動詞 ar（ある）の活用に綺麗に対応することから、この接辞の付いた語全体を動詞と見ており、重複形のみを形容詞と認めている。しかし、狩俣方言では、たとえば定形節において、ai（ある）と ngjamasi-kan（うるさい）のような形態的な区別があるため -kari を動詞化の接辞とは見ず、形容詞の動詞修飾形と見る。

80 ｜ 衣畑智秀

次に接辞が付いた形の例を挙げる。

(21) a. gadzan=nu=du ngjamasi-kari uɨ.
　　　蚊 =NOM=FOC 　うるさい -ACOP 　CONT
　　　「蚊がうるさい。」

　　b. gadzan=nu=du ngjamasi-kari tubi maari uɨ.
　　　蚊 =NOM=FOC 　うるさい -ACOP 　飛ぶ 　回る 　CONT
　　　「蚊がうるさく飛び回っている。」　　　　　　　　　　　　IH

形容詞が動詞を修飾する場合に重複形になるか接辞を取るかは、狩俣方言の場合、主に語幹の拍数によって決まる。すなわち、二拍の語幹は重複形を取ることが多く、三拍以上になると接辞を取る。よって、存在型アスペクトで重複形と接辞があるのは、一般の動詞修飾構造に従っているわけである。

　次にオノマトペについても、存在型アスペクトの uɨ に係る形が、一般の動詞修飾にも用いられることを確認しておく。(22a) は (15a) の再掲、(22b) は本動詞を修飾する例であり、いずれも副詞化接辞 -ci がオノマトペに下接している。

(22) a. karja=a 　　nnama=a naiginaigi-ci=du uɨ.
　　　あの人 =TOP 　今 =TOP 　ONMP-ADVL=FOC 　CONT
　　　「あの人は今ビッコを引いている。」　　　　　　　　　= (15a)

　　b. haa mipana putu=nu busɨtubsɨtu-ci ffu=saga.
　　　赤い 顔 　　人 =NOM 　ONMP-ADVL 　来る =SFP
　　　「赤い顔の人がのっしのっしと来るよ。」　　　　　　　　SC

また同音の =ci が引用標識としても使われる。引用標識は構文的には態度動詞に係るため、存在型アスペクトに見られる =ci は動詞修飾構文であると言うことができる。

(23) a. putu=nu=du budunga-di=ci 　uɨ.
　　　人 =NOM=FOC 　飛び込む -VOL=QUO 　CONT
　　　「人が飛び込もうとしている。」　　　　　　　　　　　= (17a)

　　b. uri=ga=du 　　panmai=ci umui u-tigaa
　　　それ =NOM=FOC 　食糧 =QUO 　思う 　CONT-COND
　　　「それが食糧だと思ったら」　　　　　　　　　　　　　NM

最後に助詞 =ngari の例を挙げる。(24a) は存在型アスペクトの例、(24b)

存在型アスペクトの文法化のバリエーション | 81

は「手術する」という動詞に係っている例である。

(24) a. karja=a　　bjuuɨmunu=ngari=du uɨ.
　　　　あの人=TOP 酔っ払い=よう =FOC　　CONT
　　　　「あの人は酔っ払っているようだね。」 　　　　　　　　=(18a)

　　b. junu=ngari sjudzjucɨ asi
　　　　同じ=よう　　手術　　する
　　　　「同じように手術をして」 　　　　　　　　　　　　　　IH

　以上、2.2.2 で見た非動詞承接型の存在型アスペクトについて、それが承ける形態は、本動詞の修飾にも使われるものであることを見てきた。もちろん、ここで見た「名詞=basi」、形容詞の重複形・接辞形、ci、=ngari 以外にも、動詞を修飾する形態はあるものと思われる。しかし、そのような形態があるならば、それによって存在型アスペクト uɨ も同時に修飾可能であることが予測されよう。実際、動詞を修飾する要素として指示副詞が挙げられるが、やはり、指示副詞によっても存在型アスペクトを取ることは可能である。

(25) a. ningin=nu hadairo=oba andzi uɨ-gumata=cja=a
　　　　人間=GEN 肌色=ACC.TOP そう　　CONT-CONJEC=QUO=TOP
　　　　「人間の肌はそういう色だと思うけれど」 　　　　　　　　IH

　　b. jubi=mai andzi barai=du ur-iba
　　　　昨夜=も　　そう　　笑う=FOC CONT-CSL
　　　　「昨夜もそんなふうに笑っているから」 　　　　　　　　IH

(25a) は白内障を患った人の発話であり、人間の肌はそういう色(=肌色)だと(見えないけれど)分かっている、という意味である。よって、uɨ は(想像における)現在の肌の色の状態を示しており、主語が非情物であるためアスペクト形式に文法化されているのが分かる。

　さらに、2.2.1 で見た動詞承接型についても、存在型アスペクトに前接する動詞の形態は、動詞に係る日本語のテ形・連用形と似た機能を持っている[10]。

---

10　ただし、音韻的には日本語の連用形には対応しない。狩俣方言において、日本語の連用形 /kaki/(書き)に対応する kaki という形はほとんど用いられない(衣畑 2017)。ここで連用形に似た機能を持つ kaki は、かりまた(2012)によると \*kaki に \*ari が融合したものとされている。

(26) a. ami=nu=du  ffi  {uɨ/ffu} .
　　　　雨 =NOM=FOC　降る {CONT/ 来る}
　　　　「雨が降って {いる／来る}。」　　　　　　　　　KM, NM

　　b. tokee=ju  mibaari  {uɨ/kaisɨ} .
　　　　時計 =ACC　修理する　{CONT/ 返す}
　　　　「時計を修理し（て）{いる／返す}。」　　　　　　KM, NM

よって、狩俣方言のアスペクト形式 uɨ は、共通語のように特定の動詞の形態に付くわけではなく、広く動詞修飾要素を承けると一般化できよう。

　このように動詞修飾要素が生産的に uɨ に係ることができるのならば、存在動詞からアスペクト形式への文法化は、次のようなシンプルな過程として説明することができる。

(27) a. ［［動詞修飾要素］［Subj uɨ］］　　　　　　　　存在動詞 uɨ

　　b. ［ Subj ［動詞修飾要素 uɨ］］　　　　　　　アスペクト形式 uɨ

まず、(27a) は存在動詞の段階で、uɨ が主語（Subj）を選択しているので、その語彙的意味から主語は有情物に限られる。それに対し (27b) では uɨ は動詞修飾要素のみを取り、その状態が一時的に継続していることを表す。(27b) では uɨ が主語を項として取らず、動詞修飾要素内の述語が主語を選択しているとすれば、主語の選択制限はなくなる[11]。

　存在型アスペクト uɨ の構造が以上のようなものであれば、これまで見てきたようにどのような動詞修飾要素も uɨ が取れることを予測する（波線部が動詞修飾要素）。

(28) a. ［ami=nu ［ffi uɨ］］（［雨が ［降っている]]）

　　b. ［mipana=a ［ssoo ssu uɨ］］（直訳：［顔が ［白くいる]]）

　　c. ［pana=nu ［uti-di=ci uɨ］］（直訳：［花が ［落ちようといる]]）

また意味的観点からも、動詞承接型でも非動詞承接型でも局面の継続という点では共通しており、(27) のようなシンプルな変化過程を狩俣方言の存在型アスペクトの成立に想定するのが妥当であると言える。

---

11　ただし、主語は動詞修飾要素節内に埋め込まれている可能性もある。どちらの構造が妥当なのか、またどのように意味解釈されるのかについての厳密な議論は今後の課題としたい。

## 3.2　日本語本土方言

　共通語の場合、宮古狩俣方言と異なり、存在型アスペクトは動詞承接型しか存在しない。よって、存在型アスペクトは、特定の動詞形態（テ形）を取る構文として発達したと言える。ただし、日本語本土諸方言の中には、存在動詞から文法化したアスペクト形式が、動詞以外の述語に付いて非恒常性を表すことがあることが知られている。工藤（2014: Ⅳ 第 4 章）によると熊本県下益城郡松橋町、青森県三戸郡五戸町で形容詞述語に、青森県青森市、青森県五所川原市で形容詞述語、名詞述語に存在型アスペクト形式が下接することが述べられている。しかし、これらの方言でも、発達の経路は、動詞承接型のアスペクト形式からである可能性が高いと思われる。ここでは特に形態的特徴を見る目的から、熊本県松橋方言を扱った村上（2004）、青森県五戸方言を扱った金田（2004）を参照する。

　まず、松橋方言の形容詞述語を承ける存在型アスペクトは以下のように用いられる。

　（29）　ワタシハ　コノゴロ　マイニチ　イソガシカリヨル

（村上 2004: 197）

このイソガシカリヨルという形態は、歴史的には形容詞イソガシクに動詞＊アリが下接し（＊イソガシク＋アリ＞イソガシカリ）、それを存在型アスペクトのヨルが承けたものであると分析することができる。当方言は西日本諸方言同様、動詞のアスペクトとしてショル／シトルが対立しているが、存在動詞にもヨルが付いて非恒常性を表すことができる。

　（30）　ムカシワ　イツモ　ココニ　ゴミン　アリヨッタ　（村上 2004: 193）

　よって、形容詞を承けた存在型アスペクトは、この動詞を承けるアスペクトからの拡張であると考えられる。狩俣方言のように「動詞修飾要素＋ヨル（オル）」からの発達と考えるためには、イソガシカリに本動詞を修飾する用法が認められなければならないが、一般に西日本諸方言の動詞修飾には、接辞クのウ音便形が用いられる。

　（31）　イソガシュー　ハタラキヨル　　　　　　　　　　　熊本八代方言[12]

---

12　この例は坂井美日氏を通して山本友美氏からご教示いただいた。八代方言においても形容詞述語を承ける存在型アスペクトが一部存在するようであるが、詳しいことは分からない。なお、村上（2007）に松橋方言の形容詞についての記述があるが、そこには動詞修飾

このことから、(29)のような非動詞承接型のアスペクトは、「動詞修飾要素＋ヨル（オル）」として発達したのではなく、「動詞連用形＋ヨル（オル）」からの拡張として成立したと考えられる。

青森県五戸方言の一時性を表す形は以下のようなものである。

（32）　アー、アソゴノ　ウジア　アガルクテラ。（ああ、あそこの家は（電気がついていて）あかるい。）　　　　　　　　　　　（金田 2004: 147）

このアガルクテラという形式は、金田（2004）で述べられるように、形容詞のテ形（アガルクテ）に存在動詞のイダが付いた形と分析できる（アガルクテイダ＞アガルクテダ＞アガルクテラ）。もし、この非動詞承接型が「動詞修飾要素＋イダ」（イダは当方言で一時的な存在）から成立したのだとすれば、動詞修飾にテ形（アガルクテ）が使われることが予想される。しかし、金田章宏氏（個人談）によると、動詞修飾に使われるのはアガルグという形である。

（33）　ヨグ　カカサッテラ。（上手に書いてある）　　金田氏の教示による

それではなぜ形容詞の一時性を表すのにテ形が使われるのだろうか。それは、動詞に付くアスペクトからの拡張を考えると、説明が付きやすい。たとえば金田（2004）には、動詞の継続相の例が以下のように挙がっている。

（34）　キョア　ハー　チッテ　シマッテラ。（今日は散ってしまっている。）　　　　　　　　　　　　　　　　　　　　　　（金田 2004: 136）

このシマッテラのテラが形容詞にも類推されたのがアガルクテラという形ではないだろうか。だとすると、この方言でも非動詞承接型の存在型アスペクトは、「動詞修飾要素＋イダ」から直接できたのではなく、動詞承接型からの拡張であると考えられる。

### 3.3　まとめ

本節では、宮古狩俣方言の存在型アスペクトが、「名詞 =basi」、形容詞の重複形・接辞形、ci、=ngari といった様々な要素を承けることから、「動詞修飾要素＋uɨ」から直接発達したと考えた。他方、熊本県松橋方言や青森県五戸方言の非動詞承接型の存在型アスペクトは、形容詞の形態的特徴か

---

をする例が挙げられていない。

ら、動詞承接型からの拡張であると推測される。青森には、存在型アスペクトが形容詞述語だけでなく名詞述語も承ける五所川原方言や青森方言があり、工藤（2014）はこれらを「最も文法化が進んでいる」（pp. 532–534）としている。ただし、これらの方言で助詞や副詞も承けるのかは記述されておらず、地域的に見ても、動詞・形容詞を承けるものからの拡張と思われる。

　以上のように、存在型アスペクトの文法化には、動詞修飾要素を承けて直接発達するものと、動詞承接型を基本としてそこから形容詞述語や名詞述語などの他のカテゴリに拡張するものの二種類があると言える。

## 4.　宮古諸方言の非動詞承接型

　本稿では、宮古狩俣方言の存在型アスペクトが、動詞に限らず様々な修飾要素を承けることを示した。同様の現象が宮古諸方言一般に見られるならば、宮古方言の存在型アスペクトは、「動詞修飾要素 + uɨ」から直接形成された可能性が高いと言える。しかし、動詞承接型についての記述はあるものの、非動詞承接型については未だ十分に記述されているとは言えない。

　本稿の筆者が気付いた範囲では、まず、かりまた（2012）に、次のような助詞を承ける野原方言の例がある。

（35）a.　taiku: tataksmti: u:.（太鼓をたたきつつある。）（かりまた 2012: 23）
　　　 b.　berunu naritti nnja akatti: u:.（ベルが鳴って、もう開きそうだ。）
　　　　　　　　　　　　　　　　　　　　　　　　　　　　（かりまた 2012: 23–24）

（35a）は動詞の「断定形に接辞 m を後接させ」た形 tataksm（たたく）に引用の =ti: を付け、それを存在型アスペクトの u: が承けているものである。（35b）は動詞の「勧誘形」aka（開こう）に同じく引用の =ti: を付け、u: が承けている。前者は「進行」を、後者は狩俣方言の（17）と同じく「直前」（前望相）を表す。かりまた（2012）は、このような動詞の局面変化を表すものに限って記述を行っているため、残念ながら動詞述語以外については記述されていない。

　次に、Shimoji（2008: 361）には、以下のような形容詞を承ける長浜方言の例が挙げられている。

(36) cïnuu=ja cïcï=nu akaa+aka=du u-tar.
昨日 =TOP 月 =NOM 赤い =FOC CONT-PST

「昨日は月が明るかった。」

Shimoji（2008）では、重複形のみを形容詞と見なし（注9も参照）、(36) を形容詞（akaa+aka）が動詞のスロットを埋める構文であるとしている。よって、(36) を「動詞修飾要素 + uɨ」とは捉えていないため、存在型アスペクトの uɨ が他の修飾要素を取る例は載せられていない。また、かりまた（2003: 62）にも保良方言に同様の例があることが報告されている。

最後に、下地（2006: 189）で挙げられている多良間方言の例を挙げる。

(37) we:, ki:-nu pa:-gami-mai, anu:-ba: kasjakasja-ti:-du buL=dara:na
[間] 木 - の 葉 - [強意] - も 私 - をば [擬声語] - と - ぞ いる = だろう

「ほら、木の葉までも私をカサカサといる（言っている）だろう」

この方言の有情物の存在を表す動詞は buL であり、(37) はオノマトペを承けて木の葉の一時的な状態を表していると解される。ただし、下地（2006）は、(37) のような buL を本動詞の用法の一部として記述しており、非動詞承接型の存在型アスペクトがこの方言に広く見られるのかは分からない。

以上のように、宮古諸方言における非動詞承接型の存在型アスペクトの記述は十分ではない。しかし一方で、各方言に、助詞、形容詞、オノマトペを承ける例が報告されており、このことは、宮古諸方言で存在型アスペクトが動詞以外の要素を広く承ける可能性を示唆している。


## 5.　おわりに

本稿ではまず、宮古狩俣方言の存在型アスペクトについて以下のことを述べた。

1. 有情物の存在に uɨ が、非情物の存在に ai が使われる。
2. 有情物の存在に使われる uɨ がアスペクト形式として文法化されている。
3. 動詞を承ける存在型アスペクト uɨ は、動作継続、結果継続、単純状態、反復・習慣、パーフェクトといった意味を持ち、現代日本共通語のシテイルに似ている。

4. 存在型アスペクト ui は形容詞述語や名詞述語、助詞などを承けて一時性を表す用法を持つ。

　存在型アスペクトに係る形態は、本動詞の修飾にも用いられることから、本稿では狩俣方言の存在型アスペクトが「動詞修飾要素 + ui」から直接成立したと考えた。これに対し、日本語本土方言に見られる非動詞承接型の存在型アスペクトは、その形態的特徴から動詞に付くアスペクト形式からの拡張であろう。よって、存在型アスペクト形式の成立には、二つの異なる過程を想定する必要があることになる。宮古諸方言の非動詞承接型の存在型アスペクトの記述など残された課題は多いが、存在型アスペクトの成立が地域ごとに個別に起こったことも踏まえれば、上のように文法化の過程にバリエーションがあることは、決して不自然なことではない。

## 略号一覧

ACC: 対格、ACOP: 形容詞コピュラ、ADVL: 副詞化接辞、ALL: 向格、COND: 条件、CONJ: 接続、CONJEC: 推量、CONT: 継続相、CSL: 理由、DAT: 与格、FOC: 焦点、GEN: 属格、HON: 尊敬、IMP: 命令、NOM: 主格、ONMP: オノマトペ、PAS: 受身、PERF: 完了、PST: 過去、QUO: 引用、SFP: 終助詞、TOP: 主題、VOC: 呼格、VOL: 意志、-: 接辞境界、=: 接語境界

## 謝辞

　本研究は、JSPS 科研費 26770153 の助成を受けて行ったものである。いつも狩俣方言を教えてくれる二人の話者、狩俣マツコ、根間マサコさんに感謝します。また、五戸方言の例についてご教示くださった金田章宏氏、原稿にコメント頂いた林由華氏にも謝意を表します。

## 参照文献

影山太郎 (2004)「軽動詞構文としての「青い目をしている」構文」『日本語文法』
　　4-1, pp. 22–37.

金田章宏 (2004)「青森県五戸方言形容詞の〜クテル形式」工藤真由美（編）『日本語
　　のアスペクト・テンス・ムード体系―標準語研究を超えて―』pp. 134–165, ひつ
　　じ書房.

かりまたしげひさ (2003)「琉球語宮古諸方言の形容詞についてのおぼえがき―城辺
　　町保良方言の形容詞の活用を中心に―」狩俣繁久他（編）『消滅に瀕した琉球語に
　　関する調査研究（「環太平洋の言語」成果報告書 A4-019）』pp. 44–69, 大阪学院大

学情報学部.

かりまたしげひさ（2012）「宮古語野原方言の動詞のアスペクト・テンス・ムード体系の概要」『琉球アジア社会文化研究』15, pp. 13–37, 琉球アジア社会文化研究会.

衣畑智秀（2017）「南琉球宮古方言の終止連体形―方言に見る活用形の合流―」『日本語文法』17-1, pp. 88–104.

衣畑智秀・林由華（2014）「琉球語宮古狩俣方言の音韻と文法」『琉球の方言』38, pp. 17–49, 法政大学沖縄文化研究所.

金水敏（2006）『日本語存在表現の歴史』ひつじ書房.

金田一春彦（1976）「国語動詞の一分類」金田一春彦（編）『日本語動詞のアスペクト』pp. 5–26, むぎ書房.

工藤真由美（2014）『現代日本語ムード・テンス・アスペクト論』ひつじ書房.

迫野虔徳（1998）『文献方言史研究』清文堂出版.

佐藤琢三（2003）「「青い目をしている」型構文の分析」『日本語文法』3-1, pp. 19–34.

下地賀代子（2006）「多良間方言の空間と時間の表現」博士論文, 千葉大学.

林由華（2013）「南琉球宮古語池間方言の文法」博士論文, 京都大学.

藤井正（1976）「「動詞＋ている」の意味」金田一春彦（編）『日本語動詞のアスペクト』pp. 97–116, むぎ書房.

村上智美（2004）「形容詞に接続するヨル形式について―熊本県下益城郡松橋町の場合―」工藤真由美（編）『日本語のアスペクト・テンス・ムード体系―標準語研究を超えて―』pp. 188–203, ひつじ書房.

村上智美（2007）「熊本県宇城市松橋町方言の形容詞」工藤真由美（編）『日本語形容詞の文法』pp. 147–164, ひつじ書房.

Comrie, Bernard（1976）*Aspect*. Cambridge: Cambridge University Press.

Shimoji, Michinori（2008）A grammar of Irabu, a southern Ryukyuan language. Doctoral dissertation, The Australian National University.

Shimoji, Michinori（2009）The adjective class in Irabu Ryukyuan. 『日本語の研究』5-3, pp. 33–50.

# リスト存在文について

金水　敏

## 1. はじめに

　西山（2003）では、「絶対存在文」「場所存在文」「所有文」等の存在関連表現の類型に加えて、「リスト存在文」を提示している。これにならい、金水（2006）でもリスト存在文を認めている。本論文では、BCCWJ その他の実例に基づいて、リスト存在文の意味論的・統語論的特徴を整理し、歴史的発展についても言及する。

## 2.　リスト存在文の特徴
### 2.1　西山（2003）の説明

　西山（2003）では、リスト存在文として次のような例を挙げている。
（1）a.　甲：東京で見るべきものはないだろう。
　　　b.　乙：浅草と歌舞伎町があるよ。
（1b）がリスト存在文の例であり、その意味を次のように説明している。
（2）　　　［x が東京で見るべきものである］を満たす x の値は空ではない、
　　　　　その証拠にその具体的な値として浅草と歌舞伎町が存在するから。
西山は、［x が東京で見るべきものである］という命題関数、すなわち西山（2003）でいう「変項名詞句」解釈（後述）が介在しているとしている。よって、次のような文との関連が指摘できるとする。

90 | 金水　敏

(3)　東京で見るべきものは浅草と歌舞伎町である。（倒置指定文）

(4)　浅草と歌舞伎町が東京で見るべきものである。（指定文）

また、次のような「絶対存在文」（金水 2006 の「限量的存在文」）とも関連が深い。

(5)　東京で（は）見るべきものがある。

そして、西山は次のように説明する。

> 要するに、絶対存在文があくまで変項名詞句に視点をおいてそれが値を持つか否かだけを述べているのにたいして、リスト存在文は、変項名詞句の変項を埋める具体的な値そのものを列挙することによって示しているわけであるから、その場合の「存在」は、空間的な場所における存在と無縁である。また、リスト存在文の背後には、かならずなんらかの変項名詞句が介在しているわけであるが、注意すべきは、その変項名詞句を表現形式の上で明示せず、聞き手（あるいは読み手）にコンテクストから語用論的に推測させているという点である。つまり、いかなる変項名詞句が介在しているかがコンテクストから容易に復元できるばあいにかぎり、この種の存在文が使用可能となる。　　　　　（西山 2003: 413）

## 2.2　問題点の整理

リスト存在文の基準となる文型を次のようなものと考えよう。

(6)　田中には、有力な後ろ盾（の一人）として山本がいる。
　　　　①　　　　　②　　　　　③　　　　　④

ここで、②を関数名詞句と呼ぼう。西山 (2003) でいう、変項名詞句である[1]。①は、関数名詞句の領域を限定する働きをする「パラメータ」である。

---

[1]　金水 (2015) で、西山 (2003) の「変項名詞句」についての解釈を批判し、新たに「V 名詞句」と「C 名詞句」の区別を導入した。「変項名詞句」の問題点については、金水 (2015) および井元 (2006) を参照されたい。本稿では、「関数名詞句」という呼称を主に用いているが、これは金水 (2015) の「V 名詞句」とほぼ同じである。ただし、金水 (2015) ではDonnellan (1966) の attributive use（属性的用法）を「V 名詞句」の用法としていたが、ここでは詳しく述べない理由により、「属性的用法」は変項を持つ名詞句ではなく、臨時的な定項を持っていると考えるに至ったので、その意味では金水 (2015) の「V 名詞句」と完全には一致しないのである。

リスト存在文について | 91

③のように、変項名詞句の後に付けて付加情報を与える成分を付加表現と呼ぼう。また④をリスト名詞句と呼ぼう。（6）ではリスト名詞句は「山本」単独であるが、「山本と島田」のように列挙することも可能である。

　リスト存在文の意味とは、関数名詞句、パラメータ、付加表現（および文脈）によって作られる関数を真とする値の集合、すなわち関数の外延に、リスト名詞句の指示対象が含まれることを表す。すなわち次のような意味表示によって示されるような意味である[2]。

（7）　　{x| 有力な後ろ盾' ("田中", x)} ⊂ "山本"

リスト名詞句を取り去れば、限量的存在文（金水 2006。西山 2003 の絶対存在文におおむね該当する）ができる。

（8）　　田中には、有力な後ろ盾がいる。

意味は次のように解釈できる。

（9）　　∃x［田中の有力な後ろ盾' (x)］

　さて、（6）ではパラメータはニ格で表示されていたが、次のように関数名詞句に連体修飾語句の形で付加することができる。

（10）　　田中の有力な後ろ盾 {として／に} 山本がいる。

　（10）に示したように、関数名詞句は「として」または「に」で表示されることが多い。さらに、西山（2003）からの引用にあるように、関数名詞句は文脈から復元・推論可能である場合は、省略されることも多い。次に示すように、パラメータだけが残される場合もある。

（11）　　田中には、山本がいる。

　金水（2006: 38）で引いた次の例も、パラメータだけが残されている例であろう。

（12）　　あなたは私の為めに生まれたのだ
　　　　私にはあなたがある
　　　　あなたがある　あなたがある

---

2　"山本"は、「山本」によって指示される要素を表すものとしておく。金水（2006）38 頁の記法に習えば、ここは

　（7'）{x| 有力な後ろ盾' ("田中", x)} = {"山本"}

となるところであるが、「（倒置）指定文」の意味と区別するために、"="ではなく"⊂"（包摂）を用いておくこととする。

（高村光太郎「人間の泉」（『道程』所収）、『高村光太郎・
宮澤賢治集』現代日本文学大系 27、29 頁）

この場合、隠された関数名詞句は例えば「私のためにうまれた人（として）」
のようなものである。

　すでに見たように、リスト存在文の主語名詞句（リスト名詞句）は、有生
の場合も無生の場合もある。現代語では、有生物主語の空間的存在文（西山
（2003）の「場所・存在文」）は動詞が「いる」に限られ、「ある」は用いに
くいが、（12）のようにリスト存在文で主語が有生の場合は、「いる」ももち
ろん可能であるが、「ある」でも許容されるようである。実例に基づいて後
述する。

## 2.3　コピュラ文との違い

　西山（2003）では、「A が（は）B だ」というコピュラ文とリスト存在文と
の関係が示唆されていた。（6）についていえば、次のような文との類似性が
問題になる。

　（13）a.　田中の有力な後ろ盾は山本である。（倒置指定文）

　　　　b.　山本が田中の有力な後ろ盾である。（指定文）

これらの文の意味は次のように記述できる。

　（14）　{x| 田中の有力な後ろ盾'（x）} = {"山本"}

これらコピュラ文と、リスト存在文の違いはなんであろうか。次のような
文を参考に考えてみよう。

　（15）a.　嵐のメンバーに二宮がいる。

　　　　b.　#嵐のメンバーは二宮である。

　　　　c.　嵐のメンバーは二宮、松本、桜井、大野、相葉である。

コピュラ文の（15b）は、まるで嵐のメンバーが二宮一人であるような印象
を与えるので、通常の文脈では不適切である（# は文脈上不適切であるとい
うマーク）。これに対し、全員を数え上げた（15c）は何ら問題が感じられな
い。ただし、次のような文脈を付け加えると、（15b）もよくなる。

　（16）　木村、二宮、村上の中では、嵐のメンバーは二宮である。

　このように見てくると、コピュラ文（倒置指定文。指定文も同じ）の特徴
は「総記性」すなわち、全メンバーを数え上げるという含意にあるといえそ

うである。なぜコピュラ文が総記性を持つかというと、コピュラ文はそもそも「Aが（は）Bだ」におけるAとBの「一致」を示すことがその意味の中心をなすからである。一方で、（15a）に見るように、リスト存在文は総記性がなく、部分的な提示で差し支えない。この点は、次の例に示すように、空間的存在文と共通する。

　（17）a.　今、目の前に二宮がいる。相葉もいる。松本もいる。
　　　　 b.　今、目の前にいるのは、{# 二宮／二宮、相葉、松本} である。

（17a）では、とりあえず「二宮がいる」といってそれで終わって何ら差し支えない。必要があれば、さらに「相葉もいる、松本もいる」と付け加えればよい。ところが（17b）のようにコピュラ文にすると、目の前にいる人が「二宮、相葉、松本」である時、その一部の提示にとどめるのは不適切である。


## 3.　実例より

　国立国語研究所が公開しているBCCWJ（現代日本語書き言葉均衡コーパス）で、検索エンジン「中納言」を用いてリスト存在文を正確にすべて取り出すことはできないが、例えば「固有名詞」と「助詞（が）」と「いる」または「ある」の連接で検索すると、リスト存在文の例をかなり取り出すことができる。ただし、このような検索では空間的存在文もいっしょに拾い出してしまうので、手作業で選り分けなければならない。そのようにした結果、「いる」では265例、「ある」では111例のリスト存在文が取り出せた（主語名詞句が代名詞その他の場合については未調査）。以下に、関数名詞句の表現の違いに着目して、BCCWJから得られた用例の一部を列挙してみよう。


### 3.1　関数名詞句が明示されている例

　以下の例では、関数名詞句に波線を、リスト名詞句（主語名詞句）に直線を引いている。

　（18）　十九世紀の和声を断ち切った先駆者としてはスクリャービンがいますが、まだ徹底的ではなく、シェーンベルクを待たねばなりませんでしたが、

　　　　　　　　　　　　　（伊能美智子（著）『ショパンが弾けた!?』春秋社、1986）

(19) 直哉や弾より文壇では先輩で、同じころに吉原へ通っていたひと
に、森田草平がいた。

(近藤富枝（著）『今は幻吉原のものがたり』講談社、1986)

(20) その創立者の一人にカミーユ・サン＝サーンスがいた。

(渡辺学而（著）『リストからの招待状：大作曲家の知られ
ざる横顔2』丸善、1992)

(21) たとえばキミが好きだった作家に宮沢賢治がいたよね。

(北森鴻（著）『メビウス・レター』講談社、2001)

(22) 千利休の楽茶碗に、萩、唐津、黄瀬戸、志野、織部がある。

(西本瑛泉（著）・記事、『中国新聞』朝刊、2004/4/13、中国新聞社)

(23) 純粋な娯楽情報としてはＮＹシアター・コムがある。

(アントニー・ブラミス、ボブ・スミス（著）信達郎（監修）
小浦博（訳）『インターネットサービスの先駆者』三修社、2002)

(21) は「キミが好きだった作家」にパラメータが埋め込まれているので、
「キミには好きだった作家に宮沢賢治がいた」のように、パラメータを分離
することができるだろう。

## 3.2 パラメータのみが明示されている例

(24) 秀吉には黒田勘兵衛がいた。武田信玄には山本勘介がしたがってい
た。「一将功成り万骨枯る」という言葉があるが、将のもとには、
それを支える知恵者がいるものなのだ。

(江本孟紀（著）『「プロ野球」仁義なき大戦争 ストーブ
リーグ乱闘編』ベストセラーズ、1983)

(25) でも私には叔母のベッキーがいて、ほかの子供が実の親からでも受
けられないほどの愛情を注いでもらった

(バーバラ・デイリー（作）井上万里（訳）『再会は命がけ』
ハーレクイン、2005)

(24) では、関数名詞句として「将を支える知恵者（として）」、(25) では「愛
情を注いでもらう人（として）」のようなものが文脈から想定できる。

## 3.3 パラメータも関数名詞句も明示されていない例

(26)　「猟銃が五挺か…」大川が眩く（「眩」字原文のまま）のに、敏夫は
言い添える。「それに拳銃が一挺だ。駐在の佐々木がいる」そうか、
と大川は口を曲げた

（小野不由美（著）『屍鬼』下巻、新潮社、1998）

(27)　電波法第四条があるから、その法の精神によって郵政大臣がそうい
うことをやられたと。郵政省並びに大臣のお立場からすれば極めて
適切なことであり、

（「参議院 / 常任委員会 / 逓信委員会」国会会議録、第 103 回国会）

(26) では、前文脈から、関数名詞句として「拳銃を供給する人物（として）」
のようなものを考えることができる。(27) では、「郵政省並びに大臣の立場
から参照すべき法規（として）」のような関数名詞句を想定することが可能
である。

## 3.4 リスト存在文からはずしたもの（疑似空間的存在文）

　今回、関数名詞句（変項名詞句）が明示されているもの、文脈から想定さ
れるものという観点から、狭めに用例を選択した。その過程で、リスト存在
文に類似しながらはずした類型がある。それらは、空間的存在文（場所存在
文）に共通する特徴を持っているところから、空間的存在文（場所存在文）
に含めるべきものと本稿では考えている。ただし本当の空間ではなく、比喩
的な空間なので、「疑似空間的存在文」と呼ぶのである。

　田窪（1984/2010）によれば、日本語では統語的に場所名詞句と非場所名詞
句が明確に区別されるとし、次のようなものを場所名詞句の例としている。

① 「人」が関与している場所名詞句
   a.　地名：東京、大阪、玉野市、……
   b.　機関：（固有名）玉野高校、京都大学、巨人軍、（普通名）大学、
       役所、学校、デパート、警察
② 「人」が関与していない場所名詞句
   a.　地名：若草山、大井川、野尻湖、……
   b.　自然物：山、川、湖、……

c.　建造物（及びその一部）：家、部屋、階段、二階、庭、……
③　身体名称など
　　　　胃、腸、肝臓、口、のど、……
④　相対名詞
　　　　後、前、左、右、上、下、東、西、南、北、……

（田窪 2010: 109。一部修正）


　田窪（前掲）は、日本語の場所名詞句の特徴として、「〜に行く」「〜にく
る」の「〜」の位置に置くことができること、「ここ／そこ／あそこ／どこ」
という場所を表す指示代名詞で指し示せること等を挙げている。このような
場所名詞句がニ格等に置かれている存在文は、リスト存在文に似ていたとし
てもリスト存在文とはせず、空間的存在文の亜種と考えるのである。
　まず、関数名詞句の位置に「機関」を表す名詞句が置かれるものに、次の
ような例がある。
（28）　そして、素質がきわだって認められたのが、十九歳の海軍士官ス
　　　　コットである。たまたまマーカム卿のいとこが隊長をしていた部隊
　　　　にスコットがいたために目にとまった。

（本多勝一（著）『アムンセンとスコット：南極点への到達
に賭ける』教育社、1986）
（29）　ワーナーがいた騎兵部隊では、みんなが彼を避けていた。食事もい
　　　　つも一人で食べ、余暇に一緒に映画を見に行く仲間もいなかった。

（フランク・キャンパー（著）高橋和弘（訳）『スペシャル・
オペレーション：死線上の四人』朝日ソノラマ、1991）
（30）　のちに甘寧は孫権陣営にはいった。そこに彼が殺した凌操の子の凌
　　　　統がいて、それが彼の悩みとなった。

（陳舜臣（著）『諸葛孔明』下、中央公論社、1991）
（28）の「部隊」は、「部隊にいる」はもちろん、「部隊に行く」「部隊から来
る」といえるし、「どこの部隊？」といえる。逆に、「部隊はスコットだ」な
どの表現は、「倒置指定文」としての解釈は難しいので、「部隊」は人を外延
とする関数名詞句とはいえない。（29）のように、存在文の連体修飾の主名
詞にできるのも、場所名詞句の特徴のようである。逆に、（18）の「先駆者」

のような、人を外延とする関数名詞句であると、「スクリャービンがいる先駆者」のようにはいえない（意味をなさない）。(30) では、先行詞「孫権陣営」を「そこ」で受けている点からも、場所名詞句であるといえる。

また、「部隊にスコットがいた」とはいえるが、「部隊としてスコットがいた」とはいえない。つまり、関数名詞句は「に」「として」両方で受けられるが、場所名詞句は「に」で受けられるが「として」では受けられない、という違いがある。

次に、「〜の {中／後ろ／背後／中心 etc.} に〜がいる」のような相対名詞の例を挙げる。

(31) 捕まった奴隷のニュースはすぐに広まり、人々がアユバを見に酒場にくる。<u>その人々のなか</u>に、のちにアユバについての記録を残すことになる<u>ブルエット</u>がいた。

　　　　　　　　　（小川了（著）『奴隷商人ソニエ：18 世紀フランスの奴隷
　　　　　　　　　交易とアフリカ社会』山川出版社、2002）

(32) 六年前の〈岩森事件〉の際、<u>岩森を窮地に陥れようとした勢力の中心</u>に<u>平林</u>がいたに違いないと、いまでも岩森は確信しているはずだ。　（江波戸哲夫（著）『左遷！：商社マンの決断』講談社、1990）

(33) <u>白井屋の背後</u>に<u>松平定信</u>がいて、大がかりな抜け荷に関わっていたことは想像出来る。　（安部竜太郎（著）『黄金海流』新潮社、1995）

(34) <u>周公の後ろ</u>には、<u>信綱</u>がいる。

　　　　　　　　　（宮本昌孝（著）『青嵐の馬』文藝春秋、1998）

(35) <u>ムイシュキンとラゴージンとを底辺の両端に置く頂点</u>に、<u>ナスターシャ</u>がいる。　　　　　　　（野崎六助（著）『高村薫の世界：あるいは虚無の深奥への招待』情報センター出版局、2002）

機関名の場合と同様に、これらの相対名詞を主名詞とする表現と主語名詞句とで、コピュラ文を作ることは難しい（例「# その人々の中はブルエットであった。」）。また「* その人々の中としてブルエットがいた」のように「として」では受けられない点も、機関名と同じである。

これらの表現は、人間関係を空間に見立てるメタファー的な表現であり、本質は空間的存在文である。しかしながら一方で、次のように関数名詞句が省略されていると見ると、リスト存在文と見ることができなくもない。

98 | 金水　敏

(28′)　マーカム卿のいとこが隊長をしていた部隊に【隊員として】スコッ
　　　　トがいた。(【　】内は論者が仮に補ったもの)

この場合、場所名詞句はパラメータとして働く (cf.「マーカム卿のいとこが
隊長をしていた部隊の隊員」)。このようにして見ると、疑似空間的存在文と
リスト存在文は、連続性を持っているともいえる。

### 3.5　主語名詞句が有生物である場合の動詞の選択

　先に述べたように、主語名詞句が有生物である場合、動詞には多く「いる」
が用いられるが、「ある」も用いられる場合がある。次のような例である。

(36)　この御所に出入りしている風雅の者に、源三位入道頼政があった。

　　　　　　　　　　　　(大原富枝 (著)『大原富枝の平家物語』集英社、1987)

(37)　反対に、人物の特徴にはなるべく触れぬようにして、微細なニュア
　　　　ンスで人物を描きわけてゆくモオパッサンがある。

　　　　　　　　　　　　　　　　　(『坂口安吾全集』14、筑摩書房、1990)

(38)　先祖に、薬屋から身を起こした秀吉の大名小西摂津守行長があり、
　　　　町人ながら家系としても出自が知れぬというほどでもない。

　　　　　　　　　　　　(司馬遼太郎 (著)『花咲ける上方武士道』中央公論社、1999)

(39)　中国の長い歴史のなかで無名の農民から身をおこして王朝を建設し
　　　　たのは、劉邦以外にない。他に明の太祖朱元璋があり、おなじく卑
　　　　賤の出ではあったが、しかし朱元璋の場合、流浪の托鉢僧として多
　　　　少の文字があり、詩文をつくることができた。

　　　　　　　　　　　　(谷沢永一 (著)『司馬遼太郎の贈りもの』5、PHP 研究所、2001)

(40)　三代目の息子に、五代目鴈雀、三代目扇雀がある。

　　　　　　　　　　　　(織田紘二 (監修)『歌舞伎家・人・芸』淡交社、2005)

　このように、主語名詞句が有生物でありながら、述語動詞が「ある」であ
るものは 13 例あった。「いる」の例が 265 例であるので、有生物主語の例
(13 例 + 265 例) のうち「ある」が用いられているのは約 4.7% である。現
代文では、純然たる空間的存在文で「ある」を用いるのは、あからさまな文
語的表現を除いて 0% と考えてよい (金水 2006) から、少数派とはいえ一定
の用例数が得られるということは、リスト存在文は空間的存在文とは異なる
類型として捉えてよいといえよう。

## 4. 歴史的研究に向けて

　金水（2006）では、上代文献から近代資料まで存在表現の用例を集めて分類したが、前近代におけるリスト存在文の確例は極めて乏しかった。金水（2006: 76）で、近代以前のリスト存在文の例として挙げたのが、次の洒落本からのものである。

(41)　ほくときになんのかのといふてつい日をくらした。それはそふと金　　　さんおまへのこん夜のやくそくは きんまめと小ひなとなると。そ　　　れにまださる与に小名八が出てゐるはづじやが きたやぼくさんは　　　小梅とお此でござりましたか ほくまだおかうもある

　　　　　　　　　（『北華通情』25 ウ。『洒落本大成』第 16 巻 212 頁）

『北華通情』は寛政 6 年（1794 年）の大坂の洒落本である。「八木（やぼく）」という客と約束している芸妓として、「喜多市」が「小梅とお此」かと聞いたところ、「まだおかうもある」と答えたところである。「今夜約束している芸妓としておかうもある」というリスト存在文と解釈できる。

　国立国語研究所の歴史コーパス（CHJ）で、「固有名詞＋あり」という連接を調べたところ、ヒットしたのは『今昔物語集』7 件、『海道記』1 件、『虎明本狂言』1 件、あとは明治大正期の『明六雑誌』3 件、『国民之友』69 件、『女学雑誌』11 件、『太陽』158 件、『女学世界』2 件、『婦人倶楽部』2 件であるが、ざっとリスト存在文に該当しそうなものは 69 件であり、すべて明治大正期文献であった。

(42)　而して西洋にては之が代表者としてシエーキスピヤあり、然るに支　　　那人が誇称して所謂大詩人とせる所の李杜二家は體に於て寧ろ幼稚　　　なる抒情詩を代表せるに過ぎず、

　　　　　　　（柳井絅斎（作）「支那人が詩學上の觀念（上）」『太陽』1895 年）

(43)　飜つて南清を顧みれば貿易港として汕頭あり、

　　　　　　　　　（小松崎吉雄（作）「支那の各港灣修築論」『太陽』1901 年）

　詳細な歴史的研究は今後の調査を俟たざるを得ないが、概していえるのは、前近代においてリスト存在文はあまり発達していなかったということである。明治文語文で急速に発展しているように見えるが、明治文語文の基盤としての、近世以前の漢文訓読文の調査が十分でないので、歴史的な継承関

係は今のところ不詳である。

## 5. まとめ

　本稿では、西山（2003）で見いだされた日本語の「リスト存在文」の構造について検討し、「関数名詞句（変項名詞句）」とリスト名詞句（主語名詞句）との関連から整理することを提案した。また、リスト存在文と一見近い「疑似空間的存在文」の類型について指摘した。以上のような観点を踏まえ、国立国語研究所の BCCWJ、CHJ を用いてリスト存在文の一部を取り出すことを試み、計量的な調査を行った。

### 資料出典一覧

用例（12）『道程』：高村光太郎・宮澤賢治（著）『高村光太郎・宮澤賢治集』現代日本文学大系 27、筑摩書房、1969 年.
用例（41）『北華通情』：洒落本大成編集委員会（編）『洒落本大成』第 16 巻、中央公論社、1982 年.
上記 2 点以外は国立国語研究所「現代日本語書き言葉均衡コーパス（BCCWJ）」および「歴史コーパス（CHJ）」に依った。

### 参照文献

井元秀剛（2006）「コピュラ文をめぐる名詞句の意味論と語用論」高岡幸一教授退職記念論文集刊行会（編）『シュンポシオン—高岡幸一教授退職記念論文集—』pp. 13–22, 朝日出版社.
金水 敏（2006）『日本語存在表現の歴史』ひつじ書房.
金水 敏（2015）「「変項名詞句」の意味解釈について」『日中言語研究』8, pp. 22–32.
田窪行則（1984）「現代日本語の「場所」を表す名詞類について」『日本語・日本文化』12, pp. 89–115, 大阪大学留学生別科.
田窪行則（2010）『日本語の構造—推論と知識管理—』くろしお出版.
西山佑司（2003）『日本語名詞句の意味論と語用論—指示的名詞句と非指示的名詞句—』ひつじ書房.
Donnellan, K.（1966）Reference and definite description. *Philosophical Review* 75, pp. 271–301.

# 指示表現の
# 地理・歴史的研究

# 中古のカ（ア）系列と
# ソ系列の観念指示用法
## ―古典語における知識の切り替わりから―

藤本真理子


## 1.　はじめに

　古典語、現代語を通じてコ・ソ・カ（ア）[1] の3系列の指示詞には、いわゆる照応用法的な用法が見られる。しかし、そのうち、ソのみが先行詞に依存して指示対象が決まる、厳密な意味での文脈照応の用法をもち、コ・アは直示的な用法の拡張としてとらえられる。そのため現代語では、次のように文脈によってのみ導入された対象に対して、ソ系列は用いられるが、ア系列を用いることはできないことが指摘されている。

　（1）　　A：新しく来た山田って先生、ドイツ語が得意らしいよ。

　　　　　B：へー、{その／\*あの} 先生と話してみたいな。

この発話以前のBにとって「先生」は知らない人物であり、「あの」を用いて指示することはできない。これは、ア系列の使用にとって、「直接に経験した過去の場面に関連づけられた対象であること」が必要条件となるためで

---

1　指示詞のカ系列とア系列との違いに関しては、本稿では取り上げない。古田（1957: 35）では、「か系の語は、話し手に関係の深いもの、既知のもの、親近性を有するものをさすときに用ゐられ、あ系の語は、話し手と関係のないもの、未知のもの（そのため不審、詰問となる）、隔たりを有するものをさすときに用ゐられる」と説明されるが、その説明の多くは話し手の感情からの推察であり、十分な論証がなされておらず、本質的な差異とは認められないためである。なお、上代、中古まではいわゆる遠称の指示詞はカが優勢である。それ以降ア系列が主に使用されるようになると、カ系列の指示詞は意味用法の固定化が進む。本稿では主に中古までの指示詞の用法を扱うため、カ（ア）系列と統一して呼ぶこととする。

[103]

ある（金水 1999）。直接的経験から得た知識であるか間接的経験から得た知識であるかによって、現代語のア系列とソ系列の指示詞が使い分けられていることは、黒田（1979）以来、指摘されている。

　一方、中古には、話し手にとって必ずしも直接的経験に関連しているようには見えない対象が、カ（ア）系列によって指し示されることがある。本稿は、そのような例を取り上げ、古典語と現代語とでは知識の区別に異なりがあることを指摘する。さらに古典語では、直接的経験・間接的経験による知識の区別が、指示対象の存在を発話者が認めたか否かの区別、すなわち「対象の存在の前提」の有無にまで拡張してとらえられることを提案する。この仮説を導入することにより、現代語で検討されてきた、直接的経験による知識はア系列の指示詞が担い、間接的経験による知識はソ系列の指示詞が担うという指示詞の意味論的性質を、古典語においても保持することが可能となる。

　本稿では、古典語の指示詞に関する仮説の提案を行う。古典語の心的枠組みを考えることに関しては、古典語が内省のきかない言語であるため限界がある。ただしそのような中でも現代語の枠組みを考察することから、古典語への応用を試みる論もある（岡﨑 2006）。本稿も古典語の知識の仕組みを考察するにあたり、現代語の枠組みをとらえるところから始めたい。次節ではまず古典語の観念指示の用法を確認し、現代語における知識の区別について述べる。3 節では、中古の指示詞について直接的経験による知識か間接的経験による知識かという指示対象の性質から検討した結果を示す。続く 4 節では、中古の間接的知識による指示の様相を考察し、「対象の存在」をどのように把握するかという古典語の知識モデルの仮説をたてる。5 節はまとめである。

## 2.　上代・中古における観念指示用法

### 2.1　上代

　上代、カ（ア）系列とソ系列とは、目で見え、直接知覚・感覚できる可視的対象の指示と直接知覚・感覚できない言語的文脈や観念指示を含めた不可視的対象の指示という対立のもとで使い分けがなされていたと考えられる（橋本 1982、金水・岡﨑・曹 2002 等）。ソ系列には次のような、今、目に見

えない、直接知覚・感覚できない対象を指示する例が見られる。

(2) かくばかり恋ひむものそと知らませばその夜はゆたに［其夜者由多尓］あらましものを【こんなにも恋しくなると知っていたら、あの夜はもっとゆったり過ごしたものを】　（万葉集、巻第12、2867）

この例は先行文脈にも指示対象がなく、観念指示と考えられる。また、資料の制約により、上代ではあまり確認できないカ（ア）系列の指示詞にも、観念指示と見られる例がある。

(3) かの児ろと［可能古呂等］寝ずやなりなむはだすすき宇良野の山に月片寄るも【あの子と寝ずに終わるのか、（はだすすき）宇良野の山に月が傾いたなあ】　（万葉集、巻第14、3565）

## 2.2　中古

中古に入ると、上代で確認できた、対象の可視・不可視によるコ・カ（ア）系列とソ系列との対立は崩れ、カ（ア）系列には、現代語と同じような観念指示の例が確認できるようになる（(4)）。ただし、上代で見られたソ系列の観念指示の用法も引き続き確認できる（(5)）。

(4) （翁らが守りの堅さについて話す）これを聞きて、かぐや姫いふ、「鎖し籠めて、守り戦ふべきしたくみをしたりとも、あの国の人をえ戦はぬなり。【あの国の人と戦うことはできません。】弓矢して射られじ。」　（竹取物語、p. 69）

(5) 御遊びのついでに、〔帝→尚侍の君〕「その人のなきこそいとさうざうしけれ。【{*その／あの} 人（光源氏）のいないのがじつに物足りないなあ。】」　（源氏物語、須磨、② p. 197）

これらを受けて、金水・岡﨑・曺（2002）など先行研究では、観念指示用法におけるカ（ア）系列の発達およびソ系列の衰退といった位置づけがなされてきたが、そのような枠組みでは説明できない、次の(6)のような例も存在する。

(6) a.　（夕顔の娘が健在で、美しく成長しているという話を聞いて）かく聞きそめて後は、（右近を）召し放ちつつ、〔源氏→右近〕「さらば、かの人、このわたりに渡いたてまつらん。【では、{その／?あの} 人をこの邸にお迎え申そう。】」

（源氏物語、玉鬘、③ p. 121）

b.　（夕霧から柏木の霊を夢に見たという話を聞き）〔源氏→夕霧〕「**か**
**の**夢は思ひあはせてなむ聞こゆべき。【{その／\*あの} 夢は考え
合わせてお話しましょう。】」　　　　（源氏物語、横笛、④ p. 369）

c.　（浮舟の入水事件について）かのこと思し出でて、いといとほし
ければ、〔中宮→薫〕「そこには恐ろしき物や住むらん。［中略］
いかやうにてか、**かの**人は亡くなりにし【どのようないきさつで、
{その／? あの} 方は亡くなったのですか】」と問はせたまふを
　　　　　　　　　　　　　　　　　　　　（源氏物語、手習、⑥ p. 363）

（6a）では、源氏は娘に直接会っていないため、直接的に指示できる対象で
はない。また（6b）も聞き手である夕霧の見た夢の話であり、話し手の源氏
にとって、その夢を直接的に指示することはできない。（6c）でも話し手で
ある中宮にとって、指示されている対象は、相手の話題に出てきた人物であ
り、（6a）（6b）同様、直接的な指示を行うことはできないものである。

### 2.3　直接的経験・間接的経験による知識

　さて、ここまで古典語の指示の様相を確認してきたが、現代日本語には、
次のような制約があると考えられている。

（7）　　新規導入情報に関する制約：
　　　　E（筆者注：一般的知識、これから話すために必要な用語体系、相
　　　　手と共通の体験や知人、これから相手に話すべき内容といったデー
　　　　タの入っているデータベース）において非共有の情報で、対話の場
　　　　で新しい情報として導入されたものは、当の対話のセッション中
　　　　は、初期状態において共有の知識と言語的に区別され続けられねば
　　　　ならない。　　　　　　　（金水・田窪 1990: 90 より一部改め）

このことを、指示詞にあてはめて考えるならば、次のような例が挙げられ
る。

（8）　　A：山田先生のことだけど…。
　　　　B：誰だい、{山田先生って／その人／\*あの人}？
　　　　A：言ってなかったか、僕のドイツ語の先生だよ。

B：聞いてないな、それで{その／*あの}先生がどうかしたの？[2]
このように、現代語では、その要素の知識が間接的である場合、同一談話
内において、必ず言語的に区別される。それに対し、古典語の指示詞では、
(6)のように同一談話内において、相手によって新規導入された情報であっ
ても、必ずしもソ系列が用いられるというわけではない。

## 3. 指示対象の性質

### 3.1 調査対象および分類方法

　本稿は、(6)のような例が一定数見られる、中古に焦点をあてて考察を進
める。調査対象は、話し手、発話時、発話場所、聞き手などが明らかなもの
を扱うことが望ましいため、中古の物語作品における会話文を中心に取り上
げて、カ（ア）系列とソ系列の例を分析する。

　分類方法に関しては、現代語では要素の導入時が対話以前か否かというこ
とは、その要素を直接的に述べてもよいかどうかに関わる。また、観念指
示用法は、「過去の現場経験」（金水・田窪 1990: 90）を指示する用法として、
現場指示の用法と連続的にとらえられるため、以下のように分類を行う[3]。

(9) A. 現場指示：対話の現場に指示対象が存する場合

　　　池はいと涼しげにて、蓮の花の咲きわたれるに、葉はいと青やか
　　　にて、露きらきらと玉のやうに見えわたるを、〔源氏→紫の上〕
　　　かれ見たまへ。【{?それ／あれ}を御覧なされ】おのれ独りも涼
　　　しげなるかな」　　　　　　　　（源氏物語、若菜下、④ p. 245）

　　B. 直接経験：対話以前に、話し手が直接的に体験した対象を指示す
　　　る場合

---

2　対話のセッションが変われば、Bにとって、「山田先生」は直接経験的な知識となり、B
は「山田先生」をア系列で指示できるようになる。ここでいう対話のセッションとは、(7)
で示した金水・田窪（1990）に準じるものであり、ひとまとまりの談話のようなものを想定
している。

(i)（(8)の数日後）

　　B：そういえば、{その／あの}山田先生はその後、何か言ってたかい？

　　A：ああ、君も話がしたいらしいって言ったら、喜んでたよ。

3　この分類は田窪（1990）や金水・田窪（1990）を参考にした。

（先日、末摘花が源氏に届けた装束について源氏から返歌があった際）〔末摘花方の老女房〕「かれ、はた、紅のおもおもしかりしをや。【{\*それ／あれ} も、やはり紅色でどっしりとしておりましたもの】」
(源氏物語、末摘花、① p. 302)

C. 擬似的直接経験：Bを除く、対話以前に、話し手の知識内に確立している、もしくは確立していると想定できる対象を指示する場合
〔源氏→夕霧〕「されど、なほ、かの鬼神の耳とどめ、かたぶきそめにけるものなればにや【けれどやはり、{\*その／あの} 鬼神が耳を傾けて聞き入ったのがはじめだったのでしょうか】」
(源氏物語、若菜下、④ p. 198)

まだ妻もおはせで、よき人のむすめなど人に語らせて、人に問ひ聞き給ついでに、たちわき、おちくほの君の上を語り聞こえければ、少将耳とまりて、しづかなる人間なるに、こまかに語らせて、「あはれ、いかに思ふらん。さるはわかうどほり腹ななりかし。我にかれみそかに逢はせよ【わたしに {その／?あの} 人をひそかに会はせよ】」とのたまへば　　(落窪物語、第1、p. 7)

D. 間接知識：同一談話内において相手によって初めて導入された対象を指示する場合
大将は、「家の記、集のやうなるものに侍る。俊蔭の朝臣、唐に渡りける日より、父の日記せし一つ、母が和歌ども一つ、世を去りはべりける日まで、日づけしなどして書きて侍りけると、俊蔭帰りまうで来けるまで作れる詩ども、その人の日記などなむ、その中に侍りし。それを見たまふるなむ、いみじう悲しうはべる」など奏したまふ。上、「などか今までものせられざりつる。有職どもの、いみじき悲しびをなしてし置きたるもの、げにいかならむ。なほ朝臣は、ありがたきもの領ぜむとなれる人にこそ。かれとく見るべきものななり【どうして今までそのことを言わなかったのだ。(略) {それら／\*あれら} の書を早く見たいものだ】」
(うつほ物語、蔵開上、② p. 437)

A類、B類、C類の指示対象は、いずれも直接的に経験した、もしくは直接的に経験したかのようにとらえられるものである。それに対し、D類は間接

中古のカ（ア）系列とソ系列の観念指示用法　|　109

的に経験したものが指示対象となり、直接的に経験したかのようにとらえる
こともできないものである。以下の調査結果では、「直接的」「間接的」とし
て分類した上で、それぞれの内訳を見ていく。

### 3.2　調査結果

　表1は中古のカ（ア）系列の例に見られる指示対象を分類している。ここ
で「観念指示用法」の語を提示したのは、カ（ア）系列の一般的な用法との
対応関係を示すためである。

表1　カ（ア）系列の指示対象 [4,5,6]

| カ（ア） | 直接的 | | | 間接的 | 保留 | 計 |
| | A 現場指示 | 観念指示用法 | | D 間接知識 | | |
| | | B 直接経験 | C 擬似的直接経験 | | | |
| --- | --- | --- | --- | --- | --- | --- |
| 竹取 | 0 | 9 | 0 | 0 | 0 | 9 |
| 伊勢 | 1 | 0 | 0 | 0 | 0 | 1 |
| 大和 | 3 | 2 | 0 | 0 | 0 | 5 |
| 平中 | 0 | 3 | 1 | 0 | 0 | 4 |
| うつほ | 25 | 400 | 15 | 5 | 26 | 471 |
| 落窪 | 4 | 57 | 4 | 0 | 3 | 68 |
| 源氏 | 32 | 213 | 36 | 4 | 9 | 294 |
| 計 | 65 | 684 | 56 | 9 | 38 | 852 |

　表1のD類の間接知識を表す例は、すべて現代語にはない用法である。C
類の擬似的直接経験の例に関しては、直接経験に類似したものとして、〈一
般的知識に存する対象を指示する場合〉と〈対象に関する知識を導入済みで、

---

4　ただし、発話に埋め込まれた発話などは除き、また「それかれ」や「ここかしこ」「か
れこれ」などの複合語やそれに準ずるものは省いている。表2も同様である。

5　表1の保留のうち、ほとんどがABC類の間で揺れのある例である。また、アナタとい
う形式についてもその多くを保留に含めた。

6　カ（ア）系列は本来的に直示中心であるという立場にたつため、表1ではB〜D類は観
念指示用法と一括りにし、文脈指示用法は認めていない。

110 ｜ 藤本真理子

直接経験的に扱うことが可能な場合〉に大きく分かれる。「発話以前に聞き
手から得た情報を、直示的に指すこと（筆者注：直接経験として扱う）も可
能な」（堤 2002: 64–65）ア系列は、一部の九州方言（福岡、佐賀、長崎）にも
報告されており、言語によって、また使用者によって、直示的に指すことが
可能な範囲は、広くなったり狭くなったりすると考えられる。C類の例から
は、中古の場合、対話以前に、対象に関して何らかの情報を得ていれば、話
し手は、間接的な経験による知識のみであったとしても、カ（ア）系列を用
いて対象を指し示すことができることが分かる。

　表2は、表1とほぼ同様の手順でソ系列の指示対象の性質を分類してい
る。表1と異なるのは、事態（文脈）の箇所である。表2の「事態（文脈）」
には（10）のような、相手の発話内容全体を受けて指示を行うものを含めて
いる。

（10）　〔忠遠→藤英〕「その宮仕へも、不合にては難げになむあめる。」〔藤
　　　　英→忠遠〕「それはな思ほしそ。仕うまつらむ。」【忠遠、「その宮仕
　　　　えも、貧窮のため、難しいようです」。藤英、「そのようなことは心
　　　　配なさらないで。わたしがなんとかいたしましょう」。】

（うつほ物語、沖つ白波、②p. 312）

表2　ソ系列の指示対象[7]

| ソ | 直接的 | | | 間接的 | | 保留 | 計 |
|---|---|---|---|---|---|---|---|
| | A 現場指示 | B 直接経験 | C 擬似的直接経験 | D 間接知識 | 事態（文脈） | | |
| 竹取 | 0 | 8 | 2 | 8 | 2 | 0 | 20 |
| 伊勢 | 0 | 0 | 0 | 0 | 0 | 0 | 0 |
| 大和 | 3 | 3 | 2 | 0 | 4 | 0 | 12 |
| 平中 | 2 | 1 | 0 | 2 | 7 | 0 | 12 |
| うつほ | 96 | 242 | 37 | 38 | 162 | 38 | 613 |
| 落窪 | 17 | 13 | 2 | 5 | 25 | 4 | 66 |
| 源氏 | 27 | 49 | 7 | 40 | 134 | 51 | 308 |
| 計 | 145 | 316 | 50 | 93 | 334 | 93 | 1031 |

7　表2の保留には、直接的経験によって得た知識とも間接的経験によって得た知識とも判
断のつけられない、いわゆる文脈指示の例が多く含まれる。

中古のカ（ア）系列とソ系列の観念指示用法 | 111

　表1、表2のD類を見比べると、間接知識を含む「間接的」とした例がカ（ア）系列とソ系列では、圧倒的にソ系列が多いことが分かる。またソ系列については、4.4で再び取り上げるが、「事態（文脈）」のように、カ（ア）系列とは異なる性質をもつ対象を指示できることが確認できる。

## 4.　中古における間接的知識の指示
### 4.1　カ（ア）系列
　カ（ア）系列のD類には次のような例が見られる。

(11) a.　〔兼雅→子〕「なほのたまへ」と責め問ひたまへば、〔子〕「はかばかしくも身の上をえ知りはべらず。母にはべる人に、責めて問ひはべりしかば、[中略]そもはかばかしうも聞きはべらず」と聞こゆれば、ありし京極のことをふと思し出でて、〔兼雅〕「なほ、確かにのたまへ。さて<u>その</u>御親はおはするか、おはせぬか。【<u>その</u>御親はいらっしゃるのか、どうか】[中略]」とのたまへば、子のいらへ、「[中略]」といへば、〔兼雅〕「<u>かの</u>御親、いまだ見たてまつりたまはずや【<u>その</u>御親は、まだ会ったことがないのか】」
　　　　　　　　　　　　　　　　（うつほ物語、俊蔭、① p. 91）

b.　〔正頼→大宮〕「遊びたるさまも、さらにこと人に似るべうもあらず。いかで聞こし召させむ」とのたまへば、宮、「いかで<u>かれ</u>聞かむ【どうかして{<u>それ</u>／?<u>あれ</u>}（仲忠の琴の音）を聞きたい】」。
　　　　　　　　　　　　　　　　（うつほ物語、俊蔭、① p. 123）

c.　〔院〕「今年は、あやしく木の葉の色深く、花の姿をかしかるべき年になむある。興あるをかしからむ野辺に、小鷹入れて見ばや」とのたまはす。仲頼、「[中略]府の大将、族を引き連れて、大原野にまかりて侍りしに、その野、いといみじきほどになりにて侍りき」。上、「いとをかしきことかな。[中略]さて何ごとかありし」。仲頼、「殊なること侍らざりき。あまたが中に、こともなき小鷹一つなむ侍りし」。上、「<u>かの</u>鷹を試みばや。」【「多くの鷹の中に、優秀な小鷹が一羽おりました」院、「{<u>その</u>／?<u>あの</u>}鷹を試してみたい」】
　　　　　　　　　　　　　（うつほ物語、吹上下、① p. 514）

112 ｜ 藤本真理子

d. 〔夕霧→御息所〕「いまはのほどにも、のたまひおくことはべりし
　　かば、おろかならずなむ。」〔中略〕〔御息所→夕霧〕「ありがたう
　　もと聞こえはべるも、さらば<u>か</u>の御契りありけるにこそはと、思
　　ふやうにしも見えざりし御心ばへなれど、いまはとてこれかれ
　　につけおきたまひける御遺言のあはれなるになむ、〔中略〕」【有
　　り難いことと感謝申しあげておりますが、それは{<u>その</u>／*あの}
　　お約束がございましたゆえと】　　　　（源氏物語、柏木、④ p.331）

e. 〔弁の尼→薫〕「一日、かの母君の文はべりき。忌違ふとて、ここ
　　かしこになんあくがれたまふめる、このごろもあやしき小家に
　　隠ろへものしたまふめるも心苦しく、〔中略〕」と聞こゆ。〔薫〕
　　「人々のかく恐ろしくすめる道に、まろこそ古りがたく分け来れ。
　　何ばかりの契りにかと思ふは、あはれになん」とて、例の、涙ぐ
　　みたまへり。〔薫〕「さらば、その心やすからん所に、消息したま
　　へ。みづからやは、<u>かしこ</u>に出でたまはぬ【あなた自身が{<u>そこ</u>
　　／*あそこ}に出向いてくださいませんか】」

（源氏物語、東屋、⑥ p.86）

（11）はいずれも、同一談話内において相手によって初めて導入された対象
であるにも関わらず、話し手はカ（ア）系列を用い、直接的な経験によって
得た知識内にある対象として、その指示を行っている。特に（11a）では、同
一の対象を指した2か所に「その」「かの」の両方が現れる。この例では、
いったん対象を間接（的）知識に導入し、ソ系列を用いて、対象の存在の有
無を確認している。その結果、この対象は直接的知識にまで導入され、続く
質問ではカ（ア）系列による指示が可能となっている。

　また、（11）の例には、カ（ア）系列で指示されている対象が話し手にとっ
て談話内の関心の対象であったり、聞き手から説明を受けた新しい情報で
あったりする。いずれも、その談話における話題の中心にあり、話し手と聞
き手の間で観念指示が成立しやすいという点が共通して見られる。

## 4.2　カ（ア）系列使用の特徴

　談話の中心的テーマに対して用いられているのに加え、カ（ア）系列の使
用にはどれも、対象の存在を認識した後の発話であるという点が確認でき

る。特に（12）は、「対象を見たい、知りたい」といった特定の文脈におい
て用いられている例である[8]。

(12) a. 右近内侍のまゐりたるに、「かかる者をなむ、語らひつけて置き
　　　 ためる。すかして、常に来る事」とて、ありしやうなど、小兵衛
　　　 といふ人にまねばせて聞かせさせたまへば、「<u>かれ</u>いかで見はべ
　　　 らむ。かならず見せさせたまへ。〔中略〕」【（中宮が以前あったこ
　　　 となどを、小兵衛という女房に話させて右近の内侍にお聞かせ
　　　 になると、右近内侍は）「｛その／*あの｝者をぜひ見たいもので
　　　 す。」】　　　　　　　　　　　　　　　　（枕草子、83 段、p. 153）

　　 b. 〔中納言は〕若君の御ことをも、忍びて、〔→母上〕「心よりほか
　　　 にさるもの見出でてまうで来たるを、しばし人に知らせじとて、
　　　 中将には、かしこにてあづけはべりしなり」と語り聞こえ給へ
　　　 ば、ただひとりおはするが、ゆゆしう心細きものに思ひ聞こえさ
　　　 せつつ、今にこの御方にあまた出で来給へらむを、いくらもいく
　　　 らも、見あつかはまほしうおぼし願ふ御心なれば、〔母上〕「<u>かれ</u>
　　　 をなどか、今宵まづ」と、いと口惜しげにおぼしたり。【（中納言
　　　 が若君のことを話すと）〔母上〕「｛その／*あの｝若君をどうして、
　　　 今夜何よりまず連れておいでにならなかったの」】
　　　　　　　　　　　　　　　（浜松中納言物語、巻第 2、p. 164）

このほか、(8) (9) (11b) (11c) も同様の文脈で用いられている。存在するか否
かが定まらない対象に対して、何かしら働きかけたいと考えることはできな
い。なぜならその対象が空間的にも時間的にも現実世界に位置づけられない
ならば、現実世界において何らかの作用をあたえるということはできないか
らである。そのため、他の場合の例にもまして、(12) のような「見たい、知
りたい」といった働きかけがおこる場合は対象の存在が前提となっていると

---

8　このような例は時代が下っても確認できる。
　(ii)「何事ぞ」と問へば、「虎の国府に入て、人を食らふ也」といふ。此男問ふ、「虎はい
　　 くつばかりあるぞ」と。「た〴一あるが、俄にいできて、人を食らひて、逃ていき
　　〽するなり」と云を聞きて、此男のいふ様、「<u>あの</u>虎に合て、一矢を射て死なば
　　 や。〔中略〕【「（虎は）一匹だけだが、突然出て来て、人を食べて逃げていくのです」
　　 と言うのを聞いて、この男が言うには、「｛その／*あの｝虎に会って、一矢を射て死
　　 にたいものだ。」】」といひけるを　　　　（宇治拾遺物語、下、巻 12-19、155、p. 310）

見ることができ、カ（ア）系列の本来的な直示の用法との関連がうかがえる。

## 4.3　カ（ア）系列の直示の範囲

　4.1、4.2 で見たように、中古のカ（ア）系列は、談話以前に、対象に関して何らかの情報を得ていれば、話し手が、直接体験したか否かに関わらず、対象を指し示すことができる。またD類からは、たとえ同一談話内において、初めて対象に関する情報を得た場合であっても、少なくとも話し手が対象の存在を現実世界に認めた場合、カ（ア）系列を用いてもよいことが推測される。このようなカ（ア）系列の使用に見られる特徴は、先に挙げた（11a）の例によく現れているので、（13）に再掲して確認する。

　（13）　〔兼雅→子〕「なほのたまへ」と責め問ひたまへば、〔子〕「はかばかしくも身の上をえ知りはべらず。母にはべる人に、責めて問ひはべりしかば、［中略］そもはかばかしうも聞きはべらず」と聞こゆれば、ありし京極のことをふと思ひ出でて、〔兼雅〕「なほ、確かにのたまへ。さて<u>その</u>御親はおはするか、おはせぬか。【その御親はいらっしゃるのか、どうか】［中略］」とのたまへば、子のいらへ、「［中略］」といへば、〔兼雅〕「<u>かの</u>御親、いまだ見たてまつりたまはずや【<u>その</u>御親は、まだ会ったことがないのか】」

（うつほ物語、俊蔭、① p. 91、（11a）再掲）

この場面では、まず話し手である兼雅は聞き手である子の母が存在しているのか否かを知らない。対象の存在を現実世界に設定できておらず、対象について何を質問することが妥当であるかも知識にはない状態である。このような場合、指示対象を直接的にとらえて指示することはできず、「その御親はおはするか、おはせぬか」とソ系列を用いて、間接知識であれ、文脈（事態）であれ、間接的経験によって得た知識として指示が行われる。一方、その後に続く子の返答により、話し手である兼雅は指示対象である親が実在することを知る。すると対象の把握の仕方が変わり、指示形式として、ソ系列ではなくカ（ア）系列を用いた指示を行うことが確認できる。

　なお、このような用いられ方はカ（ア）系列の直示用法の延長上にとらえられる。表1においても、D類のような例は非常に少ないことから、こういった例が生じるのは、中古のカ（ア）系列と現代語のア系列とに意味的な

中古のカ（ア）系列とソ系列の観念指示用法 ｜ 115

違いがあったと見るよりは、指示詞の運用上の基準の違いに起因すると考えることができよう。

## 4.4　ソ系列

　一方、中古のソ系列には、次のような例が見られる。

（14）〔宿守→僧〕「一昨年の秋も、ここにはべる人の子の、二つばかりにはべしをとりて参で来たりしかども、見驚かずはべりき」、〔僧〕「さて<u>その</u>児は死にやしにし」と言へば【それで｛<u>その</u>／*あの｝子供は死んでしまったのか】　　　　　　　　　（源氏物語、手習、⑥ p. 283）

（14）では、宿守によって新規導入された「子供」という対象に対して、僧は現代語と同じくソ系列を用いて指示を行っている。実際このように、同一談話内において、相手によって新たに導入された対象を指示する場合には、ソ系列が用いられており、先に見たようなカ（ア）系列の例はさほど多くない。
　またカ（ア）系列では確認できなかった例として、ソ系列には（15）のような、言語的文脈によってのみ形成された要素すなわち間接知識を指示する例が見られる。

（15）a.　〔女→召使〕「もし、人来とも、<u>その</u>文取り入るな【もし使いが来ても、｛<u>その</u>／*あの｝手紙を取り次がないように】」

　　　　　　　　　　　　　　　　（平中物語、第 25 段、p. 496）

　　 b.　（娘に子供ができたらという想定のもと）〔俊蔭→娘〕「もし子あらば、<u>その</u>子、十歳のうちに見たまはむに、容貌、心、人に勝れたらば、<u>それ</u>に預けたまへ【もし子供ができたならば、｛<u>その</u>／*あの｝子が十歳になるまで見ていらっしゃって、姿、心が人よりも勝っていたならば、｛<u>その</u>／*あの｝子供に預けてください】」

　　　　　　　　　　　　　　　（うつほ物語、俊蔭、① p. 47）

　　 c.　中将、帯刀を呼びて、「<u>この</u>車の下り所見て告げよ。<u>そこ</u>にゐん。【<u>この</u>車の降りる所を見て知らせよ。｛<u>そこ</u>／*あそこ｝を占領しよう。】」

　　　　　　　　　　　　　　　（落窪物語、第 2、p. 148）

このようなソ系列の用法については、藤本（2013、2017）において、現実世界ではなく、仮定であったり、未来であったりという仮想世界に設定した対象をソ系列では指し示すことができると述べている。

## 5. まとめ

　観念指示を担う指示詞は、上代から中古にかけて変化が見られる。中古に入ると、可視的・不可視的という対立が崩れ、本来、可視的かつ遠方の対象を指し示していたと考えられるカ（ア）系列が、指示対象が直接知覚・感覚できない不可視的かつ遠方の対象をも指示できるようになる。一方、上代では、観念指示の用法ももっていたと見られるソ系列は、中古では文脈照応用法と、不可視的な対象のうちでも、間接的知識によってもたらされた対象を指す働きが主となる。

　本稿で扱った例は、このような変化の中に位置づけることができる。ここまでをまとめると、中古のカ（ア）系列と現代語のア系列には、直示の範囲に違いが見られる。古典語では、対象の導入が談話以前か否か、また相手が新規に導入した要素であるか否かということよりも、その対象が現実世界に存在するということを、その真偽の程は別にして、話し手が認めたかどうかが直接的知識への導入における要因として強く働いていると見ることができる。それに対して、ソ系列には4.4で取り上げたように、仮定の例が見られる。このことから、ソ系列は現実世界における存在や話し手の直接経験とは関係なく、言語的文脈によってのみ形成された対象の指示が可能であると言える。

　これらは、古典語と現代語との語用論的な条件の違いととらえられる。現代語のア系列では不適切と判断される例で、中古のカ（ア）系列が指示できるものを見てみると、何でもって直接的知識に導入するか、という決定要因に、聞き手との関係性が含まれていないことに気づく。現代語の場合は、同一談話内で聞き手によって新規に導入された要素は、聞き手との知識の対立を明示することによって聞き手の情報であることを尊重し、話し手自身が経験したかのような対象の示し方をとらないという聞き手への配慮から、間接的知識として処理されると考えられる。このような聞き手への配慮を言語で表現するようになる変化は、ソ系列の現場指示用法の発生（藤本2008）や、絶対敬語から相対敬語へという〈敬語〉の変化とも合わせて考えていく必要がある。

　今後は、対象に関する知識の把握の仕方が古典語と現代語とでどのように異なるのかについて、ソ系列の用法も含め、直接的経験によって得た知識・

間接的経験によって得た知識という観点からさらなる検討を加えていきたい。

## 付記

　本稿は、日本語学会（2008 年 5 月 18 日、日本大学）での口頭発表および「バリエーションの中での日本語史」（2016 年 4 月 30 日、大阪大学）シンポジウムでの発表に基づく。なお、本研究の一部は JSPS 科研費 JP25370519 の助成を受けたものである。

## 調査資料

万葉集：『萬葉集』1-4、佐竹昭広・山田英雄・工藤力男・大谷雅夫・山崎福之校注、新日本古典文学大系 14、岩波書店、1995–2003

竹取物語・伊勢物語・大和物語・平中物語：『竹取物語 伊勢物語 大和物語 平中物語』片桐洋一・福井貞助・高橋正治・清水好子校注・訳、新編日本古典文学全集 12、小学館、1994

落窪物語：『落窪物語・住吉物語』藤井貞和・稲賀敬二校注、新日本古典文学大系 18、岩波書店、1989

うつほ物語：『うつほ物語』①～③、中野幸一校注・訳、新編日本古典文学全集 14–16、小学館、1999–2002

枕草子：『枕草子』松尾聰・永井和子校注・訳、新編日本古典文学全集 18、小学館、1997

源氏物語：『源氏物語』①～⑥、阿部秋生・秋山虔・今井源衛・鈴木日出男校注・訳、新編日本古典文学全集 20-25、小学館、1994–1998

浜松中納言物語：『浜松中納言物語』、池田利夫校注・訳、新編日本古典文学全集 27、小学館、2001

宇治拾遺物語：『宇治拾遺物語・古本説話集』、三木紀人・中村義雄・浅見和彦・小内一明校注、新日本古典文学大系 42、岩波書店、1990

## 参照文献

岡﨑友子（2006）「感動詞・曖昧指示表現・否定対極表現について―ソ系（ソ・サ系列）指示詞再考―」『日本語の研究』2-2, pp. 77–92.

金水敏（1999）「日本語の指示詞における直示用法と非直示用法の関係について」『自然言語処理』6-4, pp. 67–91.

金水敏・岡﨑友子・曹美庚（2002）「指示詞の歴史的・対照言語学的研究―日本語・韓国語・トルコ語―」生越直樹（編）『シリーズ言語科学 4　対照言語学』pp. 217–247, 東京大学出版会.

金水敏・田窪行則（1990）「談話管理理論からみた日本語の指示詞」日本認知科学会（編）『認知科学の発展』3, pp. 85–116, 講談社［再録：金水敏・田窪行則（編）

（1992）『指示詞』p. 123–149, ひつじ書房].

黒田成幸（1979）「（コ）・ソ・アについて」林栄一教授還暦記念論文集刊行委員会（編）『英語と日本語と―林栄一教授還暦記念論文集―』pp. 41–59［再録：金水敏・田窪行則（編）（1992）『指示詞』p. 91–104, ひつじ書房].

田窪行則（1990）「〈特集・談話研究の新展開〉談話管理の理論―対話における聞き手の知識領域の役割―」『言語』19-4, pp. 52–58, 大修館書店.

堤良一（2002）「文脈指示における指示詞の使い分けについて」『言語研究』122, pp. 45–77.

橋本四郎（1982）「指示語の史的展開」『講座日本語学2　文法史』pp. 217–240, 明治書院［再録：（1986）『橋本四郎論文集　国語学編』pp. 228–250, 角川書店].

藤本真理子（2008）「ソ系列指示詞による聞き手領域の形成」『語文』90, pp. 40–53, 大阪大学国語国文学会.

藤本真理子（2013）「仮想現実の設定とソ系列指示詞―古代日本語を中心に―」『甲南女子大学研究紀要 文学・文化編』49, pp. 1–8.

藤本真理子（2017）「現実世界の対象を表さないソの指示―歴史的変遷をとおして―」加藤重広・滝浦真人（編）『日本語語用論フォーラム』2, pp. 155–178, ひつじ書房.

古田東朔（1957）「代名詞遠称「あ」系語と「か」系語の差異」『文藝と思想』14, pp. 26–35, 福岡女子大学文学部.

# 現代語・中古語の観念用法
# 「アノ」「カノ」

岡﨑友子

## 1. はじめに

　日本語の指示詞の研究史は長く、優れた研究成果が多く見られる。そのなかでも直示用法コ・ソ・アの指示領域、照応・観念用法をもつソ・アの用法の違いについて活発に研究がなされ、もはや議論の余地がないようにも見える[1]。

　しかし、現代語の観念用法ア（カ）系を観察してみると直接的な経験によるものとそうでないものがあり、またそれぞれ用法にも差異が見られる（詳しくは3・4節で述べる）。このことからこれまでの分析は用法の大枠を明らかにしたものであり、詳細な用法は未だ明らかになっていないのではないかと予想される。

---

1　現代語の指示代名詞「コノ・コレ」「ソノ・ソレ」「アノ・アレ」等をそれぞれコ系・ソ系・ア系、古代語（上代・中古）の指示代名詞「コノ・コレ」「ソノ・ソレ」「カノ・カレ」（「アノ・アレ」）等をそれぞれコ系列・ソ系列・カ（ア）系列とよぶ。指示用法は現代語では直示用法はコ・ソ・ア系、観念用法はア系、照応用法はコ・ソ系がもち、古代語（上代・中古）では直示用法はコ・カ（ア）系列、観念用法はカ（ア）・ソ系列、照応用法はコ・ソ系列がもつ（岡﨑2010）。なお、直示・照応・観念用法の定義は以下の通り。

**直示用法**：今、現場で目に見える、直接知覚・感覚できる対象があるもの。

**照応用法**：対話により音声化、または書記化された（主に先行する）言語文脈内に、当該の指示表現と指示対象を共有する先行詞があるもの。

**観念用法**：過去の直接経験に関わる要素で（長期的な）記憶の中に対象があるもの。

そこで本論は、現代語の観念用法ア（カ）系について、「アノ（カノ）＋名詞句（N とする）」に焦点を絞り、その用法の詳細を探っていく。またさらに、現代語の分析結果を通して、中古の「カノ＋N」の観察も試みていく。

## 2. 先行研究
### 2.1 現代語

本論で扱う観念用法の議論にとって、重要なものを中心に先行研究をまとめておく。この議論の先駆けは三上（1970）久野（1973）と考えられるが、三上（1970: 149）は「アレはいつも deictic であって、眼前指示も文脈指示も同じ働きのように思われる。両者に共通な遠方（空間的・時間的）の事物を指す、と言えばすむのではあるまいか」とし、久野（1973: 185）では「ア一系列：その代名詞の実世界における指示対象を、話し手、聞き手ともによく知っている場合のみに用いられる。ソ一系列：話し手自身は指示対象をよく知っているが、聞き手が指示対象をよく知っていないだろうと想定した場合、あるいは、話し手自身が指示対象をよく知らない場合に用いられる」とする。この三上（1970）のアが deictic であるという指摘は重要だが、詳細な用法の言及はなく、また久野（1973）は後続の研究に大きな影響を与えたが、聞き手の知識を含むことに問題があった（金水・田窪 1992）。

そして、この議論は黒田（1979）により次のステップに進む。黒田（1979: 55–56）はソ系とア系は「話し手が、指示詞使用の場面において、対象を概念的対象として指向するか直接的知識として指向するか」であると述べ、(1) について「話し手が「あの火事のことだから」という言外には「神田の火事」という概念だけからでは知り得ない話し手の直接的知識に基づいて、話し手が「人が死んだだろう」という推定を下しているという意が含まれている」とし、概念的対象として指示する「その火事」は用いることができないとする。

(1)　　今日神田で火事があったよ。あの火事のことだから人が何人も死んだと思うよ。　　　　　　　　　　　　　　　　　（黒田 1979: 55）

さらに黒田（1979: 50）は、このア系の指示詞に対応する知識の特徴を「知識の主体はその対象について、原則上は、無限の知識を持っているというこ

とである」とする。この主張は本論でも首肯するところであり、ア系が対応する「直接的知識・体験的知識」（黒田 1979: 50）を、本論では「直接的体験的知識」とよび、議論に用いていく。

　さて、この議論の現在の最終段階は田窪・金水（1996）で提出された談話管理理論であろう。田窪・金水（1996: 66）は言語表現に値を与えるための談話領域を二つ（直接経験領域：D－領域、間接経験領域：I－領域）に分離することを提案した。それぞれの内容は以下となる。

(2)　a.　D－領域（長期記憶とリンクされる）長期記憶内の、すでに検証され、同化された直接経験情報、過去のエピソード情報と対話の現場の情報とリンクされた要素が格納される。直示的指示が可能。

　　　b.　I－領域（一時的作業領域とリンクされる）まだ検証されていない情報（推論、伝聞などで間接的に得られた情報、仮定などで仮想的に設定される情報）とリンクされる。記述などにより間接的に指示される。

ソ系はI－領域、ア系はD－領域を検索領域として指定するものであり、また、ア系は基本的に直示であり、現場、記憶のなかの直接指示できる要素とリンクしているため、談話のなかで呈示された対象の属性以外の属性にアクセス可能であるとする。なお、本論は基本的に田窪・金水（1996）に従うが、長期記憶をさらに「エピソード記憶」と「意味記憶」に分ける点は異なる。

　その他の研究[2]として、金水（1999: 71–72）でも「ア系列の場合は、必ず話し手が直接体験した場面でなければならない」とあり、ア系の指示にとって直接経験が重要な要素であることが指摘されている。

　以上、先行研究の指摘を大まかにまとめると「アの指示対象は話し手聞き手の共通経験であり、両者ともアで指すことができ、また話し手にとって直接的な経験があるもの」といったところであろうか。

---

2　その他、春木（1991）は 1) ア（アノ）は概念指示であり、話し手の記憶・知識のなかから呼び起され活性化された心的イメージを指示するものであること、2) 正保（1981）が指摘する「かの有名な」といった周知を表す意味は意味論的意味が派生したもので、そもそもアは、この「かの有名な」といった意味をもたないとする。この 2) については、澤田・澤田（2013）が「アノ＋N」の「有名用法」を認めており、未だ議論が必要であると思われる。

そこで本論では、（話し手・聞き手の共通の）直接的体験的知識ではない
対象を指示する用法が、ア系には存在することを主張していく。

## 2.2　古代語

　古代語のカ・ア系列の研究は現代語と比べるとあまり多くはなく、また藤
本（2009）等のようなソ系列の直示用法の議論が目立つ。関連するものとし
て古田（1957: 35）があり、カ系列とア系列のそれぞれの用法について「<u>か</u>
系の語は、話し手に関係の深いもの、既知のもの、親近性を有するものをさ
すときに用ゐられ、<u>あ</u>系の語は、話し手と関係ないもの、未知のもの（その
ため不審、詰問となる）、隔たりを有するものをさすときに用ゐられる」と
する。また、金水・岡﨑・曺（2002: 230）では「カ系列にも、中古以降は目
の前にないものを指し示す用法が発達し、後世にまで受け継がれたが、これ
はむしろコ系列と同様の文脈内直示の一種であると考えられる」としてい
る。

　次にカノとNとの関係を扱ったものとして、清田（2008）岡﨑（2014）が
ある。まず、清田（2008）では「ソノ・カノ + N」のNを「実体的・物理的」
な対象（有情者・非情者・場所）と「概念的・抽象的」な対象（事柄・時間）
に分類し、それぞれに偏りがあることを指摘する（「カノ + N」は有情物を
指す例が多く、「ソノ + N」は時間を表す例が多い等）。また、岡﨑（2014）
は 1)「カノ」は「コノ」と同様に実体的な対象（人物、例「人・殿・宮・
君・大臣」等）と結びつきやすい、2)「カノ」は固有名詞と結びつきやすい
等としている。

　以上のように、古代語（中古）に関して、カ系列とア系列またはカ系列と
ソ系列を比較し検討したものが先行研究で見られるが、本論では調査範囲
内（『源氏物語』の会話文、5 節で述べる）で「アノ」は 1 例しか見られない
ため[3]、「アノ」については言及せず、「カノ + N」を中心として、「カノ + N」
と「ソノ + N」を比較しながら考察を加えていく。

---

3　古代語の「カノ・アノ」について、上代では「アノ」は見いだせず、「カノ」の例も非
常に僅かである（「カノ」確例 1 例）。そして、中古（『源氏物語』）では「カノ」が飛躍的に
増加するが、「アノ」の例は未だ少ない（岡﨑 2010 等）。

現代語・中古語の観念用法「アノ」「カノ」 | 123

## 3. 問題の所在

　筆者は現代語のア系を詳細に調査した結果から、観念用法のア系の対象には、話者の直接的体験的知識によるものと、そうではないもの（「例ノ読ミ」とよぶ）があり、用法が違うのではないかという考えに至った。そこでまず、「アノ・ソノ・例ノ[4]」を用いて、「知識の獲得方法・状態」から問題の所在を探る。

　第一に、直接的体験的知識を指示対象とする例をあげる。

　　(3)　話し手・聞き手ともに映画を見ている。

　　　　a.　ねぇ、先週一緒に見た（あの／*その／*例の）映画、最高だったと思わない？

　　　　b.　ああ！（あの／*その／*例の）映画ね。ほんと良かった！

　　　　c.　ねぇ、先週一緒に見た「指示詞の謎」、最高だったと思わない？

　　　　d.　ああ！（あの／*その／*例の）映画ね。ほんと良かった！

(3) に示すように話し手・聞き手とも映画を直接見ている場合（直接的体験的知識を対象とする）、「アノ」が選ばれ、「ソノ・例ノ」は使用不可であろう。ここから金水 (1999: 76) の「直示優先の原則：直示を優先せよ」「直示または直示に近い手段（拡張直示）によって対象を指示できるならば、直示を使うことが優先される」という指摘は、全面的に首肯されるものと本論では考える。

　第二に、直接的な経験はなく、他から言語的な複数回の情報（映像といった視覚による情報も含む）をもとにした対象を指示する例をあげる。

　　(4)　TV・ネット等で映画の情報を得ている。映画は見ていない。

　　　　a.　ねぇ、今週封切の（あの／*その／例の）映画、早く見たくない？

　　　　b.　ああ！（あの／その[5]／例の）映画ね。絶対見たい！

---

4　例えば対象（客）が帰った後「（いつも値切るお客さん）午前中に（あの／*その／例の）客、また来たよ」または本人を直接指し「（あの／*その／例の）客、また来たよ」のように「例ノ」が使用できる。これは本論の、直接的な経験がなく他からの複数回の情報をもととした対象を指示するア（「例ノ読ミ」）とは違い、語彙的に「いつもの」等といった意味で使用される例であり、以下の考察からは除く。

5　(4) の場合、話し手が「あの（映画）」を使用した場合には「アノ」が優先的に選択され、「例の（映画）」の場合に「ソノ」が現われると予想される。この「ソノ」は照応用法。

c. ねぇ、今週封切の「指示詞の謎」、早く見たくない？

d. ああ！（あの／その／例の）映画ね。絶対見たい！

（4）は映画を見ていないが（直接的体験的知識ではない）、TV・ネット等で映画の情報は得ている設定であり、この場合には「アノ・ソノ・例ノ」のすべてが使用できる。本論では、このように直接的体験的知識がなく、他からの複数回の情報をもとにした知識を対象とする指示（第4節で述べる）を、ア系の「例ノ読ミ」とよぶ。

　さらに、対象に対する共感・興味の度合い（共感・興味有り／無しを、共感［＋］／共感［－］とする）により、違いがあるのかについても考えてみる。上記の（3）（4）は映画に対し、（3bd）「ほんと良かった」（4bd）「絶対見たい」から、聞き手の共感［＋］であるが、以下の（5）は（5bd）「う～ん」「イマイチ」から共感［－］を表す。

（5）　（ab）は直接映画を見ている、（cd）は映画を見ていない。

a. ねぇ、先週一緒に見た「指示詞の謎」、最高だったと思わない？

b. <u>う～ん</u>（あの／その／*例の）映画ねぇ。<u>イマイチ</u>だったかな。

c. ねぇ、今週封切の「指示詞の謎」、早く見たくない？

d. <u>う～ん</u>（あの／その／例の）映画ねぇ。<u>イマイチ</u>かなぁ。

まず、直接的体験的知識がある（3d）と（5b）を比べると、共感［＋］の（3d）では「アノ」が優先的に用いられるが、共感［－］の（5b）では直接的体験的知識があるにも関わらず「ソノ」の許容度が上がる。次に直接的体験的知識がない場合、共感［＋］（4d）よりも、共感［－］（5d）の「ソノ」の方が許容度が高いと筆者には感じられる。このように対象に対する共感・興味の度合いの違いから「アノ」「ソノ」に使用差がでると予想する。さらに本論では、何故このような差が生まれるのかも、次節で考察を試みる。

　ところで、観念用法のアは直示用法のアと無関係ではない。直示用法を本論で議論する紙幅はないが、アの直示用法を確認しておくと、現代語のアの直示用法は話し手から可視で遠方の対象を指示する。なお、聞き手がいる場合、聞き手は話し手と同じ視点から対象の同定をおこなう。つまり、話し手・聞き手は「融合的な視点」をとる。この「融合的な視点」も、本論で扱う観念用法のア系の性質に関わっていると予想する。

　以上から次節で、現代語の観念用法「アノ」「カノ」について、指示対象

の「知識の獲得方法・状態」から分類・規定することを試みる。そして、「文のタイプ」「Nの種類（普通名詞・固有名詞）」の違いにより見られる「アノ」の使用差が、その分類・規定から説明がつくことを示す。

さらに、本質的には直接的体験的知識を対象とするア系が、何故、そのような知識ではない対象（「例ノ読ミ」）を指示することができるのかについて、「融合的な視点」への指向、「共感・興味の度合い」という視点から説明を加えていく。

## 4. 現代語の「アノ・カノ＋N」の用法

これまでの研究では、直接的体験的知識でなくとも共通知識（例「この前、田中という人の話が出たでしょう。英語のうまいという。{あの人／彼}に会えますか。」（田窪 1989: 224））や、辞書的な人物（例「現代社会でも、あの織田信長なら首相になれただろう」）に対するア系の指示があることは周知であったと思われる。しかし、直接的体験的知識を対象とする場合のア系との関係は曖昧であった。そこで、「アノ」「カノ」の指示対象について、「知識の獲得方法・状態」から検討する。

本論では、先行研究において「長期記憶」と言われてきたもの（田窪・金水 1996 等）を、【A】「エピソード記憶」と【B】「意味記憶」[6] に分ける。さらに【A】を（A-1）個別の直接的な経験による知識と、（A-2）言語的な情報による知識に分ける。先の（3）は（A-1）が、（4）「例ノ読ミ」は（A-2）が指示対象となったものである。次に【B】は個別の経験ではなく、繰り返しの体験によるものや、学習による知識（記憶）である。まとめると以下となる。

(6) 　現代語の観念用法「アノ」「カノ」の指示対象：「アノ」は【A】【B】、「カノ」は【B】を指示対象とする[7]。

　　【A】エピソード記憶：時間・空間的に定位され自己に関わる知識。

　　　　【A】はその獲得方法・状態の違いから（A-1）（A-2）に分類される。

---

6　これは記憶内容による分類として用いられる用語であり、一般的に記憶内容は「陳述記憶」「非陳述記憶」の２つに分類され、さらに「陳述記憶」を分類したものが「エピソード記憶」「意味記憶」である（小松 1998、藤井 2010）。

7　【A】は「〜を覚えている」、【B】は「〜を知っている」知識である。

（A-1）[8] 直接的体験的知識：個別の直接的な経験（特定の時間・空間・自己に結びつく体験）による知識。概念化されておらず、多様な属性が引き出せる。

（A-2）言語的な情報による知識：他からの情報の積み重ねによる知識（「言語的な情報の集合体」）。言語的で複数回にわたる情報による知識であり、内容は得た情報のみであり限りがある。

【B】意味記憶：概念的に体系化されており時間・空間的に定位されない知識。一般常識や歴史上の人物・事実等の知識であり、繰り返しの体験や学習により獲得される。

（A-2）の「言語的で複数回にわたる情報」について説明しておく。例えば会話の場合「ある内容について参加者（話し手・聞き手）が話し始め、参加者がその場を離れる等により会話が終了」をひとかたまり（セッションとよぶ）で 1 とし、また、その他の媒体では「TV である情報番組を見る」を 1 として数える。そして（A-2）は、同じ話題・内容（例えば「田中さん」「ある個別の映画」）のセッションを複数回おこなう、または情報を複数回、見る・聞くことにより得た知識である。この「複数回」の回数については、個人差があると思われるが、（7）（8）に示すように当該の内容のセッション・情報を 2〜3 回以上おこなう・得る必要があり、さらにその回数により「アノ」と「例ノ」の使用に差があることが予想される。例えば、（7）のように昨晩 1 回きりでは「アノ」は使用しにくい。そして複数回のセッションを経ると「アノ」「例ノ」の許容度が（8）のように高くなる。なお、（8bc）を見ると「アノ」よりも「例ノ」の方が、より回数が必要であると感じられる[9]。

---

8　（A-1）は何度か繰り返されることにより【B】となる場合がある。例えば「田中さん」が新学期第 1 回目の演習に 30 分も遅刻するところを見る（A-1）「（30 分も遅刻し、先生に怒られた）アノ田中さん」、その後、田中さんが何度も遅刻するところを見て、【B】「（遅刻魔の）アノ田中さん」となる。

9　さらに様々な要因から許容度に違いが出ることが予想される。例えば、対象の所有に関する差があり、相手の領域を脅かす場合はアが使用しにくい。（1）は A 子の領域を脅かし、（2）は第三者の領域であるため、問題なく使用できる。

（1）（A 子は B 子に自分が論文を書いていると 1 カ月前から数回話している）
　　A 子：論文の話なんだけど…
　　B 子：あぁ、(?? あの／その／例の) 論文は、早く書いたほうが良いよ！

現代語・中古語の観念用法「アノ」「カノ」 | 127

(7)　昨晩、田中から、佐藤は初めて田中の彼女（恋人を指す。以下同じ）
　　　との話を聞かされる。次の朝に田中は佐藤に電話をかける。

　　　田中：もしもし、俺の彼女なんだけどさぁ…

　　　佐藤：あぁ（? あの／その／*例の）彼女は早く忘れた方が良いよ。

(8)　何日間か田中から（会ったことはない）彼女の話を聞かされ続ける。

　　a.　田中：俺の彼女なんだけどさぁ…

　　b.　佐藤：あぁ（<u>あの／その／</u>?? 例の）彼女は早く忘れた方が良い
　　　　　よ。（話は 3 日前から）

　　c.　佐藤：あぁ（<u>あの／その／例の</u>）彼女は早く忘れた方が良いよ。
　　　　　（話は 1 週間前から）

ところで (7)「アノ」は不可ではなく、また (7) と同設定で今度は聞き手
であった佐藤から田中に電話をかけ、彼女の話を切り出す場合、「アノ」の
使用は問題がない。

(9)　昨晩、田中から（佐藤が直接会ったことがない）彼女との話を、佐
　　　藤が聞かされる。次の朝に佐藤から田中に電話をかける。

　　　田中：はい、もしもし…

　　　佐藤：一晩考えたんだけど、<u>あの</u>彼女は、やっぱ別れて正解だよ。

(9)「アノ」が自然なのは、「（情報を聞いた）彼女」を指示しているので
はなく、昨晩、佐藤が直接的に経験した「昨晩の話（の彼女）」を指示して
いるからではないだろうか。なお、時間経過のなかで、(A-1)「昨晩の話
（の彼女）」を指示していたものが、数日間、彼女との様々なエピソードを何
度か聞くことにより、(A-2)「（色々な情報が積み重なった）彼女」となる。
その証拠に 1 週間、毎日聞き続けた後、佐藤が「アノ話の彼女」と言うと、
田中は指示対象を同定できない。

(10)　1 週間毎日、彼女の話を聞く。

　　　佐藤：<u>あの</u>話の彼女なんだけどね。　　　田中：どれ ??

次に (A-1) と (A-2) を「文のタイプ」から観察する。まず、(3)(4) は両
者とも「アノ」が使用可であったが、推論・帰結の文（「〜ナラ、…」）の場

───────────────────────────

(2)（A 子は B 子に C 子の論文について 1 カ月前から数回話している）

　　A 子：C 子の論文の話なんだけど…

　　B 子：あぁ、（あの／その／例の）論文は、書けないみたいだね〜

合、（A-1）では可であるが、（A-2）では不可となる。用例（11）（12）を見られたい。（11）は直接的体験的知識があるため様々な映画の属性を引き出し推論・判断を下すことができるが（黒田 1979）、（12）は言語的な情報から得た、限られた知識のみであるため推論・判断を下せない。

(11) 映画を見ている

    a. ねぇ、「指示詞の謎」、作品賞ノミネートされているんだって！

    b. （あの／*その／*例の）映画なら、作品賞とれるだろうね！

(12) 映画の情報のみ

    a. ねぇ、「指示詞の謎」、作品賞ノミネートされているんだって！

    b. （*あの／*その／*例の）映画なら、作品賞とれるだろうね。

以上から、（A-2）の「アノ」は、このタイプの文では用いることができないと考えられる（当然、「例ノ」もこのタイプの文では不可となる）。

さらに、（13）に示すように「○○に会いたい」のような文でも不可となる。これについては、（A-2）「彼女」（田中の恋人）は佐藤にとってあくまでも「言語的な情報の集合体」であり、実体（個体）の対象としては捉えられない。そこで、その本人を直接指差すような「アノ彼女に会いたい」は不可になるのではないだろうか。

(13) 田中：この前から話している彼女なんだけど…

     佐藤：俺、一度、（*あの／その／*例の）彼女に会いたい。

記憶のなかでも実体（個体）の対象として、「彼女」を指示できるのは、直接的に「彼女」に会う経験が必要と考えられる。つまり（A-1）直接的体験的知識がある、過去に会った「彼女」にリンクできる場合である。

以上、「アノ」には、直接的体験的知識があるもの（A-1）とないもの（A-2）があり、それぞれ用法に差異があることが明らかとなったのではないだろうか。

次に、ここまではＮが普通名詞であったが、固有名詞の場合も観察してみる。（14）は映画を見ていない設定で、（14b）は俳優が新人のため属性情報がないもの、（14c）は俳優に対し平素からの知識があるものとする。

(14) a. ねぇ、今話題の「指示詞の謎」の鈴木亮平、主演男優賞にノミネートされているんだって！

    b. （鈴木亮平は新人俳優）（*あの／*その／*例の）鈴木亮平なら主

演男優賞とれるよね。

c.　（鈴木亮平は普段から演技が良いと定評）（あの／\*その／\*例の）鈴木亮平なら主演男優賞とれるよね。

　評価される映画に関して直接的体験的知識がないという同条件下で、(12b)は不可であるのに、何故、(14c)「アノ」が可となるかについて、次のような固有名詞の特性が関係すると思われる。金水 (1999: 74) は「固有名詞のような固定指示的な表現の指示対象は、言語的文脈や話し手の知識以外の状況で、同一の対象が言語的文脈や話し手の知識にない属性を持ちうるのである」とし、(15)は未知の将来の時点における属性「時間どおりにやってくる」を「田中さん」の属性と認めうるが故に、この表現は適格であるとする。

(15)　田中さんのことだから、きっと時間どおりにやってくるよ。

(金水 1999: 74)

　そして、(14c)「鈴木亮平」は以前に TV・映画等で演技を見た経験があり、また評判も得ている人物であり、既に概念的に体系化されている、時間・空間的に定位されない【B】となっているため、当該の映画（「指示詞の謎」）を見ていなくとも、その映画での演技が賞に値するであろうと判断されているのである[10]。

　ところで、上記は現在も生存する、実在の人物を示す固有名詞であったが、歴史上の人物に関する固有名詞も (14c) と同じく【B】であり「アノ」は使用可である。さらに (A-1) と同じく実体（個体）としても指示できる。

(16) a.　ねぇ、信長が今生きてたら、首相になれるかな？

b.　（あの／\*その／\*例の）信長なら、なれるよ。

(17)　一度で良いから、あの織田信長に会いたい。

以上を一度まとめておく。

(18)　現代語の観念用法の「アノ」は【A】「エピソード記憶」の (A-1)

---

10　新人俳優（鈴木亮平）の映画を見て、「あの鈴木亮平なら主演男優賞とれるよね」は当然可であり、この「アノ」は (A-1) である。このように固有名詞も【A】の場合がある。なお、筆者の語感では N が固有名詞の場合には「アノ」は必須ではなく、また【B】より【A】の方が「アノ」の座りが良い。特に【B】の場合には（有っても良いが）「アノ」は必要ないと感じられる。

「直接的体験的知識」・（A-2）「言語的な情報」および【B】「意味記憶」を指示対象とする。ただし（A-2）は使用に制限があり、推論・帰結の文「アノＮなら、〜」、また「アノＮに会いたい」といった実体を指向する場合には使用不可となる。

　ここで、重要なことを確認しておく。本論でも先行研究と同様に「アノ」（ア系）の本質的な用法は、現場では空間的遠方、記憶内では直接的体験的知識がある（過去の、つまり時間的遠方の）対象を指示するものと考えている。それでは何故、（A-2）・【B】を「アノ」は指示できるのであろうか。

　これについては、次のように考える。ア系はそもそも直接的体験的知識のある対象を指示するものであり、その知識からは多様な属性が引き出せる。それはまた、その対象について話者は「よく知っている」ということも表す。この「よく知っている」は語用論的な意味であり、これを利用したのが、（A-2）・【B】を対象とし指示する用法であり、ア系の拡張用法である。

　また、これらのアは、現代語では共感を表すために選択されるとも考える。まず前提として、現代語の直示のアは「相手と話手とは「我々」としてぐるに」（三上 1970: 146）なった「融合的な視点」をとる。そして、本来であれば直接的体験的知識がなく指示できない（A-2）・【B】内の対象を、ア系で指示しようとする理由は、話し手と聞き手が同じ「我々」という場を作りだし「融合的な視点」をとること、つまり同じ土台の上で語り合うことを指向するためであろう。これはまた、先に示した「共感・興味の度合い」を表すことに繋がっている。（19）がその例であり、（19c）より（19b）の方が「アノ」が選ばれやすいと感じられるのは、（3）〜（5）でも示した通りである。

（19）a.　ねぇ、今週封切の「指示詞の謎」、早く見たくない？

　　　b.　ああ！（あの／その）映画ね。絶対見たい！

　　　c.　う〜ん（あの／その）映画ねぇ。イマイチかなぁ。

　それに対し（20b）に示すように、直接的体験的知識があり直示のアが優先されるところを、聞き手が意図的にソを使用することにより、共感していないことも表せる。これは話者がわざと「ア：融合的な視点」をとらず、「ソ：対立的な視点」をとることにより、共感［−］を表すものである。

（20）a.　ねぇ、先週一緒に見たあの映画、最高だったと思わない？

　　　b.　う〜ん（あの／その／*例の）映画ねぇ。イマイチだったかな。

現代語・中古語の観念用法「アノ」「カノ」 | 131

　ところで、ここまでは話し手・聞き手ともに【A】【B】の知識をもつ場合の分析であったが、話し手が聞き手には【A】【B】の知識がないと判断している場合でも、アは使用できる。これは「聞き手への負荷を無視してよい文脈ではアは用いられる」（金水 1999: 74）とされているものであり、この場合、叱責・勧め・思い出語り等の含みを帯びる。

（21）　君は大阪に行ったら山田先生と会うといい。きっと、<u>あの</u>独特な魅
　　　　力に見せられると思うよ。　　　　　　　　　　　（金水 1999: 74）

この聞き手への負荷を無視すること（聞き手に対する非配慮）と、先の「融合・対立的な視点」をとるかどうかは、話し手が語用論的に選択するものである。なお、次節で述べるが、中古の指示の場に「聞き手」という要素はなく、「カノ」は話し手の視点のみで指示していたものと考えられる。

　最後に 5 節で古代語の「カノ」を扱うため、現代語の「カノ」について述べておく。「カノ」は現代語では既に衰退しており、話し言葉ではほとんど用いられない。また、用法も狭く（直示用法も既になく）、観念用法で対象が【B】の場合のみ使用可と考えられる。

（22）a.　ねぇ、先週一緒に見た「指示詞の謎」、最高だったと思わない？
　　　 b.　ああ！（<u>あの</u>／<sup>*</sup><u>かの</u>）映画ね。鈴木亮平が良かった〜！

なお、（23）は直接的に見た絵画を指示しているように見えるが、【A】ではなく【B】の学習により獲得された知識の絵画を指すと考えられる。

（23）　先週、西洋美術館で、19 世紀の巨匠による<u>かの</u>絵画を鑑賞した。


## 5.　中古語の「カノ＋N」の用法

　中古語の調査[11]・考察対象は、『源氏物語』の会話文の例のみとした。これについては、中古資料の言語量の圧倒的多数は『源氏物語』であり、また本文「地の文・歌・詞章」、ジャンル「日記・随筆・歌物語」は語り方・視点

---

11　国立国語研究所『日本語歴史コーパス』「中納言」において、検索対象を『源氏物語』本文種別・会話文とし、条件を①「キーの条件を指定しない」、②前方共起表現（キーから 2 語）として語彙素「彼」＋語彙素読み「カ」、③前方共起表現（キーから 1 語）／語彙素「の」・品詞「助詞」で検索し、用例抽出をおこなった。なお、『源氏物語』会話文の「カノ」＋N は 244 例、全体では「カノ」＋N は 743 例見られる。

の点で、分析に用いるには問題があると考えたためである。さらに、調査範囲内で「アノ」は(24)1例のみであるため「アノ」は言及せず、「カノ＋N」を中心とする。なお、比較対象として、中古で観念用法をもつ「ソノ＋N」も扱う。

(24) 下の人々の忍びて申ししは、女をなむ隠し据ゑさせたまへる、けしうはあらず思す人なるべし、あのわたりに領じたまふ所どころの人、みな仰せにて参り仕うまつる（浮舟、114）（（下人の内密に申すには）あの辺にご領有のあちこちの荘園の人が）

中古語「カノ」は現代語「アノ」と同じく直示用法をもち、空間的に遠方の対象を指す。そして、直示以外の用法は、時間的に遠方の対象を指すといった直示の拡張であったと予測され、その指示対象は人物等の実体的なものが多いという特徴を見せる（岡﨑2010、2014）。

　ところで、中古の分析でも観念用法という用語を用いるが古代語では内省が効かないため、現代語のような「知識の獲得方法・状態」の規定はできない。そこで、古代語では、あくまでも「指示対象が眼前になく、また言語的な先行詞も存在しない指示」という意味で使用する。なお、中古ではソにも「指示対象が眼前になく、また言語的な先行詞も存在しない指示」がある。つまり、中古ではカもソも、（用法の違いがあるが）観念用法をもっていたと考えられる。これについては後で述べる。

　さて、ここで中古のカ系列の観念用法について、中古の直示用法全体との関係から考えておく。これに関して重要な点はソ系列の直示用法（聞き手領域・中距離指示）の未発達である。この時期、ソ系列の直示用法は未だ確立しておらず、この領域もカ系列が指示していた（岡﨑2010等）。このことは、中古では指示の場の「聞き手」という要素が未発達であったこと、それはまた、現代語のア系で見られた、「融合的な視点」「聞き手に対する配慮」も関係なかったことを予測させる。このように考える傍証として、現代語から見るとまったく聞き手への負荷を無視したような「カノ」の使用が、中古では多く見られる。例えば(25)の「カノ国」は、話し手（良清）は訪れたことがある国であり、直接的体験的知識がある。しかし、聞き手（源氏）は訪れたことがない。この例の場合、聞き手は話し手より身分がかなり上であり、話し手にとって、配慮が必要な相手と考えられる。現代語なら「ソノ」

現代語・中古語の観念用法「アノ」「カノ」 | 133

が選択されるところであろう。

(25) 近き所には、播磨の明石の浦こそなほことにはべれ。(中略) <u>か</u>の国の前の守、(中略) <u>かの</u>国の人にもすこし侮られて (中略) げに、<u>かの</u>国の内に、さも人の籠りゐぬべき所どころはありながら (中略)「さて、そのむすめは」と問ひたまふ。(若紫、202–203)(「(良清) 都に近い所では、播磨の明石の浦、これが格別です。(中略) <u>その</u>国の前の国司で、(中略) <u>その</u>国の人からも少々相手にされず (中略) <u>その</u>国の中にも (中略)」「(源氏) ところで、その娘というのは」とお尋ねになる)

その他、現代語から見れば、自らの経験を思い出語りしているような例も多い。

(26)「<u>か</u>の親なりし人は、心なむありがたきまでよかりし。御心もうしろやすく思ひきこゆれば」(玉鬘、126)((花散里に対する源氏の発話) <u>あの</u>親だった人 (夕顔) はめったにないくらい気立てが素直だった)

このように、中古語「カノ」は「融合的な視点」「聞き手に対する配慮」には関わっておらず、話し手の視点のみで指示をおこなうことができたものと考えられる。

ところで先に、中古にはカ系列とソ系列に観念用法がある [12] ことを述べた。中古のソは、直示用法がなく照応・観念用法をもち、観念用法は「今、目に見えないもの・直接知覚できないもの」の指示であったと指摘されている (岡崎 2010)。これは、ソの観念用法は、カのような直示の拡張ではなく、照応用法と同じく言語的なものに依存した指示であったことを予想させる。

このことから考えると、中古において話し手は「指示対象が眼前になく、また言語的な先行詞も存在しないもの」を指示する際、ソとカを語用論的に選択でき、まずカを選択した場合「話し手の視点」(直示の拡張用法) を用いるため、話し手が語る、または語ろうとする、まるで話し手が前面にでるような効果を (ソよりも) 表せたのではないだろうか。例 (27)(28)(29) を見

---

12 観念用法について、カ系列は上代ではほぼ見られず中古で発達し、ソ系列は上代から見られ中古では衰退しつつあった (岡崎 2010)。

ていただきたい。(27)の話し手（源氏）は、言語的に導入した「ソノ恨み」（照応用法）を、すぐ後で「カノ」で指示する。これは、話し手にとって現在も心中にある「恨み」を、話し手の視点から指示しているように見える。それに対し(28)(29)は、直接的体験的知識がある人物を話し手は「ソノ」で指示している。(28)「ソノ伊予の翁」は身分が低く話し手（源氏）とは関係が薄い、また(29)「ソノ人」は須磨に流された恋敵である「ソノ人（源氏）」を単に「いない者」として、帝（朱雀帝）が述べるといった効果を、ソの単に「今、目に見えないもの・直接知覚できないもの」として指示することにより、表したのではないだろうか（話し手は(28)が源氏、(29)が朱雀帝である。両例とも先行詞は確認できず、照応用法ではない）。

(27)　さるまじき名をも流し憂きものに思ひおかれはべりにしをなん、世にいとほしく思ひたまふる。この世にてその恨みの心とけず過ぎはべりにしを、いまはとなりての際に、この斎宮の御事をなむものせられしかば、（中略）いかで亡き蔭にてもかの恨み忘るばかりと思ひたまふるを、（澪標、320）（とんでもない浮名をも流して、つれない男と思われたままになりましたのを、大層気の毒に存じております。この世では、その恨みの心が晴れずじまいになってしまいましたが、（中略）どうにかして草葉の蔭からでも、あの恨みを忘れてもらえるような事をと思うのでございますが）

(28)　「いづら」とのたまふに、しかじかと申すに、「言ふかひなのことや。あさまし」とて、またも賜へり。「あこは知らじな。その伊予の翁よりは先に見し人ぞ。」（帚木、108）（「どうだったか」とおっしゃるので、しかじかと申し上げると、（中略）「そなたは知るまいな。（私は）あの伊予の年寄りよりも先に会っている人だよ」）

(29)　よろづに恨みかつはあはれに契らせたまふ、御さま容貌もいとなまめかしうきよらなれど、思ひ出づることのみ多かる心の中ぞかたじけなき。御遊びのついでに、「その人のなきこそいとさうざうしけれ。いかにましてさ思ふ人多からむ。」（須磨、197）（（朱雀帝は朧月夜に）行く末をお約束になる。御様子や容貌はまことに優雅でお美しいけれど、（源氏を）思いだすことの多い女君の心中は畏れ多い。帝は「あの人（源氏）のいないのが実に物足りないね」）

現代語・中古語の観念用法「アノ」「カノ」 | 135

なお、カ系列の観念用法は時間的に遠方の対象を指示すると述べたが、その時間的な間隔は遠い過去のもの (30) から、時間の間隔が短いもの (31) まで含まれる。ただし、時間の間隔が近いもの (31) に関しては、現代語の「アノ」と同じく、会話は一度中断される必要がある。

(30) あはれに、はかなかりける契りとなむ、年ごろ思ひわたる。かくて集へたる方々の中に、かのをりの心ざしばかり思ひとどむる人なかりしを (玉鬘、122) (しみじみ (死んだ夕顔とは) はかない縁だったと、長年私は思いつづけてきた。こうしてこの邸に集まっている女性の中に、あの時の (夕顔への) 気持ちほどに執着したことはないのを)

(31) 「(右近) 山踏しはべりて、あはれなる人をなむ見たまへつけたりし」、「(源氏) なに人ぞ」と問ひたまふ。(中略) 人々参れば聞こえさしつ。(中略)「(源氏) かの尋ね出でたりけむや、何ざまの人ぞ」(玉鬘、119–120) (「(右近) 懐かしい人をお見つけ申し上げました」「(源氏) 誰」(人々が参上したので、言上を差し控えた。その後)「(源氏) さっきの探し出したとかいうのは、どういう人か？」)

次に、現代語の (A-2) のような用法が、中古の「カノ」にも存在したのかという問題については、以下のように、その例が見出せる。

(32) 「ただ行く方なき空の月日の光ばかりを古里の友とながめはべるに、うれしき釣舟をなむ。かの浦に静やかに隠ろふべき隈はべりなんや」とのたまふ。(明石、233) (あの浦にひっそりと身を隠していられる所はありましょうか。)

(33) 「容貌などは、かの昔の夕顔と劣らじや」などのたまへば (中略)「したり顔にこそ思ふべけれ。我に似たらばしも、うしろやすしかし」と、親めきてのたまふ。かく聞きそめて後は、召し放ちつつ、「さらば、かの人、このわたりに渡いたてまつらん。」(玉鬘、121)(「(玉鬘の) 容貌は、あの昔の夕顔と比べ劣らないか」(中略)「得意顔になっているようだね。私に似ているなら心配ないのだが」と親のような口ぶりで仰る。このように聞きこまれてからは、(右近を) 何度もお呼びになり「それなら、あの人をこの邸にお迎え申すことにしよう」)

（32）の話し手（源氏）は、他の人に聞いた情報のみで訪れたことのない場所（浦）を、（33）話し手（源氏）は直接的に会ったことがなく、聞き手（右近）から何度も情報を得た人物（玉鬘）を、それぞれ「カノ」で指示している。

　最後に、【B】にあたる対象を指示するものが、この中古で見られるのかについては、これも以下のように例が見られる。

（34）　「（大后）世の中を譏りもどきて、<u>かの</u>鹿を馬と言ひけむ人のひがめるやうに追従する」など（須磨、206）（世間の悪口を言い、それをまた<u>あの</u>鹿を馬と言ったとかいう人（『史記』の秦の趙高）がよこしまなのと同様に迎合するとは）


## 6.　まとめ

　以上の現代語「アノ」・中古語「カノ」の観念用法をまとめる。

（35）　現代語の観念用法の「アノ」は【A】「エピソード記憶」の（A-1）「直接的体験的知識」・（A-2）「言語的な情報」および【B】「意味記憶」を指示対象とする。ただし（A-2）は使用に制限があり、推論・帰結の文「アノNなら、〜」、また「アノNに会いたい」といった実体を指向する場合には使用不可となる。話し手と聞き手は「融合的な視点」をとる。

（36）　中古語について、「ソノ」は今、目に見えないもの・直接知覚できない対象を指示する。「カノ」は直接的体験的知識のあるもの、言語的で複数回の情報により知識のあるもの、一般常識や歴史上の人物・事実等を、「話し手の視点」から指示する。

　中古の観念用法は「ソノ」から「カノ」への変化であり、これは上代から中古への「観念用法における、話し手の視点からの直示への移行」と考えられる。そして中古語の「カノ」にも、現代語の「アノ」の（A-2）【B】の指示のような直接的体験的知識がない対象に対する指示が認められることから、語用論的な意味である「よく知っている」を表すため、直示の拡張用法が広がっていたことも予想される。

　最後に、上代から現代まで、変わらず見られる指示代名詞コ・ソ系列に対し、カ系列が中世以降ア系列に勢力を奪われ衰退した理由について、本論

で明らかにした、中古語の「カノ」が「融合的な視点」（「聞き手に対する配慮」）に関わらなかったことが関係しているのではないかと予測する。これはまた、中世以降の指示の場の「聞き手」の成立（直示用法のソ系列）とも、あわせ考察するべきであろう。以上については、「アノ」等が増加する中世以降の詳細な分析が必要であり、紙幅の関係から別稿に譲ることにしたい。

## 付記

　本論は日本学術振興会科学研究費補助金による基盤研究（C）「統計と現代・古代日本語文法研究」（代表：岡﨑友子）および科学研究費補助金（基盤研究C）「日本語指示詞の現場指示用法における社会的・地域的変異の研究」（代表：堤良一）の研究成果の一部である。コーパスに関しては、国立国語研究所（2017）『日本語歴史コーパス』https://chunagon.ninjal.ac.jp/（2017年3月22日確認）を使用した。

## 引用文献

小学館・新編日本古典文学全集『源氏物語』阿部秋生・秋山虔・今井源衛・鈴木日出男（校注・訳者）、用例には巻名と頁数を記した。

## 参照文献

岡﨑友子（2010）『日本語指示詞の歴史的研究』ひつじ書房.
岡﨑友子（2014）「指示詞再考―コロケーション強度からみる中古のコノ・ソノ・カノ＋名詞句―」『日本語学』11月臨時増刊号 33-14, pp. 138–150, 明治書院.
清田朗裕（2008）「『源氏物語』の地の文にみえるカ系指示詞について―カノN・ソノNの対照から―」『国語国文研究と教育』46, pp.13–27.
金水敏（1999）「日本語の指示詞における直示用法と非直示用法の関係について」『自然言語処理』6-4, pp.67–91.
金水敏・岡﨑友子・曺美庚（2002）「指示詞の歴史的・対照言語学的研究―日本語・韓国語・トルコ語―」生越直樹（編）『シリーズ言語科学4　対照言語学』pp. 217–247, 東京大学出版会.
金水敏・田窪行則（1992）「日本語指示詞研究史から／へ」金水敏・田窪行則（編）『日本語研究資料集　指示詞』pp.151–192, ひつじ書房.
田窪行則（1989）「名詞句のモダリティ」仁田義雄・益岡隆志（編）『日本語のモダリティ』pp. 211–233, くろしお出版.
田窪行則・金水敏（1996）「複数の心的領域による談話管理」『認知科学』3-3, pp. 59–74.
久野暲（1973）「コ・ソ・ア」『日本文法研究』pp. 185–190, 大修館書店.

黒田成幸 (1979)「(コ)・ソ・アについて」林栄一教授還暦記念論文集刊行委員会 (編)
　　『林栄一教授還暦記念論文集　英語と日本語と』pp. 41–59, くろしお出版.
小松伸一 (1998)「エピソード記憶と意味記憶」『失語症研究』18-3, pp. 2(182)–8
　　(188).
澤田淳・澤田治 (2013)「日本語モーダル指示詞における意味の多次元正―意味論と
　　語用論のインターフェイス―」『KLS』32, pp. 73–84.
正保勇 (1981)「『コソア』の体系」『日本語の指示詞』pp. 51–122, 国立国語研究所.
春木仁孝 (1991)「指示対象の性格からみた日本語の指示詞」『言語文化研究』17,
　　pp.93–113, 大阪大学言語文化部.
藤本真理子 (2009)「「古代語のカ (ア) 系列指示詞」再考」『日本語文法』9-2, pp.
　　122–138.
藤井俊勝 (2010)「記憶とその障害」『高次脳機能研究』30-1, pp. 19–24.
古田東朔 (1957)「代名詞遠称「あ」系語と「か」系語の差異」『文藝と思想』14, pp.
　　26–35, 福岡女子大学文学部.
三上章 (1970)「コソアド抄」『文法小論集』pp. 145–154, くろしお出版.

# 直接経験が必要ない
# 記憶指示のアノ

堤　良一

## 1.　はじめに

　本稿では、現代日本語の指示詞のなかで、特に記憶指示のアノと呼ばれる
用法について検討する[1]。記憶指示のアノとは、以下の例に現れる、話者の記
憶内の要素を指すようなアノである。

（1）a:　昨日山田さんに初めて会いました。あの人随分変わった人です
　　　　ね。

　　　b:　ええ。あの人は変人ですよ。　　　　（久野 1973: 186、下線は筆者）
先行研究ではアノは、話者の直接的な経験が必要不可欠であるとされてきた
が、本稿の調査により直接経験をしていなくてもアノが使用できる話者が存
在すること、そしてそのような場合には定延（2014、2016）の「きもち」が
アノの使用を認可することを主張する。これにより指示詞研究の新たな展開
の一側面を示すことを目的とする。

　指示詞の研究史の大きな流れは、久野（1973）がア系指示詞を「話し手聞
き手ともによく知っている」、ソ系指示詞を「話し手聞き手のどちらかが知
らない」ときに使用するとした「共有知識仮説」を提唱し、それに対して
黒田（1979）、堀口（1978、1990）、金水・田窪（1990、1992）、田窪・金水

---

1　本稿では特にアノ（およびその方言における形式）について考察する。そのため以下で
は「記憶指示のア系指示詞」を単にアノと表記する。なお、本稿の議論は記憶指示のア系
指示詞全般に拡張できると考えるが、詳細な考察は別稿に譲る。

[139]

（1996）らが、指示詞の意味論から聞き手の知識の想定を外したというように
にまとめられる。黒田（1979）は（2）によって、聞き手が知らない想定でア
ノのみが使用できる点、「Nのことだから」の使用条件として話者がNのこ
とを経験して知っている必要がある点を指摘し、したがってアノの使用には
直接経験が必要なことを明らかにした（Nは名詞句）。

(2) 今日神田で火事があったよ。<u>あの火事のことだから</u>人が何人も死ん
だと思うよ。　　　　　　　　　　　　　　　　（黒田（1979: 55））

(3) 以上の例から推察されることは、…（中略）…指示詞ソ・アの選択
に真に本質的な要因は、話し手及び聞き手が対象を「よく知ってい
るかいないか」ということではなく、話し手が、指示詞使用の場面
において、対象を概念的知識の対象として指向するか<u>直接的知識の</u>
<u>対象として</u>指向するか、ということにあるのである。

（黒田（1979: 56）、下線は筆者）

黒田の（3）ではア系は「直接的知識」、ソ系は「概念的知識」を指すとされ
ている。

さらに金水・田窪（1990、1992）、田窪・金水（1996）、金水（1999）は「談
話管理理論」を提唱する。心内に複数の心的領域を設定し、指示詞はその領
域内の要素を探索する指令として機能するとする。ア系（コ系）は直接経験
領域（D‐領域）を、ソ系は間接経験領域（I‐領域）を探索する。

(4) 直接経験領域（D‐領域）
長期記憶内の、すでに検証され、同化された<u>直接経験情報</u>、過去の
エピソード情報と対話の現場の情報とリンクされた要素が格納され
る。直接的指示が可能。
間接経験領域（I‐領域）
まだ検証されていない情報（推論、伝聞などで間接的に得られた情
報、仮定などで仮想的に設定される情報）とリンクされる。記述な
どにより間接的に指示される。

（田窪・金水（1996: 66）、下線は筆者）

(5) （話者が）<u>直接に経験した</u>過去の場面に関連づけられた対象である
ことがア系列を使用するための必要条件である。

（金水（1999: 75）、括弧および下線は筆者）

田窪・金水（1996）、金水（1999）のこの記述は、その後の指示詞研究に多大なインパクトを与えた。本稿では話し手がその指示対象を経験して知っていることがアノの使用条件であるとされる点について考える。まず（6）を見よう。

（6）a:　ハムナプトラ２見た？

　　　b:　いや、あの／？その映画はまだ見てない。　　　　　　（堤2002: 50）

（6）では「見ていない」と言っているので、bは映画について「経験」していない。にもかかわらず、bはアノを使っている[2]。

　さらに、澤田（2016）があげる例は興味深い（紙幅の都合上、行を詰めた。堤（2002: 64）の九州方言に関する指摘も参照されたい）。ここでも「桐子」は自分が行ったことのない場所を「あの辺」と指している。

（7）　桐子は、手帖を出した。それが大塚弁護士の事務所の所在地であった。「東京都千代田区丸の内二丁目Ｍ仲×号館××号室」

　　　桐子が口に出して、その行先の順序を訊くと、

　　　「東京駅のすぐ横なんですよ。八重洲口とは反対側の」女中は都電のコースを教え、

　　　「あすこは会社ばかりですが、お知り合いでも？」探るように訊いた。

---

2　ただし田窪（1989）には次のような記述がある。

　　話が終わり、十分その対象について理解ができたと考えるか、直接その人に会うかすれば、すでに知ったものと見なせる

　　（28）　この前、田中という人の話が出たでしょう。英語のうまいという。｛あの人／彼｝に会えますか。　　　　　　　　　　　　（以上、田窪1989: 224）

この場合の「あの人」は、「昨日のあの話題に上った人」というような意味で、実際に指されているのは（直接経験した）「昨日の話」であろうと思われる。「話」が一回きりのものではなく直接経験として指示しにくい場合にはアノが使用しにくくなる。

ii）　この間からあなたが何度も話している田中という人がいるでしょう。英語のうまいという。｛#あの人／#彼｝に会えますか。

さらに、「話」を焦点から外せばさらにアノは使用しにくくなる。

iii）　この間、田中さんという人が英語がうまいとか言ってたでしょう。｛#あの人／#彼｝に会えますか。

このようなアノは本稿で論じるような直接経験を指すようなアノではなく、「例の読み」とでも名付けられるようなアノである。「例の読み」の場合、「あの件、あの話、あいつ…」などは「例の話（題）の」と言い換えが可能である。「例の読み」については本稿の議論からは外す。今後詳細な検討が必要であろう。

「え、ちょっと。弁護士さんの事務所を訪ねるんです」

「弁護士さん？」

就職のことで上京したらしいと踏んでいた女中は愕いた眼つきをした。

「九州から、わざわざなんですか？」

「そうです」

「おえらいですわね」女中は、年下の同性を見る眼で云った。

　この若い客は、面倒な事件を背負って来ているらしい。ついでにそれを訊き出したいところだが、さすがにそれは遠慮している。

「あなた、あの辺をよくご存じですか？」桐子は訊いた。

「はあ、よく通りますけれど。赤煉瓦の同じような建物が両側にならんで建っているところで、会社の看板が沢山出ているくらいは知っています。何という弁護士さんですか？」

「大塚鉄三さんとおっしゃる方です」（松本清張『霧の旗』pp. 5–6）

弁護士大塚鉄三に調査を依頼するため、九週から上京してきた柳田桐子が、旅館の除虫に大塚の弁護士事務所への行先を尋ねる場面である。桐子は、大塚の事務所の所在地情報は知っているが、過去にその場所を訪れた経験はない。にもかかわらず、桐子は、その周辺場所をア系列（「あの辺」）で指示している（一方、女中がア系列（「あの辺」）で指せるのは、過去の現場経験を持つからである）。　　　　　　　　（澤田 2016: 93–97)

作者の松本清張氏も当該の方言話者（北九州市出身）である点は興味深い。さらに、次のような例文では他の方言の話者でもアノが使用できるものと思われる。

(8)　　状況：友人aは友人bの話をよくする。あなたはbには会ったことがないが、aから最近bがつきあい始めたと聞いたばかりだった。

　　　　あなた：bさん、恋人とは順調なの？

　　　　a：あ、bちゃん、もう別れたんだって。

　　　　あなた：え！？　あの子、もう別れたの？　早くない？

　先行研究の記述は大凡正確に指示詞の振る舞いを捉えていると言えるだろう。しかし、この記述だけでは捉えきれない現象が存在する。どのような場

直接経験が必要ない記憶指示のアノ ｜ 143

合に直接経験していなくてもアノと言えるのか、改めて問い直す必要がある
だろう。

## 2.　調査1～長崎での調査
### 2.1　調査方法と例文

　前節では、直接経験していなくてもアノが使用できる可能性について言及
した。本節では、このことを確かめるために長崎県で行った調査について報
告する。調査では次の仮説を立て、アンケート調査を行った[3]。

(9)　　仮説…肥筑方言においては、記憶指示の用法の中に、「直接経験し
　　　　なくても使用できるアノ」が存在する。

(10)　調査方法：アンケート調査（選択式）
　　　回答者：長崎大学に在籍する長崎県出身の学生66名
　　　調査日時：2015年7月4日

　調査では、いくつかの要因をコントロールすることで、指示詞の出方を調
べている。要因は、予備調査において、数名のインフォーマント（岡山大学
で言語学・日本語学を専攻し、ある程度の訓練を受けている長崎方言話者）
に対する聞き取り調査から、指示詞の選択に影響を与えそうな以下の要因3
つを抽出している。

(11) a.　統語的な位置（主語位置かそれ以外か）

　　　b.　意外性

　　　c.　関心の有無

(12)のように「直接経験して知っているのではなく、親しい友人からの噂話
による情報のみを所有する対象」を設定し、その対象をアノで指せるかを調
べた。選択肢は 1. アン（アノ）、2. アンもソンも両方、3. ソン（ソノ）である。

(12)　状況：あなたと田中さん（男性）は親しい友人です。田中さんには
　　　　あなたとは別に小坂さんという友人がいます。小坂さんは田中さん

---

3　この調査紙作成に関しては、岡崎友子氏（東洋大学）、松丸真大氏（滋賀大学）、長谷川
哲子氏（関西学院大学）の協力を得ている。また、長崎方言話者として、森山倭成氏（神戸
大学大学院生）、森下萌氏（高校教員）の協力を得た。なお、所属情報は2017年8月現在の
ものである。長崎で行ったアンケートでは選択肢、問題文ともに森山氏の協力を得て当該
の方言で記述されている。

144 | 堤　良一

の中学時代からの友人で、現在は大阪で美容院にハサミを販売する
営業をしています。田中さんと小坂さんは現在でも交友があり、田
中さんはあなたに小坂さんのことをよく話します。あなたは小坂さ
んのことを、ここ1ヶ月ほど聞いていますが、まだ本人に会ったこ
とはないし、写真で見たこともありません。今日も田中さんとあな
たは小坂さんの噂話をします。

(13)　((12) の状況で) 田中さんが次のように言います。あなたは小坂さ
んに前から会いたいと思っていました。そこで今日会えるかもしれ
ないと知り、嬉しくて驚きの声をあげます。

田中さん：今度ね、小坂の来ることになったとさ。一緒に飲みに行
くことになったっちゃん。

あなた：ええ！？　私も {アン人／ソン人} と飲んでよか！？

(14)　((12) の状況で) 田中さん：今ね、小坂の来とるっちゃん。

あなた：え！？　{アン人／ソン人} の来とると！？　あいたか〜

(15)　((12) の状況で) あなた：{アン人／ソン人}、イケメン？


## 2.2　調査1の結果

本節では、(11) の要因ごとに、調査結果を見ることにしよう。

a.)　統語位置

前掲 (13)「アン人／ソン人と」は非主語位置、(14)「アン人／ソン人の」
は主語位置である。同じく主語位置である、(15) の回答数と合わせて表に
したものが表1である。

表1　統語位置による指示詞の選択－長崎方言話者（単位：人）

|  | (13) 非主語位置 | (14) 主語位置 | (15) 主語位置 |
|---|---|---|---|
| アン（アノ）のみ使える | 6 | 40 | 2 |
| アンもソンも使える | 3 | 4 | 7 |
| ソン（ソノ）のみ使える | 57 | 22 | 57 |

(13)(14) を見れば、非主語位置よりも主語位置の方がアン（アノ）の使用が
認可されるように見える。しかし、(15) は主語位置で指示詞が用いられて

いるにも関わらずソンの使用が多い。したがって、この結果からは統語位置は指示詞の選択に直接関与するものでないということが言えよう。

b.）意外性

「意外性」については4.2で考察するが、ここでは「前文脈の状況から予測すれば、出来する蓋然性が相対的に低いと思われる事態」というように考えて議論を進めよう。（16）（18）に比して（17）（19）は「珍しか（珍しい）」「いい子なのに警察につかまった」という点で意外であると捉えられる。アンケートの回答結果を表2に示す。

（16）　状況：あなたはあなたの友達の安達さんからあなたの知らない友達の土井さんのことを1ヶ月くらい聞いています。土井さんは毎日遅刻しそうになって走っているそうです。今日も走っていたという話を聞きました。

　　　　あなた：{アン子／ソン子} また走りよったとね。

（17）　状況：いつも遅刻しているはずの土井さんが、今日は早く来ていたそうです。

　　　　あなた：えー！　珍しかね！　{アン子／ソン子}、今日は間に合ったとね。

（18）　状況：（（16）と同じ状況で）

　　　　安達さん：土井さんさ、今日は駅前でボランティアで動物愛護の運動ばしよったよ。

　　　　あなた：{アン子／ソン子}、よか子やね～。

（19）　状況：土井さんが今日警察につかまったと聞いて。

　　　　あなた：えー！？　なんで？　{アン子／ソン子} よか子って言いよったとに。

表2　意外性の有無による指示詞の選択－長崎方言話者（単位：人）

| | (16)意外性なし | (17)意外性あり | (18)意外性なし | (19)意外性あり |
|---|---|---|---|---|
| アン（アノ）のみ使える | 19 | 28 | 18 | 31 |
| アンもソンも使える | 3 | 8 | 5 | 5 |
| ソン（ソノ）のみ使える | 44 | 30 | 43 | 30 |

（16）から（17）ではアンの使用が 19 人から 28 人に増え、ソンの使用が 44 人から 30 人と減少する。（18）と（19）でも同じ傾向を見て取ることができる。このことから、意外性は、直接経験していない場合の指示詞の選択に影響を与えることが推測される。

c.）関心の有無

対話者からずっと聞かされている人物に対しては、より興味をもってさらに情報を得たいと思う場合もあるし、もう何度も同じことを聞かされて辟易し、関心を失うということもあるだろう。このことが指示詞の選択に関わるかを調べた。（20）では「え！？」と驚いてみせることによって、意外性を感じるとともに関心をもって聞き返している。一方、（21）では「ふーん」と発話することによって関心の薄れを表している。結果は表 3 のようになる。

（20）（（12）と同じ状況で）田中さんが下のように言います。あなたは小坂さんがそんなにイケメンだったとは思っていなかったので、とても驚きながら、次のように言います。

田中さん：今日、小坂と一緒に歩きよったら、ファッション雑誌のカメラマンに写真撮らせてって言われよったよ。

あなた：え！？ 　{アン人／ソン人}、イケメンやったと！？

（21）（（12）と同じ状況で）田中さんが下のように言います。あなたは小坂さんにあまり興味がなくなってきて、どうでもいいなという気持ちで次のように言います。

田中さん：今日、小坂と一緒に歩きよったら、ファッション雑誌のカメラマンに写真撮らせてって言われよったよ。

あなた：ふーん。{アン人／ソン人} イケメンやったとね。

表 3　関心の有無による指示詞の選択－長崎方言話者（単位：人）

|  | （20）関心あり | （21）関心なし |
|---|---|---|
| アン（アノ）のみ使える | 21 | 22 |
| アンもソンも使える | 8 | 6 |
| ソン（ソノ）のみ使える | 37 | 38 |

アンの使用は（20）では 21 名、（21）では 22 名であり、ソンの使用は（20）で 37 名、（21）で 38 名とアンソンともにほぼ変わらない結果となった。こ

の結果からは関心の有無は指示詞の選択にほとんど影響を及ぼしていないようである。

しかし、調査後のフォローアップインタビューにおいては次のような発言が得られた。関心や愛着によって、微妙ではあるがアンとソンの間にニュアンスの違いがあると感じる話者もいるようである。関心の有無については今後の課題とし、本稿ではこれ以上議論しない。

(22) 「自分の父親の話を母親としていたとして、「またアン人の話ね」と言えば、父親に愛着を感じているというニュアンスだが、「またソン人の話ね」と言えば、父親とうまくいっていない、喧嘩しているなど、何らかの事情を読み取ることができる」

(30代、女性、長崎市内)

以上の結果から、長崎方言話者にとってはi) 統語的な位置はアン／ソンの選択に影響しない、ii) 意外性、関心の有無はアン／ソンの選択に影響を及ぼす可能性があることが分かる。これは、直接経験がアノの選択にとって必要条件であるとする従来の研究に疑問を投げかける結果であると言えよう。

それでは、他の方言の話者ではやはり先行研究の記述は正しいのであろうか。次節以降ではこのことを首都圏方言話者に対する調査をもとに検討しよう。

## 3. 調査2〜首都圏での調査

先述の調査の結果と比較するために、首都圏の大学で調査を実施した。調査に使用した文はすべて長崎で行ったものを共通語に変えてあるが、文の内容は全く同じものである。参考として前掲 (13)(14)(15) に対応する調査文を (25)(26)(27) にあげる。この調査では先行研究の仮説にしたがい、共通語では「直接経験」がなければアノの使用は認められないとする反応を期待している。

### 3.1 調査方法

(23) 仮説…首都圏方言においては、先行研究の指摘どおり、記憶指示は「直接経験」がなければ使用することができない。

148 | 堤　良一

(24)　調査方法：アンケート調査（選択式）
　　　回答者：東洋大学に在籍する首都圏出身の学生 67 名（東京 24 名、
　　　　　　　埼玉 25 名、千葉 10 名、神奈川 8 名）
　　　調査日時：2015 年 8 月

### 3.2　調査 2 の結果

　本節では調査 2 の結果を見よう。結論から述べれば首都圏方言話者も、
長崎方言話者と同様の反応を示すことが分かる。まずは、統語位置を見よ
う。以下、すべて調査 1 の（12）と同じ状況である。

(25)　田中さん：今度ね、小坂が来ることになったんだ。一緒に飲みに行
　　　　　　　　くことになったんだよね。
　　　あなた：ええ！？　私も {アノ人／ソノ人} と飲んでいい！？
(26)　田中さん：今ね、小坂が来てるんだよね。
　　　あなた：え！？　{アノ人／ソノ人} が来てるの！？　あいたい〜
(27)　あなた：{アノ人／ソノ人}、イケメン？

表 4　統語的位置による指示詞の選択－首都圏方言話者（単位：人）

|  | (25) 非主語位置 | (26) 主語位置 | (27) 主語位置 |
|---|---|---|---|
| アノのみ使える | 2 | 43 | 4 |
| アノもソノも使える | 5 | 10 | 1 |
| ソノのみ使える | 60 | 14 | 62 |

長崎方言話者と同様に、（25）から（26）でアノの使用可能性が飛躍的に向上
する。一方、（27）ではその使用が下がることから統語位置は指示詞の選択
に直接関与するものではないと思われる。

　次に意外性である。状況は（16）-（19）と同じである。なお、（30）では無
回答が 1 名あった。

(28)　あなた：{アノ子／ソノ子} また走ってたんだね。
(29)　あなた：えー！珍しいね！ {アノ子／ソノ子}、今日は間に合った
　　　　　　　んだね。
(30)　あなた：{アノ子／ソノ子}、いい子だね〜。

直接経験が必要ない記憶指示のアノ ｜ 149

(31)　あなた：えー！？　なんで？ {アノ子／ソノ子} いい子って言ってた
　　　　のに。

表5　意外性の有無による指示詞の選択－首都圏方言話者（単位：人）

|  | (28)意外性なし | (29)意外性あり | (30)意外性なし | (31)意外性あり |
|---|---|---|---|---|
| アノのみ使える | 7 | 9 | 6 | 18 |
| アノもソノも使える | 1 | 7 | 5 | 5 |
| ソノのみ使える | 59 | 51 | 55 | 44 |

意外性に関しても、大きな傾向としては意外性がある方が、ない場合に比して アノが使用できるという話者がわずかに増える。しかしその差は長崎方言話者ほど大きくはないようである。特に（28）と（29）ではアノの使用はわずかに2名増えるのみである。これは意外性の程度と関係すると考えられる。（29）のように、普段遅刻ばかりしている人が珍しく間に合うという状況よりも（31）のようにいい人だと思っていた人が警察に捕まる方が相対的に意外性は大きい。このことがどの程度一般性をもって観察されるのかは今後さらに精緻な調査により明らかにする必要があろう。これらの設問では、アン（アノ）が言えるとの回答が、長崎方言話者に多いことも興味深い（この点についてはさらなる考察が必要である）[4]。

　最後に関心の有無である。状況は（20）、（21）と同じである。

(32)　あなた：え！？　{アノ人／ソノ人}、イケメンだったの！？

(33)　あなた：ふーん。{アノ人／ソノ人} イケメンだったんだね。

---

4　この設問に関しては意外性がない場合にアン（アノ）が言えると回答する話者の数にも差があるようである。たとえば（16）では、アンが言える人が (19+3) /66 × 100 でおよそ33.3％に及ぶが、（28）では (7+1) /67 × 100 でおよそ11.9％である。これは他の設問の箇所に比して首都圏方言話者がアノの使用に抵抗を示したことによると思われる。これがどのような要因によるのかは今後考えていく必要があるが、本稿では注意しておくべき点として指摘しておくにとどめる。

表6 関心の有無による指示詞の選択－首都圏方言話者（単位：人）

|  | (32) 関心あり | (33) 関心なし |
|---|---|---|
| アノのみ使える | 33 | 18 |
| アノもソノも使える | 9 | 8 |
| ソノのみ使える | 25 | 41 |

　長崎方言話者では、関心の有無では大きな違いは現れなかったが、首都圏方言話者においては（32）と（33）の間に差があるようである。いずれにしても、直接経験のない対象に対してアノを用いて指している点に注目されたい。

　前節と本節では、調査1として長崎方言話者に対して行った調査の結果を、そして調査2として首都圏方言話者に対して行った調査の結果を報告した。両方言において、直接経験がないにも関わらずある程度の情報が与えられているという状況ではアノが使用可能であるとする話者が存在することが分かった。そしてそれは意外性、関心の有無というようなその指示対象に対する一種の感情的な評価をともなう場合であると見ることができる。次節ではこの観点から今回収集されたデータを分析することにより、感情の有無——本稿では定延（2014）他にしたがい「きもち」と称する——が、本来ならば使用が認められないはずのアノの使用を認可する場合があることを見たい。

## 4.　分析

　本節ではこれまで明らかにしてきた事実に基づき、どのような場合に直接経験のないアノが認可されるかについて分析する。4.1では、近年コミュニケーションの観点から話し言葉の研究を行っている定延（2014、2016）等の「きもち欠乏症」という概念を援用することにより、これらの現象が説明されうることを指摘する。次に4.2においては、「きもち」が現れればどのような場合でもアノが認可されるわけではなく、アノで指される対象が確定的なものであることを、談話が保証している必要があることを論じる。

## 4.1 定延（2014）他の「きもち欠乏症」と指示詞

　本節では、指示対象に対するある種の感情をともなう評価が、直接経験のない対象に対してアノを認可しうることを主張したい。ここで感情と呼んでいるものは定延（2014）をはじめとする一連の研究で「きもち」と呼ばれるものと同じであると思われるので、以下本稿でも「きもち」と称することにする。

　定延（2014、2016）等では、これまでの研究は書き言葉が主であり、話し言葉の実態を明らかにすることが必要であるという主張がなされている。定延は「話し言葉は、きもちを反映する言葉の生起を好み、結果として、対応する書き言葉よりも複雑な構造になり得る。」（定延 2014: 20）とし、本来ならば不自然となるような文が、きもちの生起により自然になるような現象をあげている。

(34) a.　からいー

　　 b.　からいよー

(35) a.　＊です。

　　 b.　ですねえ。

　　 c.　ですです！

　　 d.　じゃあじゃあ（岡山方言）

その場で食べたものの感想を言うのであれば終助詞なしの「からいー」も認められるが、過去に食べたものを思い出して表現する場合には「からいー」だけでは不自然で、「よ」を加えてきもちを現さなければならない。(35) は「拘束的機能語のみの発話」としてあげられている。本来、デスは単独では用いられないが「ねえ」などの終助詞を使う、繰り返して強く同意するなどしてきもちを現すことによって自然になる（(35) cd は筆者が追加した。岡山方言でも同様にコピュラを繰り返すことができるが、これも同様の分析が可能であろう）。このように、本来は文法として不自然であるはずの文（「きもち欠乏症」を起こしている）が、きもちの現れがあれば自然になる場合がある。

　本稿で考察している、直接経験がなくてもアノが用いられる場合は、すべて会話で起こっていることに注意されたい。またこれまでの議論から、このようなアノが自然だと判断されやすい場合は「意外性」や「関心」が関わる

ということが示唆されたのであった。これらは表現される事態に対する話者のきもちの表出である。

つまり、先行研究が主張してきたとおりアノは話者の直接経験に支えられて発話されるのが本来である。この観点から見れば、いくら情報を与えられても本来はアノは使用できないはずである。多くの話者がそのように判断していることからもこの原則は強く働いているものと見ることができる。しかし、意外性や関心があることを表出する——きもちを現して話す場合には、きもちに支えられてアノの使用が自然になる場合があるのだと考えることができる。このように考えることで (16)–(19)、(28)–(31)、(32) (33) などのデータに説明を与えることができるようになる。

### 4.2　情報の確定性

残る問題はなぜ (13) (14)、(25) (26) で大きな差が出るのかということである。実際に長崎方言、首都圏方言の双方においてこのペアのアノの許容度の差がもっとも大きい。再度表 1 および表 4 を参照されたい。

ここで重要なことは、(25) (26) ともにきもちが現れていると思われる点である。どちらも小坂に会いたいという強い意志、期待を感じることができるので前節の議論をふまえればどちらもアが使用可能になるはずである。しかし長崎方言の (13) ではアンが使用できるとした話者は「アンのみ使える」「アンもソンも使える」を合わせて 9 名であるのに対し、(14) では 44 名である（表 1）。首都圏方言でも (25) では 7 名、(26) では実に 53 名と跳ね上がっている（表 4）。つまり、きもちの有無以前に必要ななにかが (13) (25) にはないために、いくらきもちが現れても「きもち欠乏症」から救われないと思われるのである。以下、首都圏方言の (25) (26) を比較することにより議論する。

(25) では話者は田中さんの「小坂が来ていて飲みに行くことになった」という情報からは引き出すことができない「自分も一緒に行っていいか」という発話を行っている。これはこれまでの情報に、さらに新たな情報を付け加えて談話を展開する契機となる発話である。このような発話を「談話を展開させる発話」と呼ぼう。一方 (26) は「小坂が来ている」という、田中から与えられた情報をそのまま繰り返している。このような発話は談話を展開

させる発話ではない。ある時点 (n) での発話を $a$ (n) とし、それまでの談話がもつ情報の総体を I (n-1) で表すと、それぞれの発話は次のように表すことができる。

(36) a.　(25) の $a$ (n)：I (n-1) +I (n)
　　b.　(26) の $a$ (n)：I (n-1)

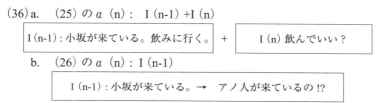

意外性というのも同じように分析することが出来る。(36) に則れば、意外であるとは、たとえば I (n-1) と I (n) との間に情報の齟齬があり、それに対して話者がなんらかの驚きをもって評価するということだと考えることができる。

要するに、(36a) では I (n) は I (n-1) に新たな情報を付け加える発話であり (36b) では $a$ (n) は I (n-1) の中の情報を用いて発話が行われているということである。I (n) はこの談話の参与者にとって新情報であるので不確定であり、I (n-1) は確定であるということができる。

きもちを現して発話するということは、その対象や情報に対して話者がなんらかの主観的な判断・評価をくだすということである。評価を与えることができる対象についてはすでに森山 (1989) が次のような重要な指摘を行っている。

(37)　すなわち、真偽が確定した情報内容についてしか、話し手の固有の
　　　とらえ方をすることはできないのである。　　　（森山 1989: 84）

森山 (1989: 82) によると疑問文とは真偽が確定していない、不確定情報の表明であり、当該情報を話し手のものとして把握していないことを表す。一方、主観的な成分とは、話し手が内容に対して固有のとらえ方を表す形式である。両者は共起することができないというのが内容判断一貫性の原則である。判断が定まらない不確定なものに対して主観的な評価を与えることはできない。

(38)　*嬉しいことに、彼は日本へ行くか。

(39)　*はからずも、君は何講座の学生ですか。

(40) *たぶん、彼は来ますか。　　　　　　　　（以上、森山 (1989: 82)）

　アノが直示的に用いられるためには、その対象の存在が確定したものとして認められる必要がある（金水 1999: 68）。その対象およびそれが発話される情報が不確定であってはならないのである。(25) は I (n) が新情報（不確定）であることが、一方 (26) では不確定の情報がないことが、大きな判断の差を生んでいるのではないだろうか。


## 5.　まとめ

　本稿では直接経験することなく、情報を十分に聞いているという状況でアノを用いることが出来るかどうかを考察し、次のことを報告、分析した。

(41) a.　アノの使用には直接経験が必要だとされるが、そうではない方言があることを、長崎方言話者に対する調査により明らかにした。

　　 b.　同様の調査を首都圏方言話者に行ったところ、予想に反して直接経験なしにアノが使用できるとする話者の存在が明らかになった。

　　 c.　上記の調査では、i) 意外性、ii) 関心の有無が指示詞の選択に関与する可能性を示唆した。

　　 d.　アノが使用できるかどうかは、「きもち」（定延 2014、2016）が関与することを明らかにした。

　　 e.　きもちをのせて発話するということは、当該の指示対象および発話に対して主観的な評価を下すということであり、評価を行うためにはその指示対象および発話内容が（発話者にとって）確定的である必要がある（森山 1989）。

　黒田 (1979)、田窪・金水 (1996)、金水 (1999) などが、アノの直示性とその使用の必要条件としての直接経験を主張して以来、この説は指示詞研究の大前提として広く受け入れられてきた。しかし、本稿の考察が正しいものであるとすると、アノの使用は、特に話し言葉において「きもち」や、情報構造のあり方に影響を受ける可能性が示唆されたことになる。「きもち」に関しては定延氏が様々な現象について、話し言葉の文法に大きく関わる要因としてあげているところである（定延 (2016) およびそこにあげられた文

献を参照されたい）。また、きもちをのせるための確定性についても、森山（1989）の記述をはじめとして、いくつかの言語現象について指摘がされてきている（鈴木（2006、2008）の感情・評価的意味に関する研究、岩男（2014）のトキタラ構文、中俣（2010、2012、2016）の程度表現の一連の研究、堤（2015）のソンナ等）。いずれも今後の日本語研究にとって重要な示唆を与えるものであり、互いに関係する記述であると思われる。

　今後の課題としては、より詳細なデータを集めて議論を精緻化していくこと、そして長崎方言をはじめとする肥筑方言のさらなる調査、記述、そしてそれらのデータを歴史的な研究や外国語との対照研究と合わせて、談話管理理論の再検討を行い、より精緻な理論を構築することがある。

　指示詞の研究は、金水敏氏、田窪行則氏の研究によって非常な発展を遂げた。しかし、扱うデータを拡大し視点を変えることによって、両氏の理論では説明ができないような現象がいくつか指摘され始めている。指示詞の研究は今後さらなる事実の発見とともに展開する、今も昔も変わらない熱い研究分野である。

## 付記

　本稿は日本学術振興会科学研究費補助金による基盤研究（C）「日本語指示詞の現場指示用法における社会的・地域的変異の研究（25370519）」「統計的手法を用いた現代・古代日本語文法研究（16K02738）」「補文における指示関係習得の比較言語学的研究—日・英・韓の束縛関係を中心に—（15K02771）」の研究成果の一部である。

## 参照文献

岩男考哲（2014）「「ときたら」構文の意味と主題—提題文の体系化に向けて—」『日本語文法』14-2, pp. 101–117.

金水敏（1999）「日本語の指示詞における直示用法と非直示用法の関係について」『自然言語処理』6-4, pp. 67–91.

金水敏・田窪行則（1990）「談話管理理論からみた日本語の指示詞」日本認知科学会（編）『認知科学の発展』3, pp. 85–116, 講談社.

金水敏・田窪行則（1992）「日本語指示詞研究史から／へ」金水敏・田窪行則（編）『指示詞』pp. 151–192, ひつじ書房.

久野暲（1973）『日本文法研究』大修館書店.

黒田成幸（1979）「（コ）・ソ・アについて」林栄一教授還暦記念論文集刊行委員会（編）

『林栄一教授還暦記念論文集　英語と日本語と』pp. 41–59, くろしお出版.

定延利之 (2014)「話し言葉が好む複雑な構造―きもち欠乏症を中心に―」石黒圭・橋本行洋 (編)『話し言葉と書き言葉の接点』pp. 13–36, ひつじ書房.

定延利之 (2016)『コミュニケーションへの言語的接近』ひつじ書房.

澤田淳 (2016)「ダイクシスからみた日本語の歴史」加藤重弘 (編)『語用論フォーラム』1, pp. 57–100, ひつじ書房.

鈴木智美 (2006)「「そんな X…」文に見られる感情・評価的意味」『日本語文法』6-1, pp. 88–105.

鈴木智美 (2008)「事態に対する話者の期待と感情・評価的意味」『東京外国語大学留学生日本語教育センター論集』34, pp. 27–42.

田窪行則 (1989)「名詞句のモダリティ」仁田義雄・益岡隆志 (編)『日本語のモダリティ』pp. 211–233, くろしお出版.

田窪行則・金水敏 (1996)「複数の心的領域による談話管理」『認知科学』3-3, pp. 59–73.

中俣尚己 (2010)「「そんな」や「なんか」はなぜ低評価に偏るか？―経験基盤的ヒエラルキー構造からの説明―」『日本認知言語学会論文集』10, pp. 427–437.

中俣尚己 (2012)「主観的程度表現について―「～程度の」「～ほどの」「～ぐらいの」を中心に―」『日本語教育連絡会議論文集』24, pp. 125–134.

中俣尚己 (2016)「日本語に潜む程度表現」庵功雄・佐藤琢三・中俣尚己 (編)『日本語文法研究のフロンティア』pp. 107–125, くろしお出版.

堤良一 (2002)「文脈指示における指示詞の使い分けについて」『言語研究』122, pp. 45–78.

堤良一 (2015)「ソンナ N の感情・評価的意味はどのように生じるか」『岡山大学文学部紀要』64, pp. 57–68, 岡山大学文学紀要.

堀口和吉 (1978)「指示語の表現性」『日本語・日本文化』8, 大阪外国語大学 [再録：金水敏・田窪行則 (編)『指示詞』pp. 74–90, ひつじ書房].

堀口和吉 (1990)「指示詞コ・ソ・アの表現」『日本語学』9-3, pp. 59–70, 明治書院.

森山卓郎 (1989)「内容判断一貫性の原則」仁田義雄・益岡隆志 (編)『日本語のモダリティ』pp. 75–94, くろしお出版.

# 「非情の受身」の
発達をめぐって

# 「非情の受身」のバリエーション
## ―近代以前の和文資料における―

岡部嘉幸

## 1. はじめに

　近代以前[1]の和文資料における受身文は、有情者主語をとる受身文が一般的であり、非情物主語をとる受身文（以下、「非情の受身」と呼ぶ）は稀であったとされる[2]。このことは、言い換えれば、日本語本来の受身文（固有の受身）は、意味的に、主語者への「影響」（利害や迷惑など）を語る文であるという理解であり、そのような考えをとる先行研究も古くから存在する[3]。管見の限り、このような指摘として早いのは、三矢重松（1908）や山田孝雄（1908）である。たとえば、三矢（1908）では以下のように述べられている。

　　…【前略】…、非情の物の受身と成るは特別の事なり。西洋の語にては、コロンブスに発見せられたる亜米利加スマイルスの自助論は中村敬宇氏によりて翻訳せられたりのやうに非情の亜米利加・自助論をも受身に言へど、我が国語にては然らず。受身は有情のもの、特に人或は人に擬し得べき物が消極的に他より動作を被る場合、特に迷惑する場合に用うる

---

1　本稿では「近代以前」を「近代」を含まない（つまり、近世まで）という意味で用いる。

2　ただし、「非情の受身」は量的に「稀」ではないという指摘もある。たとえば、三浦法子（1973）、原田信一（1974）、小田勝（2015）などを参照。三浦（1973）によれば、『讃岐典侍日記』の36％、『大鏡』の25％が「非情の受身」であるという。

3　受身文に関する研究史の整理としては、川村大（2012）が詳しい。ご参照いただきたい。

を最も普通の用法とす。　　　　　　　（三矢（1908: 173）下線部は引用者）

　しかし、少ないながらも、近代以前の和文資料に「非情の受身」の用例が存在していたことは明らかである。本稿では、近代以前の和文資料において用いられた「非情の受身」にはどのようなバリエーションが存在したのかを、主に、意味的観点から整理するとともに、近代以前の和文においては、いわゆる「非情の受身」に大きく二つのタイプがあったということを述べてみたい。

　なお、本稿において、対象を「近代以前の和文資料」とするのには、以下の理由がある。まず、第1に、近代に入ると西洋言語の翻訳の影響から、日本語でも（ニヨッテ受身文の形で）「非情の受身」が用いられるようになってくるという指摘がある（金水敏（1993）など）。その点で近代と近代以前とを分ける必要がある。また、近代以前の漢文訓読資料と和文資料では、「非情の受身」のバリエーションの分布において大きな違いが見られるという指摘（三浦（1973）、金水（1991）など）があり、その点で漢文訓読資料と和文資料とを分けておく必要がある。以上のことから、本稿では「近代以前の和文資料」を対象として「非情の受身」のバリエーションを整理していく[4]。

　また、本稿で述べる内容は、尾上圭介編『ラレル文の研究』（くろしお出版、未刊）に収録予定の拙稿「いわゆる「非情の受身」の諸類型」の内容と一部重なるところがある。この点もご了承いただきたい。

## 2.　「非情の受身」のバリエーションに関する先行研究

　近代以前の和文資料における「非情の受身」に関しては、すでに述べたように、早くは山田（1908）や三矢（1908）にその存在が指摘されており、また、宮地幸一（1968）、小杉商一（1979）、原田（1974）などで用例が補強されつつ、その存在が再確認されている。特に、小杉（1979）は、平安時代仮名散文の用例を分析し、中古仮名散文における「非情の受身」の多くは、文末に助動詞タリ・リまたはそれに準ずる状態性の表現を伴うという特徴を

---

4　調査資料については、本論文末の調査資料一覧をご参照いただきたい。

「非情の受身」のバリエーション | 161

もっているということを指摘している。さらに、これらの先行研究を受け
て、金水（1991）は、日本語における「非情の受身」のバリエーションを、
述語の意味的類型と主語の名詞句の意味的類型に基づいて示している。以下
に金水（1991）で示されている「非情の受身」のバリエーションとそれらの
類型にあてはまる中古仮名散文の用例[5]を挙げておく。

a. 一時的・遇有的状態・事態を表す
　　ア　主語の個体としての同一性が当該事態に依存してしか特定できない
　　　　＜叙景文など＞…Ⅰ
　　　　例）すずりにかみのいりてすられたる。　　（枕草子、二八、六八頁）
　　イ　主語の個体としての同一性が当該事態を超えて特定できる＜個体の
　　　　履歴＞…Ⅱ
　　　　例）あたのかぜふきて、みつある舟、ふたつはそこなはれぬ。おほ
　　　　くの人しづみぬるなかにとしかげが舟は波斯国にはなたれぬ、
　　　　　　　　　　　　　　　　　　（宇津保、俊蔭、古典文庫・三頁）
　　ウ　主語が特定の種全体である＜種の履歴＞…Ⅲ
　　　　例）楠の木は、…千えにわかれて恋する人のためしにいはれたるこ
　　　　そ、たれかはかずをしりていひはじめけんと思ふにをかしけれ。
　　　　　　　　　　　　　　　　　　　　　（枕草子、四〇、八七頁）
b. 種や個体の恒常的・本質的属性を表す＜種・個体の属性＞…Ⅳ
　　例）なほざえをもととしてこそ、大和魂の世に用ゐらるる方も強う侍ら
　　め　　　　　　　　　　　　　　（源氏、少女、大系・二・二二七頁）

金水（1991）においては、まず、述語の意味的類型によって、a. と b. とが区
別され、さらに、a. の中が、主語の名詞句の意味的類型によって、ア〜ウに
分けられており、最終的にⅠ〜Ⅳの４類型となっている。Ⅰは小杉（1979）
が指摘した特徴をもつ「非情の受身」に相当する類型で、＜叙景文＞と呼
ばれる。ⅡからⅣは主語の名詞句の意味的類型と述語の意味的類型の違い

─────────
5　用例および用例出典はすべて金水（1991）による。なお、枕草子におけるページ数は『日
本古典文学大系』のものである。

によって名付けられ、それぞれ、Ⅱ＜個体の履歴＞、Ⅲ＜種の履歴＞、Ⅳ＜種・個体の属性＞と呼ばれる。なお、金水（1991）は中古仮名散文における「非情の受身」について「Ⅰ型以外の類型は皆無とはいえなくても決して多くない」（p. 7）と指摘している[6]。つまり、中古仮名散文においては「非情の受身」の中心部分はⅠ型＜叙景文＞であり、それ以外の類型の「非情の受身」はごく稀であるということである。

　以上のような金水（1991）の「非情の受身」の分類は、大変合理的であり、納得できるものであるが、金水氏とは異なった観点から、中古仮名散文を含む近代以前の和文資料の「非情の受身」のバリエーションを整理することも可能であるように思われる。たとえば、金水氏がⅡ＜個体の履歴＞の例として挙げている宇津保の例を改めて見てみよう。

　　（1）　　あたのかぜふきて、みつある舟、ふたつはそこなはれぬ。おほくの
　　　　　　人しづみぬるなかにとしかげが舟は波斯国にはなたれぬ

　　　　　　　　　　　　　　　　　　　　（宇津保、俊蔭、古典文庫・三頁）

（1）は乗り物（＝舟）を主語とする「非情の受身」であるが、金水氏が指摘しているように、乗り物は乗り手と同一視されやすい。とすると、この例においては、益岡（1991）が指摘する「潜在的受影者」[7]を想定することができると考えられる。同様に、金水氏がⅣ＜種・個体の属性＞の例として挙げる源氏の例、

　　（2）　　なほざえをもととしてこそ、大和魂の世に用ゐらるる方も強う侍ら
　　　　　　め　　　　　　　　　　　　　（源氏、少女、大系・二・二二七頁）

も、「大和魂」（＝実務的な能力）という人間に備わった能力を主語としており、その背後にはその能力を備えている人間、すなわち「潜在的受影者」を

---

6　一方、同時代の漢文訓読文については、「非情の受身のヴァリエーションは仮名散文と分布が異な」（p. 7）り、「同時代の仮名散文にはごくまれな類型の受動文を、漢文訓読文からは容易に取り出せる（逆に叙景文はかえって少ない）」（p. 7）と指摘している。さらに、また、金水（1991）では、日本語には「非人格的役割を担う名詞句が受動文の新主語であるとき、人格的役割を担う旧主語をニ格で表示してはいけない」（p. 10）という人格的役割の分布制限があるという重要な指摘もなされているが、これについては以下で言及する余裕がない。

7　益岡（1991）によれば、「潜在的受影者」とは「受影受動文の表面には現れないけれども、その受動文が叙述している事象から何らかの影響を受ける存在のことである」（p. 197）とされる。

想定することができると思われる。要するに、これらの例は「非情の受身」でありながら、背後に「潜在的受影者」という有情者が想定され、実質的に主語への影響を語る有情者主語受身に連続的なものとして捉えることができるのである。一方、金水氏がⅠ＜叙景文＞と呼ぶ「非情の受身」、たとえば、

　　（3）　すずりにかみのいりてすられたる。　　　　　（枕草子、二八、六八頁）

は、「知覚された状況を描写する」（p. 4）ものであり「限定された時空に存在する、ものの『現れ』を写し取るというところ」（p. 4）にその特徴があるとされ、実質的に主語への影響を語る文である（1）（2）とは大きくその意味的類型が異なるように思われる。このように、「非情の受身」を、人格的主語者への影響を語る「有情の受身」と連続的かどうかという金水氏とは異なる観点から分類することも可能であると考える。

　そこで、以下、本稿では金水（1991）の類型・指摘をふまえつつ、上に述べたような観点から、近代以前の和文資料における「非情の受身」のバリエーションを整理することにしたい[8]。

## 3.　「非情の受身」のバリエーション

### 3.1　考察から除外する用例群

　近代以前の和文資料にあらわれる「非情の受身」のバリエーションを実例にそって確認していく前に、本稿で「非情の受身」の範囲から除外する用例群を示しておきたい。本稿では以下のような二つの用例群については、「非情の受身」の用例からは除外している。

　まず、第1は、

　　（4）　彼（カ）ノ會（ヱ）、其ノ山階寺ニシテ行フ。承和（ジョウワ）元年
　　　　　ト云フ年ヨリ始メテ、永ク山階寺ニ置ク。毎年（トシゴト）ノ公事
　　　　　（クジ）トシテ、藤原ノ氏（ウヂ）ノ弁官（ベンクワン）ヲ以テ勅使
　　　　　トシテ、于今下遣（イマニクダシツカハ）シテ［ソノ會ガ][9]被行（オ

---

[8]　本稿と同じ観点からの中古語・上代語における非情物主語受身文の整理として、すでに川村（2012）がある。内容の重なる部分も多いので、あわせてご参照いただきたい。

[9]　［　］に括った部分は筆者による注記ないし補足であることを示す。したがって本文には存在しない。

コナハ）ル。 　　　　　　　　　　　（今昔・巻第十二第三　p. 134）[10]

(5)　　御國ゆづりの節會（せちゑ）おこなはれて、　　　（徒然・27　p. 112）

のように、「公を中心とした行事」が催されたことを表わしている用例群である。これらについては、「非情の受身」ではなく、桜井光昭（1966）の「公尊敬」あるいは吉田永弘（2014）の「主催」の例として解釈したい。その理由としては、管見の限り、名詞句が格助詞ノあるいはガで標示され、確かに主語であるといえる用例が存在しないこと、そして、

(6)　　其ノ御時ニ、大極殿（ダイゴクデン）ニシテ御斉會（ゴサイエ）ヲバ被始行（ハジメオコナハレ）タル也（ナリ）ケリ。

　　　　　　　　　　　　　　　　　　（今昔・巻第十二第四　p. 135）

(7)　　夜（よ）に入（いつ）て後（のち）、軍功（くんこう）の賞（しやう）を行（をこな）はる。　　　　　　　　　　　（保元　p. 124）

のように、同様の文脈で、名詞句がヲ格で明示されているものが存在するからである。

第 2 は、

(8)　　鳥羽（とば）の作道（つくりみち）は、鳥羽殿（とばどの）建（た）てられての後の号（な）にはあらず。昔よりの名なり。

　　　　　　　　　　　　　　　　　　　　　（徒然・132　p. 195）

(9)　　西園寺（さいをんじ）の鐘、黄鐘調に鑄（い）らるべしとて、あまた度（たび）鑄（い）かへられけれどもかなはざりけるを、遠國（をんごく）より尋（たづ）ねいだされけり。　　　（徒然・220　p. 268）

のように、生産動詞を述語とする用例群である。これらの用例については「非情の受身」とする解釈が成り立つ可能性がある[11]。しかし、金水（1993）が指摘するように、「建てる」「鑄る」というような生産動詞の受身文は「非固有の受身」である可能性が高いともされているので、本稿ではこれらの用

---

10　用例の破線部は、（ラ）ル文の主語にあたる部分（または、主語の指す名詞）を示す。また、用例におけるページ数はすべて引用に用いた活字本のページ数を示す。なお、万葉集や源氏物語など複数冊にわたる資料の場合、活字本の巻数 - ページ数の順に示した。例えば、2-p. 251 であれば、2 巻 251 ページということである。

11　例えば、用例 (8) は小杉（1979）で、用例 (9) は奥津（1983）、金水（2004）で「非情の受身」の例とされている。なお、金水（1993）も参照のこと。

「非情の受身」のバリエーション ｜ 165

例については判断を保留し、暫定的に「非情の受身」の範囲から除外してお
くことにする。

## 3.2 「非情の受身」の諸タイプ

3.1 で示した用例群を除外した上で、上代から近世にかけての資料を調査
対象として収集した用例を類型化すると、多少の例外はあるものの、以下に
示す A ～ C のタイプに分けることが可能である。

### A. ＜擬人化＞タイプ

近代以前の和文資料に見られる「非情の受身」の第 1 のタイプは、主語
が何らかの意味で有情者（多くの場合、人間）扱いされている、すなわち、
主語が擬人化されているものである。たとえば、以下のような用例がこれに
あたる。

（10）　南淵（みなぶち）の細川山に立つ檀（まゆみ）弓束（ゆづか）纏（ま）
　　　　くまで人に知らえじ　　　　　　　　　　　　（万葉 1330　2-p. 251）

用例（10）は、万葉集巻第七にある比喩歌の中の一首で、「弓に寄する」と
いう詞書をもつ。比喩歌とは比喩形式の恋歌であるから、（10）の「檀の木」
は恋人の比喩であろう。このタイプでは、主語は非情物でありながらも人間
扱いされており、結果的に人格的主語者の被影響を語る通常の受身文と変
わらないということになる。以下、類例を示す。いずれも和歌ではないが、
（10）と同様に、主語である桜（＝（11））や梅（＝（12））といった非情物（い
ずれも植物）が擬人化された用例だと判断できる。

（11）　花ざかりは過（す）ぎにたるを、「ほかの散（ち）りなむ」とや、教
　　　　（をし）へられたりけむ、おくれて咲（さ）く櫻（さくら）二（ふた）
　　　　木ぞ、いとおもしろき。　　　　　　　　　（源氏・花宴　1-p. 311）

（12）　おそき梅は、さくらに咲（さ）き合（あ）ひて、覚えおとり、けおさ
　　　　れて、枝にしほみつきたる、心うし。　　　　（徒然・139　p. 207）

### B. ＜潜在的受影者＞タイプ

すでに述べたように、近代以前の和文資料に見られる「非情の受身」の中
には、「潜在的受影者」が想定できる用例群がある。これらを＜潜在的受影

者＞タイプと呼ぶ。たとえば、以下のような用例がこの類型に相当する。

(13) それじやと相（あい）の山の、与次郎の小屋が、此間の風で、谷へ
　　　ふきおとされたといふことでおますがな。　　　（膝栗毛　p. 296）

(14) 猶、才（ざえ）を本（もと）としてこそ、大和魂（やまとだましひ）
　　　の世に用（もち）ひらるゝ方（かた）も、強（つよ）う侍らめ。

（源氏・少女　2-p. 277）

(13)の場合、主語はガ格で示されている「与次郎の小屋」であると考えら
れるが、その背後に小屋の所有者である「与次郎」という有情者が想定され
る。そして「与次郎の小屋が吹き落とされる」という事態からの影響は、小
屋の所有者たる与次郎という有情者が受けているという解釈がなされると考
える。(14)は金水（1991）においてⅣ型の用例として挙げられていたもので
あるが、本稿の分類観点に照らせば、すでに述べたように＜潜在的受影者＞
タイプに分類されることになる。このタイプの「非情の受身」は、「潜在的
受影者」と文にあらわれる非情物主語との意味的関係によって、いくつかの
グループに下位分類することが可能である。たとえば、(13)の場合、潜在
的受影者と非情物主語との関係は、「所有者－所有物」という関係になるし、
(14)の場合は、「人－性質・能力」という関係になる。以下、類例を挙げる
（例文の最後に、潜在的受影者と非情物主語との関係も示す）。

(15) かの明石（あかし）の舟、このひゞきにおされて、過（す）ぎぬるこ
　　　とも聞（きこ）ゆれば、「知（し）らざりけるよ」と、あはれに思（お
　　　ぼ）す。　　　（源氏・澪標　2-p. 121）：乗り手－乗り物

(16) この歌に限（り）てかくいひたてられたるも知（し）りがたし。

（徒然・14　p. 101）：作り手－生産物

(17) さるべき程（ほど）とは言（い）ひながら、怪（あや）しきまで、昔
　　　より、睦（むつま）しき中（なか）に、かゝる、心の隔（へだ）ての
　　　知（し）られたらん時（とき）、はづかしう、

（源氏・浮舟　5-p. 226）：行為者－行為の内容

ところで、以下の用例(18)をご覧いただきたい。

(18) 榻（しぢ）なども、みな押（お）し折（を）られて、すゞろなる車の
　　　筒（どう）に、うちかけたれば、　　　（源氏・葵　1-p. 321）

この用例は、源氏物語における六条御息所と葵の上の車争いの場面の用例で

あるが、このように格助詞が明示されていない場合、「ア．車の榻ガ押し折られて」とも「イ．六条御息所ガ車の榻ヲ押し折られて」とも解釈でき[12]、そのどちらであるのかは、用例を見ただけでは判定できない。また、文脈を考慮に入れたとしても、どちらか一方に決することは困難である。ア．の解釈をとれば本稿のいう＜潜在的受影者＞タイプの「非情の受身」の用例ということになるし、イ．の解釈をとれば、通常の有情者主語の受身文（そのうちの、いわゆる「持ち主の受身文」）ということになる。このような用例を「非情の受身」と数えるかどうかによって、受身文の用例全体における「非情の受身」の割合は大きく変わってくるが、本稿では便宜的にこれらを「非情の受身」の用例として認定しておきたい。

## C．＜発生状況描写＞タイプ

　近代以前の和文資料、なかでも中古仮名散文資料に多く見られる「非情の受身」として以下のような用例がある。

　（19）　御几（みき）帳の、しどけなく引（ひ）き遣（や）られたるより、御
　　　　　目（め）とゞめて、見透（とほ）し給へれば、（源氏・澪標　2-p. 125）
この例においては述語に助動詞タリが用いられていることに注目しておきたい[13]。鈴木泰氏は源氏物語の助動詞リ・タリについて、変化の結果の継続の意味か動作の完成と結果の存在の意味かを表わし、結果性に関わるものだと指摘する[14]が、この例の場合も誰かの「引き遣る」という動作の結果として、現在、「御几帳」というモノが「引き遣られた状態にある」という結果の状態を描写している文だと解釈することができる。

　先に述べたＡ＜擬人化＞タイプやＢ＜潜在的受影者＞タイプが実質的に

---

12　このことは、既に先行研究において指摘されている。たとえば、小杉（1979）は、この用例について非情物主語の受身の用例としながらも、「『人ガ非情物ヲ…ラレル』の型と解釈することもまた可能である。」（p. 477）と述べている。

13　小杉（1979）では、中古の非情物主語の受身文の特徴として、「動作・作用を加へるものは、いづれの場合もほとんど問題にされてをらず、従つて誰がしたかといふ動作性は極めて稀薄になり、その結果としてある状態性の方が重視されている」（p. 484）こと、そして「存在継続の『たり』または『り』が下接されてゐる」（同）か、「『あり』か『侍り』か『無し』等、存在や状態を表はす語が必ず下にある」（同）ことを指摘している。

14　鈴木泰（1992）第6章参照。

は有情の主語者（人格的主語者）への影響を語る文であり、通常の「有情の受身」と連続的であるのに対して、このタイプはある動作の結果として、現在あるモノの身の上に何らかの状況が発生しているということを描写する文であり、有情者主語（人格的主語）への影響を語る文ではないという点で、同じ「非情の受身」とはいいながら異質のものであるということができる。すでに述べたように、このタイプの用例について、金水氏は＜叙景文＞という名称を与えている。また、尾上氏はこのタイプに＜発生状況描写＞と名称を与えている。金水氏のいう＜叙景文＞とは「知覚された状況を描写する」（金水 1991: 4）もので「非情の受身」の一類型であるのに対し、尾上氏の＜発生状況描写＞は「ある人格の行為の結果モノの身の上に発生した状況を語る」（尾上 2003: 35）もので、＜受身＞とは異なる「出来文」（「事態をあえて個体の運動（動作や変化）として語らず、場における事態全体の出来、生気として語るという事態認識の仕方を表す文」（尾上 2003: 36））の用法とされる。金水氏の規定と尾上氏の規定は本稿のＣタイプを「受身」という範疇に含めるか否かという点において相違を見せているが、タイプの特徴記述においては見解が一致していると思われる。そこで本稿では、このＣタイプを「受身」という範疇に含めるか否か（「非情の受身」とするか否か）という問題には立ち入らずに、尾上氏の〈発生状況描写〉という用語のみをこのＣタイプの名称として借りておくことにする。「受身」という概念をどのようなものとして規定するかということをひとまず措くとしても、このＣタイプがＡ、Ｂタイプとは大きく異なる類型であることに注意しておく必要がある。以下、類例を示しておく。

(20) 薄二藍（うすふたあゐ）なる帯（おび）の、御衣（ぞ）にまつはれて引（ひ）き出（い）でられたるを、みつけ給ひて

(源氏・賢木　1-p. 410)

(21) 御物おもひの程（ほど）に、所せかりし御髪（ぐし）の、少（すこ）しへがれたるしも、いみじうめでたきを、　(源氏・明石　2-p. 94)

(22) 呉竹（くれたけ）は葉ほそく、河竹（かはたけ）は葉ひろし。御溝（みかは）にちかきは河竹、仁壽殿（じじうでん）のかたによりて植（う）ゑられたるは呉竹なり。　(徒然・200　p. 253)

なお、たとえば、以下の(23)(24)のような用例を＜発生状況描写＞とする

かどうかは検討を要するところがある。

(23)　御簾（みす）のふきあげらるゝを、人々おさへて、いかにしたるにかあらん、うち笑（わら）ひたまへる、いと、いみじく見ゆる。

（源氏・野分　3-p. 46）

(24)　なりひさこといふ物を人の得（え）させたりければ、ある時、木の枝にかけたりける［なりひさご］が、風にふかれて鳴（な）りけるを、かしかましとて捨（す）てつ。　　　　（徒然・18　p. 103）

これらの例は、第1に、述語にリ・タリを伴わない点で、第2に、その時点で生じている状況が有情者（人格的存在）による意図的動作の結果ではなく、自然現象（風）が引き起こした結果であるという点で、特殊であるが、現段階ではこれらを＜発生状況描写＞の周辺的な用例として位置付けておきたい。

### 3.3　例外的な用例・検討を要する用例

　今回の調査で収集した「非情の受身」の用例の多くは、上述のA～Cタイプのどれかに分類することができた。しかし、少数ながら、例外と見なされる用例や検討を要すると思われる用例も見出された。以下それらについて記していく。

### 3.3.1　漢文訓読の影響があると思われるもの

　収集した用例の中に、以下のような例が存在する。

(25)　嵐にむせびし松も千年をまたで薪（たきぎ）にくだかれ、古（き）墳（つか）はすかれて田となりぬ。　　　　（徒然・30　p.115）

(25)の主語と考えられる「松」や「古き墳」は擬人化されている（Aタイプ）とも、その背後に潜在的受影者が存在している（Bタイプ）とも考えられず、かといって、何らかの動作の結果「松」や「古き墳」の身の上に発生している状態（状況）を語っている（Cタイプ）とも考えられない（述語にリ・タリも接続していない）。この文が語っているのは、むしろ「松」や「古き墳」が動作主から働きかけを受けたという、いわば運動的な事態である。『新編日本古典文学全集』頭注（p.107、永積安明氏校注）によれば、この部分は文選「古墳ハ犁（す）カレテ田トナリ、松柏ハ摧（くだ）カレテ薪ト

ナル」(文選十五・古詩十九首)[15] によるということである。とすれば、この
用例は漢文訓読文(あるいは漢文訓読に影響を受けた文)であるということ
が許されるであろう。非常に単純化して言えば、漢文訓読文とは中国語の直
訳文体であり、そのような環境においてのみ、動作対象が動作主から働きか
けを受けたということを語るだけの「非情の受身」が許されたのであろうと
推測される。

### 3.3.2 ＜個体の履歴＞に該当するもの

　金水(1991)が挙げる中古仮名散文のⅡ型タイプ(＜個体の履歴＞)の用
例の多くは、本稿のBタイプ(＜潜在的受影者＞)に分類可能だと考える[16]。
しかしながら、近世和文資料で確認できる以下の例については、本稿のA
〜Cタイプに分類できず、かつ、漢文訓読の影響も考えられない。これら
は、まさに、金水(1991)のいう＜個体の履歴＞を表わすものだといえる。

(26)　大絵馬、掛奉る御寶前、洛陽清水寺に、呉服所の何某銀百貫目を祈
　　　り、其願成就して、是に名をしるして[大絵馬ガ]懸られしと語り
　　　ぬ。　　　　　　　　　　　　　　　　　　　　　(日本永代蔵 p. 113)

(27)　有時、高野山にて何院とかやに、一度に三石[胡椒ノ実ガ]蒔れし
　　　に、此内より二本、根ざし蔓(はびこり)て、今世上に多し。

(日本永代蔵 p. 142)

このタイプの用例がいつ頃まで遡れるのか、調査・検討が必要であるが今は
その余裕がない。今後の課題としたい。

### 3.3.3 ＜種の履歴＞または「属性叙述受動文」と見なせるもの

　本稿の調査対象外の用例だが、金水(1991)が挙げる以下の「枕草子」の
用例は、Ⅲ型タイプ(＜種の履歴＞)、あるいは、益岡(1982)のいう「属性
叙述受動文」として理解可能である[17]。

---

15　原文は「古墓犁為田松柏摧為薪」。引用は『索引本　文選　附考異』(中文出版 1971)
によった。なお、六十巻本の同書の場合、古詩十九首は巻二十九に存する。

16　ただし、すべての用例が当てはまるかについて詳細な検討が済んだわけではない。詳
細な検討は今後の課題としたい。

17　川村(2012)にも指摘がある。なお、川村(2012)ではこの例を、検討を要する例とし

(28)　楠（くす）の木は、木立（こだち）おほかる所にも、ことにまじらひ
　　　たてらず、おどろおどろしき思ひやりなどうとましきを、千枝（え）
　　　にわかれて戀する人のためしにいはれたるこそ、たれかは數（かず）
　　　を知（し）りていひはじめけんと思ふにをかしけれ。

(枕草子 40・p.87)

このタイプの用例についても、用例数が近代以前の和文資料にどの程度ある
のか、また、どの時代まで遡れるのか、検討を要するが現時点ではその用意
がない。今後の課題としたい。


## 4.　まとめ

　以上、はなはだ不十分ながら、近代以前の和文資料における「非情の受
身」のバリエーションを記述、整理してみた。「非情の受身」のバリエー
ションは見てきたようにＡ〜Ｃの３類型に分類することができるが、それ
らをさらに大きくまとめると、以下の二つのタイプに分かれることになる。

非情の受身①＝Ａ＜擬人化＞タイプ、Ｂ＜潜在的受影者＞タイプ
　　　　　…実質的には人格的主語者への影響を語るもの

非情の受身②＝Ｃ＜発生状況描写＞タイプ
　　　　　…ある動作の結果、対象物（モノ）の身の上に発生している状
　　　　　　況を語るもの

　本稿のいうＡタイプ（擬人化）は、非人格的な非情物主語が有情者に擬せ
られていることにより、実質的には人格的主語者への影響を語ることにな
る。また、Ｂタイプ（潜在的受影者）は、非人格的な非情物主語の背後に有
情者が想定されていることによって、結果的に人格的主語者への影響を語る
ことになるものである。このように「非情の受身①」は表面的には「非情の
受身」でありながら、実質的には人格的主語者への影響を語る文であり、有

つつ、擬人化タイプ（本稿のいうＡタイプ）と理解している。

情者を主語とする通常の受身文と本質的に変わらないものといえる。一方、「非情の受身②」はモノの身の上に発生した状況を描写することに主眼がある文であり、その意味でモノを主語とする実質的な「非情の受身」といってよい。要するに、近代以前の和文資料にあらわれる実質的な「非情の受身」はCタイプに限られるということになる。

その上で、さらに「非情の受身②」が本当に「受身」なのかという問題も考えなければならない。「非情の受身①」と「非情の受身②」とは「非動作主を焦点化する」という点において共通性をもつものの、その文によって「何を語るのか」という動機が異なっている。三矢（1908）などのように日本語固有の「受身」を「人格的主語者への影響」を語るものと規定すれば、「モノに発生した状況」を語る「非情の受身②」はそもそも「受身」とはいえなくなり、近代以前の和文体に実質的な意味での「非情の受身」は存在しないことになる。一方、「受身」を「非動作主を焦点化する」ものと規定するならば、「非情の受身②」は「人格的主語者への影響」を語ることとは異なる動機をもった「受身」文ということになる。

つまるところ、日本語の固有の受身として「非情の受身」が存在したか否かは、日本語の「受身」をどう規定するかによっているといえる。本稿ではその大きな問題に答える余裕はない。今後の課題としたい。

## 調査資料

①万葉集：『日本古典文学大系　万葉集1〜4』（岩波書店）、②源氏物語：『日本古典文学大系　源氏物語1〜5』（岩波書店）、③今昔物語巻十一〜十七（本朝付仏法）：『日本古典文学大系　今昔物語集3』（岩波書店）、④保元物語：『日本古典文学大系　保元物語・平治物語』（岩波書店）、⑤平治物語：『日本古典文学大系　保元物語・平治物語』（岩波書店）、⑥徒然草：『日本古典文学大系　方丈記・徒然草』（岩波書店）、⑦好色伝授：坂梨隆三・小木曽智信・酒井わか奈・村上謙編著『好色伝授　本文・総索引・研究』（笠間書院）※、⑧東海道中膝栗毛：『日本古典文学大系　東海道中膝栗毛』（岩波書店）、⑨遊子方言：『日本古典文学大系　黄表紙・洒落本集』（岩波書店）※、⑩辰巳之園：『日本古典文学大系　黄表紙・洒落本集』（岩波書店）※、⑪軽井茶話道中粋語録：『日本古典文学大系　黄表紙・洒落本集』（岩波書店）※、⑫卯地臭意：『日本古典文学大系　黄表紙・洒落本集』（岩波書店）※、⑬通言総籬：『日本古典文学大系　黄表紙・洒落本集』（岩波書店）※、⑭傾城買四十八手：『日本古典文学大系　黄表紙・洒落本集』（岩波書店）※、⑮青楼昼之世界錦之裏：『日本古典文学大系　黄表

紙・洒落本集』（岩波書店）、⑯傾城買二筋道：『日本古典文学大系　黄表紙・洒落本集』（岩波書店）、⑰日本永代蔵：『日本古典文学大系　西鶴集　下』、⑱世間胸算用：『日本古典文学大系　西鶴集　下』、⑲春色梅児誉美：『日本古典文学大系　春色梅児誉美』（※がある作品には非情の受身の用例は存在しない）

## 参照文献

岡部嘉幸（未公刊）「いわゆる「非情の受身」の諸類型」尾上圭介（編）『ラレル文の研究』くろしお出版.

奥津敬一郎（1983）「何故受身か？」『国語学』132, pp. 65–80.

小田勝（2015）『実例詳解　古典文法総覧』和泉書院.

尾上圭介（2003）「ラレル文の多義性と主語」『月刊言語』32-4, pp. 34–41, 大修館書店.

川村大（2012）『ラル形述語文の研究』くろしお出版.

金水敏（1991）「受動文の歴史についての一考察」『国語学』164, pp. 1–14.

金水敏（1993）「受動文の固有・非固有性について」近代語学会（編）『近代語研究 9』pp. 474–508, 武蔵野書院.

金水敏（2004）「グローバル時代における日本語—"客観化"をめぐって—」『日語日文学研究』49-1, pp. 15–30, 韓国日語日文学学会.

小杉商一（1979）「非情の受身について」田辺博士古稀記念国学論集編集委員会（編）『田邊博士古稀記念　国語助詞助動詞論叢』pp. 473–488, 桜楓社.

桜井光昭（1966）『今昔物語集の語法の研究』明治書院.

鈴木泰（1992）『古代日本語動詞のテンス・アスペクト—源氏物語の分析—』ひつじ書房［改訂版 1999］.

原田信一（1974）「中古語受身文についての一考察」『文学・語学』74, pp. 44–52［再録：原田信一（著）福井直樹（編）（2000）『シンタクスと意味—原田信一言語学論文選集—』大修館書店］.

益岡隆志（1982）「日本語受動文の意味分析」『言語研究』82, pp. 48–64［再録：益岡隆志（1987）『命題の文法—日本語文法序説—』くろしお出版］.

益岡隆志（1991）「受動表現と主観性」仁田義雄（編）『日本語のヴォイスと他動性』pp. 105–121, くろしお出版.

三浦法子（1973）「平安末期の受身表現についての一考察」『岡大国文論稿』創刊号, pp. 129–143, 岡山大学.

三矢重松（1908）『高等日本文法』明治書院［増訂改版 1926］.

宮地幸一（1968）「非情の受身表現考」近代語学会（編）『近代語研究 2』pp. 279–296, 武蔵野書院.

山田孝雄（1908）『日本文法論』宝文館.

吉田永弘（2014）「いわゆる「公尊敬」について」青木博史・小柳智一・高山善行（編）『日本語文法史研究 2』pp. 43–60, ひつじ書房.

# ラル構文によるヴォイス体系
―非情の受身の類型が限られていた理由をめぐって―

志波彩子

## 1. 本研究の目的と問題の所在

　従来の研究により、近世以前の日本語（仮名散文）では、非情物が主語に立つ受身文（非情の受身）の類型が限られており（小杉 1979、金水 1991、川村 2012b、岡部未公刊等）、明治以降欧文翻訳文の影響で、非情物主語の受身文が日本語の文法に定着していったと言われている（韓 2010 も参照）。しかし、そもそもなぜ日本語に松下（1930）の「単純の被動」や益岡（1982）の「降格受動文」タイプの非情の受身が発達しなかったのか、またそれがなぜ近代以降、急速に定着していったのかについて、詳しい議論はなされてこなかった。

　以上の 2 つの問いに対し、本研究は以下の議論を展開する。まず、近世以前の日本語に通常の非情の受身が存在しなかったのは、西欧諸言語が非情物主語の受身文を発達させた領域に、日本語は自発・可能構文を確立させたからであるということを述べる。そして、それはラル構文が話し手の「視点」と密接に関わる構文だからであるという議論を展開する。最後に、近代以降、急速に非情物主語の受身文が定着したのは、当時すでにラル構文が受身専用の構文に移行しつつあったからであるという仮説を提唱する（志波 2004）。

[175]

## 2. 受身文の分類をめぐる 2 つの立場と志波 (2005) の分類

　日本語の受身文の分類には大きく 2 つの観点がある。1 つは、三上 (1953) や柴谷 (1978)、寺村 (1982) 以降スタンダードな分類として定着している「直接受身 vs. 間接受身（まともな受身 vs. はた迷惑の受身）」である。

(1) a. 　花子は先生に褒められてうれしくなった。[1]
　　b. 　次々に椅子が折りたたまれ、机が運び出された。
　　c. 　壁に当時の写真が飾られているのを見て、懐かしく思った。

(2) 　　電車の中で子供に隣に座られて嫌だった。

上の (1) が直接受身、(2) が間接受身であるが、この分類は、「英語にない受身文」という関心から多くの論者によって活発に議論され、現在でも最もスタンダードな分類として知られている。

　これに対し、「（近世以前の）日本語に固有の受身文」という関心から、「主語が影響を受ける」という意味がある受身（主に有情者主語で動作主ニ格標示）とない受身（主に非情物主語で動作主を表示するならニヨッテ標示）という観点からの分類がある。この観点から積極的に受身文のタイプについて語っている論者に、三矢 (1908)、山田 (1908)、松下 (1930)、Kuroda (1979)、益岡 (1982)、尾上 (1999)、志波 (2005)、川村 (2012b) などがある。ここでは、(1a) と (2) を有情主語の影響を受ける意味がある受身文とし、(1b) (1c) を非情主語の受身文として、大きく分類する。

　志波 (2005) は、(1a) と (2) のような主語が有情者で動作主をニ格補語とし、「影響を受ける」という受影の意味を帯びる受身文をその機能的な特徴から「被動者主役化タイプ」と呼んだ。そして、「直接 vs. 間接」という分類を、いずれの事態参与者が受身文の主語に立つかという観点から細分類した鈴木 (1972) の「直接対象のうけみ」、「あいてのうけみ」、「もちぬしのうけみ」、「第三者のうけみ」という 4 つの分類は、被動者主役化受身文（有情主語）の下位分類としてあるものだと述べた。また、非情物が主語に立ち、動作主が背景化され、自動詞相当として使われる受身文を「脱他動化タイプ」と呼び、脱他動化タイプは、事態の実現の局面を捉える事態実現型

---

1　以下、用例のラ（レ）ル構文のラル動詞に下線、対象に枠囲いをする。

(1b)と事態実現後の結果状態を捉える状態型[2](1c)の2つに大きく分類できることを述べた。

本稿では、「被動者主役化」という用語は熟さないため、(1a)と(2)のような受身を有情主語の受身、もしくは意味的観点から受影受身（益岡 1982）と呼ぶ。一方、(1a)のような有情主語の受身文も脱他動化していると考えられるため、非情主語の受身の「脱他動化」という用語を改め、機能的観点から「自動詞化受身」と呼ぶことにする。

以上の分類をまとめると以下のようになる。

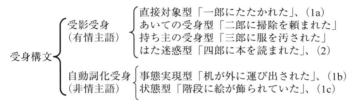

図1：受身構文の分類（志波 2005 を改訂）

さて、日本語の受身構文の中心的なタイプは有情者が主語に立つ受影受身であった（三矢 1908、山田、1908、松下 1930）。しかし、古代にも非情の受身が存在したことは多くの論者に指摘されてきた（三矢 1908、山田 1908、三浦 1973、清水 1980 等）。そして、小杉（1979）により、古代語の非情の受身のほとんどがタリまたは存在動詞相当の語を下接していることが明らかにされた。こうした非情の受身は、上の分類の「状態型」に相当する。同時に金水（1991）及び岡部（未公刊）の調査から、事態実現型の自動詞化受身は、少なくとも仮名散文などの日常語に近い典型的な日本語には存在しなかったと考えられる。よって、近世以前の日本語に存在した自動詞化受身は、「状態型」タイプであり、「事態実現型」は存在しなかったということである。

---

2　西欧諸言語の受身研究で「状態受身」と呼ばれてきた構文に相当する。

## 3. 古代日本語のラル構文の特徴―「自然発生」と話し手の「視点」

近世以前の日本語には事態実現型の非情主語受身は存在しなかった。これは、西欧諸言語が事態実現型の自動詞化受身文（非情主語）を発達させた領域に、日本語は自発・可能構文を確立させたためだと考えられる。以下では、この事態実現型と自発・可能構文の似通いについて見ていく。

### 3.1 事態実現型と自発・可能構文

事態実現型と自発構文、可能構文は、いずれも基本的に非情物の対象を主格に立てる点でその構造的特徴が似ている。違いは、前者は動作主を背景化させ、中立的視点で「何が起きるか（起きたか）」を述べる構文であるのに対し、あとの2つの構文は動作主（話し手）に視点があり、動作主の側から自分に対して事態が実現したことを述べる構文であるという点である（志波2004）。

(3)　A：　この魚は通常生で食べられます。
　　　Q1：生で食べたいのですが食べられますか。
　　　Q2：日本ではこの魚はどうやって食べているのですか。

(4) a.　海にたくさんのゴミが捨てられた。
　　b.　（捨てられるかどうか不安だったが）結構たくさんのゴミが捨てられた。

(5)　細胞分裂が｛観察された／見られた｝。

上の (3) の A は、例えば Q1 の答えとして「食べる」ことを期待する動作主の側から述べれば可能の意味が優勢になり、Q2 の答えとして動作主を不特定多数の人と捉えて背景化し、中立視点で習慣的な事態として述べれば受身の意味が優勢になる。同様に、(4) は中立的視点で述べれば (4a) のように事態実現型の受身の意味になるが、「捨てる」ことを期待する動作主の側から述べれば (4b) のように可能の意味が生じる。また、(5) は、漢語サ変動詞「観察された」で述べれば受身の意味にしか取れないのに対し、ほぼ同じ知覚の意味の一段動詞「見られる」になると、視点が動作主寄りになり、「見る」ことを期待していた動作主に対して行為が実現したことを述べる可能構文になる。このように、事態実現型と自発・可能構文は非情物の対象が

主格に立つ点で共通し、視点のありかの違いによって解釈が変わることが分かる。ラル構文の意味・機能の違いを捉えるにはこの「視点」の概念が不可欠なのだが、従来の研究で強調されることはあまりなかった[3]。

なお、上の現象は、自然発生的自動詞における次のような意味の現れ方と並行した現象である。

(6) a.　糸が切れた。

　　 b.　魚が焼けた。

(7) a.　この糸はなかなか切れない。

　　 b.　魚がやっと焼けた。

(8)　　(瓶のふたをぐいぐいやっていて) あ、{開いた／*開けた}！

(6) は自然発生的自動詞と解釈されるのに対し、事態実現を期待する動作主を含意させた (7) は実現系可能の意味に解釈される。また、(8) のように、日本語では動作主が意図的に関与する「実現」の事態を「自然発生的自動詞」で表現する（中国語などは他動詞で表現する）。このような言語の特性は、ラル構文が「事態実現型」ではなく、「自発・可能」を確立させたことと深く関連していると考えられる。

## 3.2　接辞 -(r)are- の本質的な意味・機能と「動作主背景化」

接辞 -(r)are- が対応する自動詞のない他動詞を自動詞化するものだということは、三矢 (1908)、三上 (1953)、橋本 (1969) など、多くの論者によって主張されてきた。柳田 (1989) は、ラ行下二段活用自動詞の活用語尾が動詞を無意志動詞化する接尾語であったとし、この類推から生まれた -(r)are- は無意志動詞化の助動詞として成立したのであり、これは一般にラルが自発を本来的な意味とする見方に一致するものだとしている。そして、釘貫 (1991) により、-(r)are- ／ -(s)ase- ともに自他対応形式の定着と並行して成立したことが明らかにされた。現在、この説は文法的接辞 -(r)are- の発生起源として最も有力視されている（川村 2012a、2012b など）。

---

3　受身と可能の違いに視点が関わるとして議論している研究に、松下 (1930) と Jacobsen (1991) がある。ただしこれらの研究は、「相撲取りが山田に投げられるはずがない」というような対象が有情者である文で、「相撲取り」の視点から述べれば受身であり、「山田」の視点から述べれば可能になるという議論である（松下 1930: 162–163、Jacobsen1991: 145）。

180 | 志波彩子

しかしながら、-(r) are- がラ行下二段活用自動詞の活用語尾の類推から、単に無意志自動詞化するものとして発生したのならば、非情主語受身の「自動詞化（＝事態実現型）」こそを主要な用法として発達させていたはずである。しかし、実際には、無対他動詞の穴を埋めるという意味での自動詞化は状態型に限られていた上、その頻度は決して高くない。

接辞 -(r) are- は、自動詞派生接辞の類推から文法的接辞として取り出され、「自然発生（自ずから然る）」という意味をその本質的意味として継承していると考えられる。しかし、それだけではなく、同時にラル構文は話し手の視点と強く結びついた構文であったと考えられる。つまり、話し手が視点を置いた有情者の側から、自分に対して何らかの行為が自然発生したことを述べることを中心的機能としていたと考えられる[4]。そのため、有情者の行為であれば特に当該動詞が他動詞でなければならないという制約もなかったのだと考えられる。古代語では自動詞による自発構文も少なからず見受けられるからである。

このとき、動作主は「背景化」されておらず、視点を置かれる有情者として積極的にその存在が想定されていると言える[5]。もちろん、通常の他動詞構文に比べれば相対的にはその存在がぼやけているが、西欧諸言語の受身構文の特徴として言われるような「動作主背景化」という特徴はラル構文の本質的機能ではない。この本質的機能の違いが、双方のヴォイス体系において一方は自動詞化の事態実現型受身構文を発達させ、もう一方の日本語は自発・可能構文を確立させることになったのだと考えられる。

### 3.3 ラル構文における受身、自発、可能の意味の現れ方

では、上の本質的意味と機能からどのようにラル構文の各用法が確立した

---

4 「視点」というキーワードこそ用いていないが、川村 (2012a) では、自然発生的自動詞を述語とする文に比べ、ラル構文では「ヒトの身の上に生ずる事態を述べる」のだということが強調されており、本研究の主張にも通ずる。

5 ラル構文全体の意味・機能についてではないが、仁科 (2011) は、「音のみし泣かゆ」や「面隠さるる」のような、いわゆる自発用法の一部のタイプについて「行為が話し手の意向とは無関係に生ずることが表されている。（表現はされないが）つねに動作主体（一人称）の存在が強く意識される」(p. 32) と述べている。こうした把握は本研究が考えるラル構文の主要機能に通じるものである。

のか。以下、古代語から用例を挙げて、ラル構文の下位構文の意味の現れを
検討する。

　まず、確認したいのは、古代語の自発構文は、心理（思考や感情）を表す
動詞が圧倒的に多いものの、動作動詞の用例も存在すること（（9））、また先
にも述べたが、自動詞の用例も少なからず存在することである（（10））（以
下、事態発生の要因に波下線を施す）。

（9）　「【前略、女性の漢字の多い消息は】心地にはさしも思はざらめど、
　　　おのづからこはごはしき声に読みなされなどしつつ、ことさらびた
　　　り。【後略】」
　　　　　　　　　（源氏・帚木、新全 20:89、川村 2012b: 170）【自発、動作動詞】

（10）　「生けるかひなきや、誰が言はましごとにか、うつせみの世はうき
　　　ものと知りにしをまた言の葉にかかる命よ　はかなしや」と、御手
　　　もうちわななかるるに、乱れ書きたまへるいとつくしげなり。
　　　　　　　　　　　　　　　（源氏・夕顔、新全 20:190）【自発、自動詞】

また、ラルによる可能構文では、潜在系の可能は存在せず、すべて実現系の
可能であり、否定が多いものの（（11））、肯定の用例も存在する（（12））。

（11）　とある御返り、目もあやなりし御さま容貌に、見たまひ忍ばれずや
　　　ありけむ、　　　　　　（源氏・紅葉賀、新全 20:313）【不可能・非実現】

（12）　この入りつる格子はまだ鎖さねば、隙見ゆるに寄りて、西ざまに見
　　　通したまへば、この際に立てたる屏風も端の方おし畳まれたるに、
　　　紛るべき几帳なども、暑ければにや、うちかけて、いとよく見入れ
　　　らる。　　　　　　　　　　（源氏・空蝉、新全 20:119）【可能・実現】

　さて、ラル構文は、「有情者（自分）に対して行為が自然発生する」という
述べ方で述べるための構文であった。このとき、有情者に対して自分に意志
がない（当該行為を積極的に選択していない）のに、何らかの要因によって
自分の行為が自然発生するのが自発である。そして、有情者に行為実現の期
待はあるが意志はないのに何らかの要因によって自然発生するのが肯定可能
（実現）である（吉田 2013）。また、有情者が実現を期待して行えば通常実現
する行為が、何らかの要因によって自然発生しないのが不可能（不実現）で
あると考えられる。さらに、有情者に対して自分の意志と関係なく他者に
よって行為が自然発生するのが受身（受影受身）なのだろう。

より単純化して言うなら、「有情者に対して（何らかの要因により）行為が自然発生する」とき、その事態の引き起こし手が当の有情者自身であるなら自発・可能と解釈され、引き起こし手が当の有情者以外の他者であるなら受身と解釈される、ということである。このとき、非情物が対象に立つ場合は、「(特定の) 有情者に対して」と、有情者の側から述べているのが日本語のラル構文である。これに対し、「不特定の有情者によって」事態（行為）が自然発生すると中立的視点で述べるのが、西欧諸言語で発達した自動詞化の事態実現型受身なのである。

　まとめると、「本が読まれる」という文は、西欧諸言語では「（人々によって）本が読まれる」という中立的視点の事態実現型受身として発達したのに対し、日本語では、「（自分が意図していないのに自然と）本が読まれる」という自発、もしくは「（彼のことが恋しすぎて）本が読まれない」という不実現、ないしは「（読めたらいいと思っていたが意志はないのに）本が読まれた」という実現の構文として拡張したのだと考えられる。

### 3.4　ラル構文の格体制と「視点」との関係

　このように考えるなら、自発・可能構文における対象の格が必ずしも主格に安定していないことの理由は次のように考えられる。すなわち、自発・可能構文においては、視点の置かれる有情者が動作主（経験者）であるため、事態参与者のいずれの側から事態を述べるか、という意味での対立からすれば、他動詞構文と視点のあり方が同じであり、対象が対格を取ることが不自然ではなかったと考えられる。つまり、ラル構文は「対象の主格への昇格」という自動詞構文としての特徴を絶対的な機能としては持っていなかったと考えられる。同様に、動作主の格に関しても、自発・可能構文では受身用法のように斜格（ニ格）には安定せず、他動詞構文と同じように主格が選ばれることがあるのだと考えられる（ただし、基本的に「主格」というより「主題」である）。

　一方、受身構文では「動作主 vs. 対象」が「有情 vs. 有情」であるため、いったん視点を置かれた対象としての有情者は、動作主に対立する有情者として主語性をますます強め、主格として安定したのだと考えられる。一方の動作主は主語者に行為を及ぼした責任を持つ「相手＝ニ格」として、その個

別性を高めていったのではないか（Tsuboi 2000[6]、志波 2006 参照）。

## 4. 古代語の「非情の受身」の特徴

　近世以前の非情主語の受身文について、従来の研究で指摘されている点で重要なのは次の 2 点である。まず 1 点目は、先にも述べたように、古代語に存在した非情の受身はほとんどが「状態型」（金水 1991 の叙景文）であり、「事態実現型」は存在しなかった。2 点目は、岡部（2018）でも述べられているように、状態型以外の非情物主語の受身文は、潜在的受影者のいるタイプか、擬人化タイプである（川村 2012b も参照）。これらは、有情主語の受影受身に準ずるものと考えられる。つまり、構造形式上の主語は非情物であるが、意味・機能的には受影受身構文の特徴を持っている[7]。一方、叙景文である状態型は、影響を受ける有情者が存在せず、金水（1991）が述べるように無対他動詞の穴を埋めるべく、自動詞相当として用いられたものと考えるのが妥当だろう。

　それでは、なぜ状態型のみが自動詞化の非情主語受身として成立し得たのか。これは、状態型においては、視点を置く動作主が存在しないためと考えられる。以下、このことを説明していく。

### 4.1　なぜ自動詞化受身の状態型（叙景文タイプ）は成立し得たか？

　状態型の非情主語受身は、すべて知覚者（話し手）が参照時（reference time）に捉えた、主語に立つ非情物のその場面での一時的な状態（＝存在の

---

6　Tsuboi（2000）は、尾上圭介氏が受身文を「個体の運動」として語るのではなく「主語を場として事態が出来する」という把握で述べるものだとした（尾上 1998a、1998b、1999、2002 等）のとは対照的に、日本語の受身文を徹底して「個体の運動」＝「もの vs. もの」の関係として捉える。そして、「はた迷惑の受身」の主語者は当該の事態から影響を受ける、としていた先行研究に対し、「はた迷惑の受身」であれ「まともな受身」であれ、主語者はニ格で明示される動作主から影響を被るのだとする議論を展開する。ここに、動作主への「有責性」という認知モデルを導入した（川村 2012b 参照）。

7　川村（2012b）でも、擬人化タイプと潜在的受影者のいるタイプは受影の意味を持つ有情主語の受身文と同じ「受身」であるとしている。これに対し、叙景文タイプは「受身」とははなはだ意味が異なるため、これを受身とは別の用法（発生状況描写）であるとしている。

仕方）を述べるものであることが特徴である（用例は岡部（2018）も参照）。

(13)　御腹も、すこしふくらかになりにたるに、かの恥ぢたまふしるしの帯の、ひき結はれたるほどなどいとあはれに、

(源氏・宿木、新全 24:433)

(14)　さて、その糸の貫かれたるをつかはしてける後になむ、

(枕草子・社は、新全 18:364)

(15)　御女の染殿后の御前に、さくらの花のかめにさゝれたるを御覧じて、かくよませたまへるにこそ。

(大鏡・太政大臣良房、新全 34:66)

野村（1994）は、「リ・タリ」の中心概念を存在文アリとの連続を踏まえて「存在様態性」であるとする。そして、同じ完了の助動詞として知られる「ツ・ヌ」に対し、「リ・タリ」は「完了後の存在・状態の意識優勢」であり、「結果を見て結果を思う」のだとまとめる。また、ツ・ヌが「時間的経過性の意識が濃厚」であるのに対し、リ・タリは「比較的、時間的経過性の意識が希薄」であるとする（野村 1994: 39–40）。しかも、元来動詞の終止形はテンス・アスペクト的に消極的な形であるのに対して、ラ変アリは「「存在」として至って限定的」であり、「時間的・空間的に限定されたという意味で具体的な、存在者の存在を表わ」し、そのように「「時間的に限定された」という特徴を持つことによって一般の動詞とは異なる」とする。同様に「リ・タリ」も「時間限定的積極性」を持つとする（野村 1994: 47–48）。

　小杉（1979）によれば、古代語の非情の受身は「存在継続の「たり」または「り」が下接されてゐる」か、「「たり」も「り」も下接語に無い場合は「あり」か「侍り」か「無し」等、存在や状態を表はす語が必ず下にある」（p. 484、傍点原文）と言う[8]。つまり、非情の受身の優勢的なタイプはV-ラレタリという形を取る状態型であり、この構文は常にこうした時間的限定性を持ち、先行する変化（時間的経過性）の意識が希薄で、参照時の対象の状

---

8　音を表す次のような例では視覚で静止画的に捉えることができないためか、タリが下接していない。ただし、この例も文末言い切りではなく、付帯状況を表す句の中にあり、状態性が高い点では共通している。

(1)　神樂の笛のおもしろくわななき、吹きすまされてのほるに、歌の声も、いとあはれに、いみじうおもしろし。　　(枕草子・なほめでたきこと、新全 18:257)

態のみが静止画的に捉えられた構文であったと考えられる[9]。

　さらに、状態型の用例のほとんどが、文末終止の位置には現れず、連体修飾節、準体節、連用中止のテ形で現れていることも、重要な特徴である[10]。そもそも、「リ・タリ」の用例自体が連体法に偏っていることが指摘されている（野村 1994、釘貫 2003 参照）。非文末で用いられる状態型は、出来事・・・・・・・・・・が起きたというそのことを積極的に語っているのではない。ムードやテンス等を第一義的には持たない、きわめて状態性の高い表現であったと考えられる。こうした構文環境により、「動作＋変化」という事態実現の局面を完全に捨象し、当然、そこに関わる特定の動作主も背景化して、絵画的に参照時の「状態」のみを捉えて述べることができた、そしてこのときは、視点を置く特定の有情者（動作主）が存在しないために視点がフリーになり、自動詞の穴を埋める機能を持つ、中立的視点の状態型受身の解釈が成立し得たのだと考えられる（志波 2004）。

## 4.2　非情行為者が明示される構文

　金水（1991: 10）は、「非情の受身」においては人格的動作主をニ格で表示できないという制約があるとした。ただし、「浪に」や「風に」などのような非人格的な非情物の行為者であれば、同一節内にニ格で明示することができる（以下用例の非情行為者に網掛けを施す）。

---

9　現代語でも、「対象の状態」の局面のみを問題にすることにより、通常外的動作主がいなければ引き起こされ得ない事態が Vi- シテイル で述べられることがある（奥田 1988［2015: 137]）。
　(2)　机のうえには二寸ほどのあつさの原稿がのっている。（野分、奥田 1988 [2015: 137]）
　(3)　彼女がおし入れのひとつをあけた。そこには半間はばの仏壇がおさまっていた。
　　　　　　　　　　　　　　　　　　　　　　　　　　　　　　（菩提樹、奥田 1988 [2015: 137]）
こうした表現は、「机のうえに原稿がのった」とか「仏壇がおさまった」とすると、「対象の変化」の局面を問題にすることになり、それは、自然発生的には起こり得ない事態なので、いわゆる完成相では述べることはできない（ただし実現を意図する動作主を含意させれば述べることができる）。

10　この点と関連して、小松（1999）は、「落ゆ、肖ゆ、癒ゆ、消ゆ、超ゆ、肥ゆ、栄ゆ、etc.」などの「ユ語尾動詞群のほとんどが、終止形では使用されて」おらず、例えば「肥ゆ」であれば「「コエテ／コエタル」という結びつきで使用されている」と指摘している（p. 91）。

(16)　年経ても磯うつ浪にあらはれていはほの苔はむすひまもなし

(新続古今、雑中、山田 1908:376)

(17)　大きなる木の風に吹き倒されて、根をさゝげて横たはれ臥せる。

(枕草子・むとくなるもの、新全 18:231)

(18)　数珠の脇息にひき鳴らさるゝ音ほの聞こえ、なつかしううちそよめ
　　　く音なひあてはかなりと聞きたまひて、（源氏・若紫、新全 20:215)

　これは、自然発生的な自動詞構文においても、ニ格で原因を表すことがで
きるのと連続した現象であろう。

(19)　（つらゆき）吉野河岸の山吹ふく風にそこの影さへ移ろひにけり

(古今和歌集・春歌下、新全 11:72)

(20)　ふりすてて今日は行くとも鈴鹿川八十瀬の波に袖はぬれじやと聞こ
　　　えたまへれど、　　　　　　　　　　　　　（源氏・賢木、新全 21:94)

(21)　御気色なまめかしくあはれに、夜深き露にしめりたる御香のかうば
　　　しさなど、たとへむ方なし。　　　　　　（源氏・浮舟、新全 25:192)

(16) – (18) のような行為者が非情物である例では、外的動作主が有情者の
行為者ではないことが明らかである。非情物の行為者が明示される場合は、
通常の自動詞と同じように作用プロセスが認められ、状態性が相対的に下
がっている。このように、人間の行為者ではないことが明確な場合には、視
点を置く有情者の動作主がそもそも存在しないため、V- ラレタリのような
状態性の高い構文だけでなく、より作用性・出来事性を帯びる文でも用いる
ことができたのだと考えられる。

　そして、このような ［非情物 - ガ 非情物 - ニ Vt- ラル］ という構造を持つ
非情の受身は、しばしば「重ね合わせ」の表現に用いられ、非情主語の受身
と有情主語の受身とをつないでいたものと考えられる。典型的には和歌にお
いて、次のような例があることが興味深い。

(22)　沫雪に降らえて咲ける梅の花君がり遣らばよそへてむかも

(万葉 1641、大 2:349)

(23)　秋の野の露に置かるゝ女郎花はらふ人無み濡れつゝやふる

(後撰 275、新大 :84)

(24)　瀬をはやみ岩にせかるゝ滝川のわれてもすゑにあはむとぞ思ふ

(詞花集巻第七恋上 229、大 :288)

ラル構文によるヴォイス体系 | 187

　金水（1991）は、これらの表現を散文における非情の受身（叙景文、状態
型）とは区別し、次のように述べる。

　　散文の世界では、日常的なものであれ、非日常的なものであれ、人格的
　　な表現と非人格的な表現とは峻別される。これに対し、和歌の世界では
　　非人格的な「もの」が象徴的に「人」と同一視されることは容易なので
　　あり、そのことが詩の表現を象徴的・重層的に豊かにしている。受動文
　　に即して言えば、右の例の新主語は、〈対象〉と〈受影者〉のどちらでも
　　あるのである。それは単純に「もの」が「人」扱いされているというの
　　ではなく、「もの」についての叙述に「人」についての叙述が重ねられ
　　ている、ということである。　　　　　　　　　　　　　（金水 1991: 9）

　このように、和歌における非情主語のラル文には、有情者の叙述が詠み重
ねられることがある。さらに、主語に立つ非情物の意味役割が単に〈対象〉
であるばかりでなく、〈受影者〉でもあると述べているのが興味深い。［非情
物 - ガ 非情物 - ニ Vt- ラル］という構造に［有情者 - ガ 有情者 - ニ Vt- ラル］
という構造が重ね合わされることにより、「影響を受ける」という受影の意
味を帯びるのだと考えられる。
　これが、さらに一歩進めば、「擬人化」の表現となり、主語に立つ非情物
が有情者扱いされることになる。次の例などは、「風に吹かれて」は重ね合
わせとも取れるが、「砕けまどふ」と述べることによって、全体が擬人化さ
れている（小杉 1979: 474）。

(25)　冬になりて、日ぐらし雨降りくらいたる夜、雲かへる風はげしうう
　　　ち吹きて、空はれて月いみじう明うなりて、軒近き荻のいみじく風
　　　に吹かれて、砕けまどふがいとあはれにて、

　　　　　　　　　　　　　　　　　　（更級・家居の記、新全 26:318）
こうした「擬人化」タイプは、非情物を有情者に見立てて述べているのだ
が、先の非情物に有情者を重ね合わせて述べるものと連続的である。
　以上、従来「叙景文」として一括りにされてきた構文の、非情行為者（原
因）が現れる構文では、ニ格の原因は自動詞文に現れる原因句と同じもの
であり、このときは視点を置く有情者の動作主が存在しないため、自動詞相当

188 | 志波彩子

の文として成立し得たことを述べた。さらに、この構文は、非情主語の受身
文と有情主語の受身文をつなぐ構文タイプであったことを述べた。

## 5. スペイン語の中動態とラル構文の重なりと相違

本研究は、西欧諸言語が事態実現型の受身を発達させた領域に近世以前の
日本語は自発・可能構文を確立させたのだということを主張している。そこ
で、本節では西欧諸言語の 1 例としてスペイン語の中動態を紹介し、ラル
構文の用法と対照させることで、両言語のヴォイスの体系を比較する。

### 5.1 スペイン語の中動態の構文

スペイン語の中動態（再帰構文）は、他動詞に再帰接辞 se をつけた形で
表される。これは、本来人の行為について、主語から発せられた意志的行
為の結果が、他者に残るのか（能動態、(26a)）、自分に残るのか（中動態、
(26b)）を表しわけるものである。

(26) a.　Juan mira a Maria.　フアンはマリアを見る。

　　 b.　Juan se mira（a sí mismo）.　フアンは自分（自身）を見る。

(27) a.　有情主語＋目的語＋ {mirar（見る）/amar（愛す）等}

　　 b.　有情主語＋ {mirarse（自分を見る）/amarse（自分を愛す）等}

上の例は、本来他者に働きかける行為の対象がたまたま自分自身である場合
で、こうした構文では中動態を持たない言語でも「自分を」という再帰代名
詞が現れる。これを Otero（1999）は外的再帰と呼び、「a si mismo（自身を）」
という強調の句と共起できる点で、次に見る内的再帰と区別している。

中動態（再帰構文）の se は、主語に立つ有情者の「身づくろい」(28a)、
「姿勢の変化」(28b)、さらに、生理・心理的変化を表す有情者の無意志行為
(28c) にも広く用いられる。これらは本来的に有情者の自ら発した行為が自
分の領域内で完結する行為であり、Otero（1999）では内的再帰とされる[11]。

---

11　Kemmer（1993: 25）では、中動態のシステムを持つ言語には中動態のマーカーを 1 つ
しか持たない言語と 2 つ持つ言語があり、類型論的に大きく分けられるとされる。そして、
マーカーを 2 つ持つ言語では、一方は Otero（1999）の言う外的再帰を強形式（＝再帰形式）
で表し、内的再帰を中心とする中動態の領域を弱形式（＝中動態形式）で表すと言う。スペ

ラル構文によるヴォイス体系 | 189

(28) a  afeitarse（髭剃りする）、peinarse（髪をとかす）、maquillarse（化粧
をする）、ponerse（着る）、bañarse（入浴する）等

b.  levantarse（立つ、起きる）、sentarse（座る）、agacharse（しゃが
む）、acostarse（横になる）、inclinarse（お辞儀する）等

c.  enojarse（怒る）、alegrarse（喜ぶ）、enamorarse（恋する）、
divertirse（楽しむ）、calmarse（落ち着く）、cansarse（疲れる）等

この他、Kemmer (1993) が中動状況タイプ (middle situation types) として
挙げている、移動運動（irse 行く、subirse 上る）、発話行為（confesarse 告白
する、enorgullecerse 自慢する）、認知（pensarse 考える、creerse 信じる）、自
然発生的事態としての「なる」(ponerse（ある一時的状態変化）、volverse（驚
きを暗示する変化）、hacerse（努力の結果としての変化）、convertirse（極端
な変化）)など、ほとんどの状況タイプに中動態マーカーの se が用いられる。

また、次の動詞は、常に se とともに用いられる動詞 (Deponents) である
（Benveniste 1966 も参照のこと）。

(29)  arrepentirse（後悔する）、jactarse（うぬぼれる）、atreverse（思い切っ
てする）、portarse（振る舞う）、suicidarse（自殺する）等

以上は、いずれも人の行為を表す動詞である。通言語的に、中動態の中心
的な領域は人の行為をめぐっての事態であると考えられる（Kemmer 1993）。

一方で、スペイン語では主要動詞の 9 割近くが他動詞であり（志波
1999）、この se を用いて非常に生産的に非情物対象の自然発生的自動詞を
作っている。

(30) a.  有情主語＋目的語（非情物対象）＋ {romper（割る）/derretir（溶か
す）/calentar（温める）/pegar（つける）等}

b.  非情主語＋ {romperse（割れる）/derretirse（溶ける）/calentarse（温
まる）/pegarse（くっつく）等}

中動態の (30b) では、非情主語が自らの意志によってではなく、その内的
特性 (internal property) によって事態を自然発生させ、自己変化することを
表している。そしてここから、本来外的動作主がいなければ起こり得ない動

イン語は、中動態マーカーを 1 つしか持たないが、外的再帰と内的再帰（中動）は分けて考
える方が、意味・構造面の違いを説明できると考える。

詞までを自動詞的に表現する「受身用法」が派生した。

(31) a. 有情主語 + 目的語（非情対象）+ {firmar（調印する）/utilizar（利
用する）/construir（建築する）/publicar（出版する）}

b. 非情主語 + {firmarse（調印される）/utilizarse（利用される）/
construirse（建築される）/publicarse（出版される）}

スペイン語の中動態では、この受身用法は動作主句を明示することができず、自然発生的自動詞化用法との形態・統語的な区別はない。つまり、(30b) の romperse は文脈上、「割れる」とも「割られる」とも解釈され、(31b) の firmarse のように外的動作主の存在なしに自然発生すると解釈することができない動詞では受身用法とのみ解釈される、ということである。このように、スペイン語では、自然発生的自動詞と受身用法（事態実現型）に形態・統語的な境界がなく、非常に連続的である。

## 5.2　スペイン語の中動態と日本語のラル構文

以上、非常に簡単にではあるが、スペイン語の中動態の各用法（下位構文）を概観した。ここで、「動作主の想定」と「対象が非情物か有情者か」という観点から、スペイン語の中動態と日本語のラル構文の体系を対照してみたい。

以下、当該事態に参与する動作主と対象の関係を、《対象 vs. 動作主》と表すことにする。これは、話し手がどちらに視点を置くのか、という観点で対立していると考えるからである。

まず、スペイン語の中動態では、《対象 vs. 動作主》が《有情 vs. 有情》で、有情対象が主格＝主語の場合、本来他者に働きかける行為の対象がたまたま自分であるような、つまり、主語の外にいる実体（自分）に働きかける外的再帰（(27b)）を「外的動作主想定あり」として位置づけた[12]。これに対し、主語と別の実体としての他者の想定がなく、主語自ら発した動作が自己領

---

12　スペイン語の中動態（再帰構文）では、少数の例外を除いて有情主語の受身構文は基本的に存在しない。先の「mirar（見る）」という動詞であれば、「mirarse」は「見られる」（受身）という意味にはならず、「自分自身を見る」という再帰の意味しか持たない。有情主語の受身は be 動詞に相当する ser と過去分詞の組み合わせで述べられるが、日常会話で用いられることはほとんどない。

域内で完結することを表す内的再帰((28))を「外的動作主想定なし」とした。次に、《対象 vs. 動作主》が《非情 vs. 有情》で、非情対象が主格＝主語に立つ場合、外的動作主の想定がなければ自然発生的自動詞の解釈となり((30b))、外的動作主の想定が必要であれば（自動詞化の）受身用法の解釈となる((31b))。

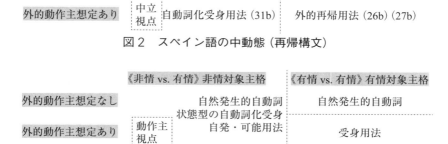

図2　スペイン語の中動態（再帰構文）

図3　日本語のラル構文と自然発生的自動詞

　一方、日本語のラル構文は、外的動作主が常に想定される構文であるので、動作主想定なしの領域には自然発生的な語彙的自動詞を位置づけた。非情対象であれば、「折れる、荒れる、枯れる、濡れる等」、有情対象であれば「惚れる、痴れる、慣れる、疲れる等」が相当する。そして、外的動作主が想定されるとき、《有情 vs. 有情》では主格である対象に視点が置かれる受身用法となる。一方、対象が非情物である《非情 vs. 有情》の関係では、動作主である有情者に視点が置かれる自発・可能用法を確立させたと考えられる。そして、古代語にも存在した自動詞化受身構文である状態型（Vt-ラレタリ）は、動作プロセスが捨象され、個別特定の動作主が想定されていないとは言え（4.1参照）、「折れたり、枯れたり」等の「自動詞-タリ」とまったく同じであるとは言えないので、両者の境界線上に位置づけた。

　先に図1では、受身文を有情主語と非情主語で大きく分類し、非情主語である自動詞化受身構文を事態実現型と状態型に分類することを述べた。こ

の「自動詞化受身」とは、西欧諸言語 (特にスペイン語) の受身構文の中心的なタイプであり、「事態実現型」は変化局面を捉える通常の受身文に相当する。つまり、上の図のスペイン語における自動詞化受身用法とは、この「事態実現型」に相当する。「事態実現型」は、視点のありかによって、自発・可能とも解釈される構造を持つ構文であった (3.1 参照)。このように、近世までの日本語は、西欧諸言語が事態実現型の受身構文を発達させた領域に、自発・可能構文を確立させた、このため、近世以前の非情主語の受身に事態実現型が存在せず、状態型のみが存在したのだと考えられる。

## 6. 上の議論を前提とした仮説と今後の課題

では、なぜ近代以降、欧文翻訳の影響とはいえ、事態実現型の受身が急速に日本語のラル構文に定着したのか。それは、当時すでに自発は一部の心理動詞に用法が限られていたし、可能は近世以降、四段動詞において新たな接尾辞「-e-」を獲得した (「読める」、「書ける」等)。これにより当時すでにラル構文が受身専用の構文に移行しつつあったからだと考えられる。現在、「ら抜き」と呼ばれる現象で、一段動詞においても可能用法は専用の構文へと移行が進んでおり (金水 2003)、ラレル構文は受身専用の構文へと変化しつつあると考えられる (青木 (2018) も参照)。

なお、本稿ではラル構文の尊敬用法及び公尊敬と呼ばれる構文 (吉田 2014 等) について、まったく触れることができなかった。尊敬用法は「ヴォイス」という文法カテゴリーに含まれる構文ではないものの、ラル構文の主要な一用法であり、ラル構文における各下位構文間の相互関係を体系的に論じる上で看過できない重要な用法である。今後の課題としたい。

### 謝辞

本稿は筆者が 2004 年に提出した修士論文の一部に大幅な加筆修正を施したものです。筆者の説明能力の不足により、修論提出時には酷評された本稿の議論を、当時の金水敏先生は高く評価してくださいました。あれから 10 年以上を経た今、青木博史氏、岡部嘉幸氏という日本語の歴史研究を牽引するお二人のお力添えにより、このような形で学界に発信できたことを心から感謝申し上げます。本当にありがとうございます。

## 付記

本研究は、平成 28 年度 JSPS 科研費（基盤研究（C）：16K02726「構文ネットワークによるヴォイスの歴史的・対照言語学的記述研究」）の助成を受けたものです。

## 使用テキスト

新編日本古典文学全集（新全、小学館）より：『古今和歌集』、『枕草子』、『源氏物語』、『更科日記』、『大鏡』
日本古典文学大系（大、岩波書店）より：『万葉集』、『詞花集』
新日本古典文学大系（新大、岩波書店）より：『後撰和歌集』

## 参照文献

青木博史（2018）「可能表現における助動詞「る」と可能動詞の競合について」岡﨑友子・衣畑智秀・藤本真理子・森勇太（編）『バリエーションの中の日本語史』pp. 197–214, くろしお出版.

岡部嘉幸（2018）「「非情の受身」のバリエーション―近代以前の和文資料における―」岡﨑友子・衣畑智秀・藤本真理子・森勇太（編）『バリエーションの中の日本語史』pp. 159–173, くろしお出版.

岡部嘉幸（未公刊）「いわゆる「非情の受身」の諸類型」尾上圭介（編）『ラレル文の研究』くろしお出版.

奥田靖雄（1988）「時間の表現（1）（2）」『教育国語』94, pp. 2–17, 95, pp. 29–41, むぎ書房［再録：（2015）『奥田靖雄著作集 02 言語学編（1）』pp. 119–158］.

奥田靖雄（2015）『奥田靖雄著作集 02 言語学編（1）』むぎ書房（本稿のページ数はこの著作集のものによる）.

尾上圭介（1998a）「文法を考える 5　出来文（1）」『日本語学』17-7, pp. 76–83, 明治書院.

尾上圭介（1998b）「文法を考える 6　出来文（2）」『日本語学』17-10, pp. 90–97, 明治書院.

尾上圭介（1999）「文法を考える 7 出来文（3）」『日本語学』18-1, pp. 86–93, 明治書院.

尾上圭介（2002）「コトの出来する場としての自己」文法学研究会 第 4 回集中講義資料（8 月 3–4 日）.

川村大（2012a）「動詞ラル形述語文と無意志自動詞述語文との連続・不連続について」『國語と國文學』89-11, pp. 114–127, 東京大学.

川村大（2012b）『ラル形述語文の研究』くろしお出版.

金水敏（1991）「受動文の歴史についての一考察」『国語学』164, pp. 1–14.

金水敏（2003）「ラ抜き言葉の歴史的研究」『月刊言語』32-4, pp. 56–62, 大修館書店.

釘貫亨（1991）「助動詞「る・らる」「す・さす」成立の歴史的条件について」『国語学』164, pp. 15–28.

釘貫亨（2003）「奈良時代語の述語状態化標識として成立したリ、タリ、ナリ」『国語学』54-4, pp. 81–93.

小杉商一（1979）「非情の受身について」田辺博士古稀記念国学論集編集委員会（編）『田辺博士古希記念助詞助動詞論叢』pp. 473–488, 桜楓社.

小松英雄（1999）『日本語はなぜ変化するか 母語としての日本語の歴史』笠間書院.

志波彩子（1999）「スペイン語における再帰動詞の自動詞化について―日本語の有対動詞の意味特徴をヒントに―」東京外国語大学卒業論文.

志波彩子（2004）「現代日本語の受身構文の意味・機能―受影性と自然性―」東京外国語大学大学院修士論文.

志波彩子（2005）「2つの受身―被動者主役化と脱他動化―」『日本語文法』5-2, pp. 196–212.

志波彩子（2006）「会話文テクストにおける受身構文の行為者の現れ方について―構造的タイプとの関係で―」『日本研究教育年報』10, pp. 1–24, 東京外国語大学.

柴谷方良（1978）『日本語の分析』大修館書店.

清水慶子（1980）「非情の受身の一考察」『成蹊国文』14, pp. 46–52.

鈴木重幸（1972）『日本語文法・形態論』むぎ書房.

寺村秀夫（1982）『日本語のシンタクスと意味I』くろしお出版.

仁科明（2011）「「受身」と「自発」―万葉集の「（ら）ゆ」「（ら）る」について―」青木博史（編）『日本語文法の歴史と変化』pp. 25–44, くろしお出版.

野村剛史（1994）「上代語のリ・タリについて」『国語国文』63-1, pp. 28–50, 京都大学.

橋本進吉（1969）『助詞・助動詞の研究』岩波書店.

韓静妍（2010）「近代以降の日本語における非情の受身の発達」『日本語の研究』6-4, pp. 47–62.

益岡隆志（1982）「日本語受動文の意味分析」『言語研究』82, pp. 48–64.

松下大三郎（1930）『標準日本口語法』中文館書店［復刻：白帝社（1961）、増補校訂版：徳田政信（編）（1977）『増補校訂標準日本口語法』勉誠社, 同修訂版（1989）］.

三上章（1953）『現代語法序説』刀江書院［復刻：くろしお出版（1972）］.

三矢重松（1908）『高等日本文法』明治書院.

三浦法子（1973）「平安末期の受身表現についての一考察」『岡大国語国文論稿』1, pp. 129–143.

柳田征司（1989）「助動詞「ユ」「ラユ」と「ル」「ラル」との関係」奥村三雄教授退官記念論文集刊行会（編）『奥村三雄享受退官記念国語学論叢』桜楓社［再録：『室町時代語を通して見た日本語音韻史』pp. 717–740, 武蔵野書院（1993）］.

山田孝雄（1908）『日本文法論』寳文館.

吉田永弘（2013）「「る・らる」における肯定可能の展開」『日本語の研究』9-4, pp.18–32.

吉田永弘（2014）「いわゆる「公尊敬」について」青木博史・小柳智一・高山善行（編）『日本語文法史研究2』pp. 43–60, ひつじ書房.

Benveniste, E.（1966）*Problèmes de Linguistique Générale.* Paris: Gallimard.（岸本通夫（訳）（1983）『一般言語学の諸問題』みすず書房.）

Jacobsen, W. M.（1991）*The Transitive Structure of Events in Japanese.* Tokyo: Kurosio Publishers.

Kemmer, Suzanne（1993）*The Middle Voice*（Typological Studies in Language 23）. Amsterdam and Philadelphia: John Benjamins.

Kuroda Shige-Yuki（1979）On Japanese passives. In G. Bedell, E. Kobayashi and M. Muraki（eds.）*Explorations in Linguistics: Papers in Honor of Kazuko Inoue*, pp. 305–347. Tokyo: Kenkyusha.

Otero, Carlos Peregrín（1999）Pronombres Reflexivos y Recíprocos. In Ignacio Bosque and Violeta Demonte（eds.）*Vol. 1 de Gramática descriptiva de la lengua española. 3 vols. Colección Nebrija y Bello*, pp. 1427–1517. Madrid: Espasa Calpe.

Tsuboi, Eijiro（2000）Cognitive models in transitive construal in Japanese adversative passive. In Ad Foolen and Frederike van der Leek（eds.）*Constructions in Cognitive Linguistics*, pp. 283–300. Amsterdam and Philadelphia: John Benjamins.

# 可能表現における助動詞「る」と
# 可能動詞の競合について

青木博史

## 1. 問題の所在

現代標準語において、助動詞「（ら）れる」を用いた形式は、ほぼ受身専用で用いられる。「打たれた／見られた／走られた」など、特にタ形にすると、多くの動詞において受身の解釈が優先される。「おられた／来られた」など、尊敬の解釈が優先されるものもあるが、いずれにしても、可能の解釈は出てこない。これは、可能を表す場合にはいわゆる可能動詞が用いられ、「受身：ラレル／可能：可能動詞」という役割分担が存在することを意味している。古典語における「（ら）る」には、自発・可能・受身・尊敬の4つの意味が認められたのであるが、現代語におけるこうした役割分担は、いつ頃どのようにして出来上がったのだろうか。

一方、受身の歴史においては、いわゆる非情の受身は古典語では一般的でなく、近代以降の欧文翻訳によって発達、定着していったことが明らかとなっている。それでは、なぜ古代日本語において、非情の受身が発達しなかったのだろうか。これについて、志波（2018）では、他言語が非情の受身を発達させた領域に、日本語の場合は自発・可能用法を発達させたという仮説が示されている。興味深い仮説であるが、近代以降、急速に非情の受身が発達した背景には、近世後期にすでに「（ら）れる」が受身専用になっていたことがあるのではないかという見通しも示されている。この見通しは妥当であろうか。

[197]

198 | 青木博史

　以上のように、本稿では、「受身：ラレル／可能：可能動詞」という役割
分担がいつ、どのようにして出来上がっていったのかを考察することで、上
記の志波仮説を検証する。すなわち、古代語からあった可能の「る」の領域
に、可能動詞がどうやって侵出し、競合関係においてどうやってこれを凌駕
したのかという点を明らかにすることで、非情の受身の歴史を別の角度から
焙り出すことを試みる。

## 2. 可能動詞の成立

### 2.1 中世後期

　可能動詞がいつ、どのようにして成立したのかという問題については、青
木（2010）において詳しく述べた。そこでの記述を辿りながら、あらためて
可能動詞の歴史について振り返ってみたい。

　可能動詞の"萌芽"は、中世後期の抄物資料に見られる。夙に、湯沢
（1929）、坂梨（1969）、鈴木（1972）、柳田（1974）、村上（1976）、山田（1995）
などの指摘がある通りである。

（1）a.　許以礼一三字ガヨメヌゾ、禅苑清規ニハハナントアルヤラウゾ

　　　　　　　　　　　　　　　　　　　　　（百丈清規抄・巻4・38ウ）

　　　b.　得ノ字ガナケレバ心得ラレヌ、ヨメヌゾ　（蒙求抄・巻2・54オ）

　　　c.　暈モ字滅シソコネテヨメヌゾ　　　　　　（玉塵抄・巻4・39オ）

（1）の諸例はいずれも、抄物の原典にある漢字漢文について、「読むことが
できない」「分からない」といった旨の注釈を施している。時には手元にあ
るテキストの誤りや不備の可能性を指摘しながら、抄者にとって読解不可能
であることを「読めぬ」という形式によって表している。

　その一方で、これらの形式には、受身や尊敬の意味に取れるものがあるこ
とも指摘されている。（2）として受身、（3）として尊敬の例を挙げておく。

（2）a.　此マデハ韻ガ三句ニフメタゾ

　　　　　　　　　　　　　　（史記抄・巻4・35オ：坂梨1969、橋本1969）

　　　b.　秘セラルヽホドニ何タル事ヲカケタトモ不知ゾ

　　　　　　　　　　　　　　　　　　（史記抄・巻8・25ウ：湯沢1929）

（3）a.　仏モソノヤウナ僧ヲバ人身牛トトケタゾ

（中興禅林風月集抄・13 ウ：柳田 1974）

 b. 大般若ノ序ハ太宗ノカケタゾ（玉塵抄・巻1・23 ウ：村上 1976）
たとえば（2a）は、これまでは「踏むことができた」と可能の解釈もできる
が、「韻が三句目に」という格関係を重視すると、「踏まれていた」と受身に
解釈したほうがよいという例である。（3）は、「仏」「太宗」といった尊敬す
べき動作主が「説けた」「書けた」の主語になっているので、尊敬と解釈し
て問題ない例であると言える。

 （1）から（3）に挙げた、可能・受身・尊敬を表す下二段動詞は、派生を起
こす元の四段動詞に、語彙的な偏りがある。すなわち、対応する自動詞を
持たない他動詞（以下、「無対他動詞」）に偏っているのである。青木（2010:
3–23）では、これを「四段動詞の下二段派生」と呼び、自他対応システムの
空き間を利用する形で、無対他動詞が「自動詞側」の意味を表すために起
こった現象であると説明した。そのために、自動詞化語尾から拡張した助動
詞「る」と同じ意味を表すことになったというわけである。

 「四段動詞の下二段派生」は、前期抄物（文明期）から後期抄物（天文・永
禄期）にかけて、尊敬用法へ傾斜する形で"発達"を見せる。しかし、近世
期以降、こうした尊敬用法は姿を消し、近世初期にはまた「読めぬ」のよう
なごく一部の無対他動詞から派生した可能用法のみに縮小する。したがって
ここに、中世後期の下二段派生と、近世期以降の可能動詞の発達をどのよう
に結びつけるかという、非常に難しい問題が生じることになる。此島（1973:
121）で「このような用法の広い点に、新しい可能形と結びつくものかどう
か、かなりの疑義があり、関係があるとすれば、なぜ後に可能だけになった
のか説明がほしい」と述べられる通りである。

 この点については、言語の経済性から定着には至らなかった、つまり受
身・尊敬については「る」のほうが好まれた、という以上のことは述べにく
い。ただ、青木（2010: 35–40）でも示したように、否定と共起した場合の可
能の意味は紛れにくいこともあって保たれ、これが後に発達したと考えるこ
とはできそうである。以下に示すように、前期抄物（= 4a、4b）だけでなく、
用例の大部分が尊敬に偏る後期抄物（= 4c、4d）においても、否定文中にお
ける可能の用法は保たれている。

（4）a. 左傳并杜元凱注孔穎達正義ナンドヲキハメテ不見ハ読メマイゾ

（史記抄・巻 9・50 オ）

    b.    上聲ニモ去聲ニモ成ト見ヘタゾ、此デハ今ハ<u>ヨメヌ</u>ゾ

（史記抄・巻 14・76 オ）

    c.    先輩ノ義ヲキカイデハ自己ニハ<u>ヨメマイ</u>ゾ

（玉塵抄・巻 5・58 オ）

    d.    此句モ含ノ字マメッシテ正字ヲシラヌホドニ<u>ヨメヌ</u>ゾ

（玉塵抄・巻 7・2 ウ）

　このようなやや曖昧な歴史解釈に異を唱え、抄物資料の様相を日本語史上へ積極的に位置づけたのが、三宅（2016）である。三宅論文では、中世末期の「読ムル」は「語彙的・意味的・統語的に近世前期の可能動詞と連続的である」とし、後代の可能動詞と直接的に結びつけられている。受身・尊敬などの意味は無視して可能のみを取り出し、その意味的・統語的特徴から迫るというもので、語彙的な側面からしかアプローチしていない青木（2010）の欠陥を埋めるものとして、意欲的な試みであると言える。

　三宅論文では、中世後期から近世初期にかけての“可能動詞”が表す可能の意味について、「動作主を取らず対象語に備わる一般的な可能属性を叙述するもの」であるとし、これを「対象可能」と呼んでいる。そして、初期段階では「対象可能」のみにとどまっていたものが、後に「動作主可能」へも展開したという流れが想定されている。

　しかしながら、実例を観察すると、こうした三宅論文の仮説とそぐわない例がきわめて多い。上掲の (4) の諸例における「読ムル」は、「〜でなかったら読めないだろう」とか、「これでは今は読めない」とかいった意味であるので、個別具体的な出来事を表した文である。「この魚は生では食べられない」のような、一般的な属性を叙述した文とはまったく異なっている。また、「対象可能」は「動作主を取らない」と規定されているが、(4c) のように、「自己には読めない」といった例もある [1]。抄物文であるので主語は省略されることが多いが、「字が摩滅しているので読めない」（= 1c、4d）などの

---

1　渋谷（1993: 138）でも、「読ムル」は「具体的な格助詞はともかくとして現代語の「わかる」と同じように、X（ニ・ガ・ガ）Y（ガ・ヲ・ガ）読ムルといった二つの名詞句 X と Y を取り得る」「X には一般に人間を表す名詞句（意味役割は経験者）が入るが、これは可能文の格パターンと表層では同じものである」と述べられている。

文が、今、講義をしている「私にとって」できないことを表しているのは自明であろう。

　三宅論文におけるこうした解釈は、外国資料である『ロドリゲス日本大文典』の記述から導かれている。可能動詞を論ずる際には必ず参照される、当該箇所の記述を掲げておこう（坂梨 1969、山田 1995 など参照）。

(5)　a.　絶対、又は、規定中性動詞は、普通中性動詞と同じ語尾を有し、それ自身は助辞 Rare（られ）、又は、Re（れ）をとって受動動詞とはならないものである。外部の事物には関係なく絶対的であることを意味し、葡萄牙語ではそれ自身をといふ意の助辞 Se で言い表す。能動動詞から派生するものである。例へば、Aqui, aqu（飽き、飽く）。Chiru（散る）。Cacururu（隠るる）。Tatçu（立つ）。立ち上がる、行く、出発する意。Yomuru（読むる）。読める、又は、読む事ができる意。

　　　b.　これらの動詞に二種あることは注意を要する。その一つは寧ろ受動動詞に傾いてゐて、第二種活用の能動動詞から作られるものである。それらはある可能性を持つことを意味する。例へば、Quiqu（聞く）から Quique、Quiquru（聞け、聞くる）、Yomu（読む）から Yomuru（読むる）、Quiru（切る）から Quiruru（切るる）、Toru（取る）から Toruru（取るる）、Xiru（知る）から Xiruru（知るる）が作られる。他の一つは固有の絶対中性動詞である。例へば、Atçumaru（集まる）、cacaru（懸かる）、sagaru（下がる）、noburu（延ぶる）、aqu（開く）、等。

（土井訳ロドリゲス日本大文典・pp. 269–270）

　　　c.　第二種活用の動詞から作られた中性動詞、例へば、Yometa（読めた）、Caqueta（書けた）、Quireta（切れた）、Toreta（取れた）等はそれ自身になされるといふ意の受身を意味するのであって、格語をとらない。例へば、Cajega toreta.（風が取れた。）Catanaga quiruru.（刀が切るる。）Iiga yomuru.（字が読むる。）、等。

（土井訳ロドリゲス日本大文典・p. 377）

　ロドリゲスは、問題の「読ムル」について、ポルトガル語の「Se」に相当する「絶対中性動詞」と捉えている。「切ルル」「取ルル」等と同様、「可

能性」(= 5b) や「受身」(= 5c) の意味を表し、「格語をとらない」というわけである。確かに、「この刀はよく切れる」のように、「切ルル」は属性叙述を表す用法を持っており、キリシタンは「読ムル」等の下二段動詞を、これと同種のものと見ていたようである。『日葡辞書』の記述も掲げておこう。

(6) a. Yome, uru, eta. ヨメ、ムル、メタ（読め、むる、めた）文書なり文字なりが読みとれる。例、Ano fitono teua yô yomuru.（あの人の手はよう読むる）あの人の書いた文字は読みやすい。

(邦訳日葡辞書・p. 826)

b. Mote, tçuru, eta. モテ、ツル、テタ（もて、つる、てた）保たれる、支えられる。例、Xiroga motçuru.（城がもつる）包囲されている城が、降伏しないでよく持ちこたえている。

(邦訳日葡辞書・p. 424)

　しかし、先に見た抄物資料の用例は、こうした記述とは合致しない。「可能」の「読ムル」の大部分は、「（私には）読めない」という、今現在における個別具体的な事象を表しているのである。すなわち、こうしたキリシタン資料における記述は、ラテン語文典の枠組みに拠って観察するとそのように見える、というものであって、あくまでもロドリゲスらの"解釈"に基づいたものであることに留意すべきである[2]。(5c) の「受身」という記述にしても、我々が思い浮かべる「Ａ ガ Ｂ ニ～サレル」のような「受身」(= 2) とは異なり、単に自動詞によって表される主語の変化や状態を記述したものと考えるべきであろう。(5b) の「可能性」にしても同様で、ロドリゲスにとっての「可能性」は、「切ルル」「取ルル」だけでなく、「集マル」「開（ア）ク」等でも表すことのできる意味なのである。

　以上のように、(5)(6) において示される「読ムル」の特徴は、①「切ルル」「集マル」「立ツ」「開（ア）ク」などの"自動詞"と同じ用法を持つ、②能動動詞（＝他動詞）から派生する、という2点に集約される。中でも、「切ルル」「取ルル」のような下二段動詞は、形態的にも「読ムル」ときわめて近い。ロドリゲスがこれらを同じ"仲間"と見なしたことは、十分に肯けよう。

---

2　山田 (1995) における『ロドリゲス日本大文典』の記述の理解は精確で大いに参考になるが、ロドリゲスの記述を根拠に、「読ムル」の基本的性格を「おのづから然る動詞」であると規定する論理展開には、やはり賛同できない。

(7)　　Fagui, u（剥ぎ、ぐ）。　　　Fague, uru（剥げ、ぐる）。
　　　　Yomi, u（読み、む）。　　　Yome, uru（読め、むる）。
　　　　Yaqui, u（焼き、く）。　　　Yaque, uru（焼け、くる）。
　　　　Saqui, u（裂き、く）。　　　Saque, uru（裂け、くる）。
　　　　Toqui, u（解き、く）。　　　Toque, uru（解け、くる）。

（土井訳ロドリゲス日本大文典・p. 280）

　結局のところ、キリシタン資料の記述から読み取れるのは、この時期の「読ムル」は、「四段他動詞に対応する下二段自動詞」と同種のものとして位置づけられるような、きわめて語彙的なものであったということ（のみ）である。そのように解釈する限りにおいて、キリシタン資料の記述は、抄物資料の様相とも正しく符合することになる。

## 2.2　近世前期

　近世期に入ると、狂言台本や浮世草子、噺本、浄瑠璃、歌舞伎脚本など、言語資料が飛躍的に増える。しかしながら、17世紀から18世紀前半にかけての近世前期において、"可能動詞"の用例はほとんど増えない。中世後期に見られた「読む」から派生したものに加え、「言う」「飲む」の2語から派生したものが見られるようになった程度である。いくつか用例を掲げておこう。

(8)　a.　もんじでかいてあるによつてよめぬが、めいづくしか、しよの事
　　　　　であらふか　　　　　　　　　（虎明本狂言 1642・粟田口、頭書）
　　　b.　先よりおの〰書てもらいけるハ一字もよめず＜中略＞御望の
　　　　　通、なが〰と大文字をかきて、よくよめるを仕べし＜中略＞よ
　　　　　めるか法師達とのたまへバ、いやなにともよめずといふ＜中略＞
　　　　　よめるか〰とおめき給へバ、一山の法師たち肝をつぶし、いや
　　　　　なにともよめずといへバ、　　　　　（一休はなし 1668・巻2）
　　　c.　あわがぶつぶつとういた所はどうもいへぬ
　　　　　　　　　　　　　　　　　　　　　　（好色伝授 1693・巻中）
　　　d.　此何経やらよめといふてわたされて迷惑致す、一字もよめること
　　　　　ではござらぬ　　　　　　　　　　（続狂言記 1700・俄道心）
　　　e.　そうたい今夜はそなたが顔うきうきせいで酒がのめ（呑）ぬ

　　　　　　　　　　　　　　　　　　　　　（長町女腹切 1712・巻中）
　　f.　治兵衛手を打ち、ハア、よめた〰〰　（心中天の網島 1720・巻中）
　　g.　何〰〰すまふの〰〰是は何じや、私もよめませぬ
　　　　　　　　　　　　　　　　　　　　　（狂言記拾遺 1730・文相撲）

　先の三宅（2016）の仮説を検証するにあたって、（8b）の例（湯沢 1936: 71）
は重要である。法師に向かって「読めるか」と問いかけ、これに法師は「何
とも読めず」と答えている。抄物資料の「読ムル」は、資料の性格上、一人
称主語であるものがほとんどであり、したがって省略されることも多かった
が、資料を離れると、「読ムル」はこのように二人称等の動作主に対しても
自由に用いられるのである。三宅論文では「17 世紀半ばごろまで」は「動
作主を取らず対象語に備わる一般的な可能属性を叙述する」とされるが、こ
うした一般化が適当でないことを端的に示した例と言えよう。
　三宅（2016）における「対象可能」の定義は、「対象語一項を主格に取り、
または連体修飾し、動作主が明示されない、かつ特定の動作主が推定できな
い、すなわち「誰にとっても」という意で解釈できる」というものである。
この規定は、「誰にとっても」という意、あるいは「一般的な属性を叙述す
る」という部分が強すぎるとは言うものの、「対象語」を主語に取ること自
体は事実ではないか、と見る向きがあるかもしれない。しかし、派生元の四
段動詞が他動詞であれば、対応する"下二段自動詞"が「対象語」を取るこ
とは当然である。「紙を焼く」が「紙が焼くる」のような形で自他交替を起
こすのと同様、「本を読む」は「本が読むる」のように「対象」をガ格に取
るのである。結局のところ、中世後期から近世前期にかけての"可能動詞"
が「対象可能」に偏っていた、という三宅論文の解釈は、派生元の四段動詞
が無対他動詞に限られる、という語彙的な偏りがあったことを再確認したに
すぎないと言えるだろう。

## 2.3　近世後期以降

　18 世紀後半から 19 世紀にかけて、いわゆる近世中期から後期に入ると、
可能動詞は語彙的な制限がなくなり、自動詞からも派生するようになる。代
表的な例をいくつか掲げておこう。
　（9）a.　しかし、其やうな事では酒は<u>のめる</u>物ではない

（遊子方言 1770・宵の程）

b.　どふだの、おふくろ。めしでも<u>くへ</u>ますか　（聞上手 1773・御迎）

c.　十三、十四、十五、十六、此四年ははなせねへから

（傾城買二筋道 1798・夏の床）

d.　ナンノついぞ江戸の駕篭に乗なすつた事はあるめへ。道中かごに
も<u>乗れ</u>ねへ筈だ　　　　　　　　　　　　（浮世床 1813・初中）

e.　どういふ気だらう。金銭を出せば好次第の女が<u>買へる</u>のに

（浮世床・2 下）

f.　丸で所作を久しくやらねえから、ちつとも<u>動け</u>ねえのではねえか

（花暦八笑人 1820–34・2 上）

g.　うぬ一人<u>遊げる</u>とつて、人の心もしらずに、こんな趣向をつける
といふがあるものか　　　　　　　　　　（花暦八笑人・3 下）

「飲む」「食う」「離す」に加え、「乗る」「買う」「動く」「泳ぐ」など、あ
らゆる動詞から派生することが可能となっている。ここにおいて、五段を下
一段へと活用を変えて可能の意味を表す動詞を作り出すことは、文法的な派
生として認識され、「可能動詞」が成立したと言ってよいことになろう。

　可能のみの意味を表す派生形式としての下一段動詞の確立は、類推による
さらなる新しい形式を誘導した。いわゆる「ら抜きことば」である。「読め
る」の「-eru」に可能の意味が見出され、一段動詞からも新たな派生形式が
生み出されることになった。文献に記述が見られる早い例を掲げておこう。

(10)　松下大三郎 (1897)『遠江文典』

　　　四段は下一段として、飛ベル、書ケルなどいふは、東京にひとしけ
　　　れど、東京の如くレルを付して、飛バレル、書カレル、などとはい
　　　はず。受動と混ずればなり。又、東京にて四段以外にはラレルを付
　　　して、逃ゲラレル、受ケラレルなどいへど、遠江にては斯くいふと
　　　きは受動と混ずることあり。ラレルをつめてレルといふ、逃ゲラレ
　　　ル、受ケラレル、を逃ゲレル、受ケレルといふなり。

　上の (10) は「遠江」の観察であるが、こうした「逃げれる」「受けれ
る」のような言い方は、都市部でなく周辺部から始まったようである（渋谷
1993: 186–187）。現在も方言差・個人差はあるものの、可能のみを表すとい
う特性を活かし、「逃げられる」「受けられる」のような言い方を凌駕して

いっている。

以上のような「可能動詞」の展開の様相は、以下のようにまとめられる。

(11)　青木 (2010: 24-41)

　　　第1段階：対応する自動詞を持たない四段他動詞から生成される
　　　　　　　　段階

　　　第2段階：その他の四段動詞から生成される段階

　　　第3段階：四段動詞以外の一段動詞・カ変動詞から生成される段
　　　　　　　　階

語彙的な現象から文法的な現象へ、という歴史変化として把握することがで
きるだろう。これは、上の (11) の第3段階に相当する、「ら抜きことば」の
発達に関しても同様である。初期の例は、「見れる」「来れる」など、語幹1
音節語に限られるという報告があり (中村 1953 など)、また金水 (2003) で
は、現在においても、「考えれる」「捕まえれる」のような語長の長い語は
「なじみ度」が低いと述べられている。方言差・個人差も視野に入れると現
在進行中の変化であり、語彙から文法への発達の途中段階であると言える。
金水論文で、「可能動詞と同じ形態的操作を経て形成されるラ抜き言葉は、
まず、語彙として1語で学習され、ついで文法的現象に進展するのではな
いだろうか」と述べられる通りであろう。

## 3.　可能動詞の発達

### 3.1　可能の意味・用法

前節では可能動詞成立の過程について、語彙から文法へと展開していく様
相を示した。その際、三宅 (2016) で述べられた意味的・統語的特徴の検証
を行なったが、結局のところ、語彙的な側面からしか決定的なことは言えな
いことを見た。しかし、それでもなお、意味・用法の面から、その歴史的展
開について記述できないものか、検討しておきたい。というのも、方言で
は、意味に応じた形式の使い分けが多分に見られるからである。

可能の意味による使い分けが見られる代表的なものは、「能力可能」「状況
可能」の2種であろう。

(12)a.　能力可能：動作主体の内部に存在する能力的な条件

（ぼくは体が弱いから長く出歩くことができない）

b.　状況可能：動作主体を取り巻く外部の条件

（その魚は汚染されているから食べることができない）

この2種の意味が、多くの方言において、形式に応じて使い分けられている[3]。

(13)　ヨーキン／キラレン（大阪）、キキラン／キラレン（福岡）、

キーエン／キラレン（長崎）、チーユーサン／チララン（沖縄）

こうした分析をふまえ、申（2001）では、可能動詞は「「否定形」の「状況可能」から発生し、「能力可能」へと伸長をみせ、やがて「肯定形」の「能力可能」をも積極的に表すようになる」ことが述べられている。肯定よりも否定のほうが可能の意味が現れやすいことは渋谷（1993: 235–237）等に指摘がある通りであるから措くとして、申論文で述べられるような「すべて「否定形」の「状況可能」で発生している」という事実があるとすれば、重要な指摘である。

渋谷（2005）では、文法化の観点から、日本語の可能形式の起源に「自発系」（ル、ナル、デキルなど）と「完遂系」（ウ、キルなど）の2種があることが示された。そして、自発系と状況可能、完遂系と能力可能の親和性が述べられ、可能表現内部で起こりうる意味変化として「状況可能→能力可能」という方向性があることも述べられた。この渋谷論文の記述をふまえ、可能動詞の起源を「自動詞化」形式としての「自発系」と仮定すると、上の申（2001）が結論するような状況は十分にあってよいことになる。

しかしながら、すでに見たように、中世末から近世初期の「読むる」は、動作主体内部に存在する能力的条件によって「できない」ことを示す場合にも用いられている（(8)の諸例など）。実は、申論文は、可能動詞の歴史においてもっとも重要な「読める」という語を除き、前期江戸語（明和〜文政）から観察を始めていて手続き的にも疑問が残るのであるが、しかし「前期江戸語」にしても、能力可能の例はいくらでも見出すことができる[4]。

---

3　もちろん、形式と意味は、必ずしも1対1で対応するわけではない。たとえば、木部（2004）、永澤（2004）など参照。

4　渋谷（1993）では、こうした事実も考え合わせ、可能動詞の起源を「自動詞化」（＝自発系）と見ずに、「補助動詞ウ」（＝完遂系）と見る立場をとっている。

(14) a. なまるに絶句するに、本があつても<u>読めね</u>へから無本同然

　　　　　　　　　　　　　　　　　　　　（浮世風呂・3 下）

　　b. コウ、伝公。つかまると終ねへぜ。めらの乾魚等、一生立ても<u>食</u>
　　　　<u>へ</u>ねえ徒だ　　　　　　　　　　　　　　（浮世風呂・4 中）

　文献資料に現れる可能動詞が状況可能で使われた例が多いことは事実であるが、歴史的発達の段階の記述として、「状況可能→能力可能」という変化が説得力を持った形で示されているとは認めがたい。

　それでは、「潜在可能」「実現可能」という見方はどうであろうか。吉田（2013、2016）では、「実現」ということの見方を少し変え、「既実現」「未実現」という枠組みを設けることで、助動詞「(ら)る」の意味の展開を記述することに成功している。

(15)

| | | 望み | 実現 | 実現の仕方 | 時期 |
|---|---|---|---|---|---|
| A | 否定事態の自発 | 無 | 有 | 非意志的 | 中古 |
| B | 既実現不可能 | 有 | 有 | 非意志的 | |
| C | 既実現不可能 | 有 | 有 | 意志的 | 中世 |
| D | 未実現不可能 | 有 | 無 | – | 近世 |

　上の (15) には「否定可能」の展開を示したが、「自発」に近い「既実現可能」から、実現を伴わない「未実現可能」（＝「潜在可能」）へ展開したことが述べられている[5]。しかし、こうした枠組みも、やはり可能動詞の歴史的展開においては当てはめがたい。初期の「読める」から「潜在可能」を表した例は認められるし（＝ 4c、8d など）、したがって初期の「(ら)る」のように、自発か可能か分かりにくい、といった例は認められない。

　こうして見てくると、後発・新興の可能動詞は、可能表現内部での意味的制限は受けずに、成立・発展してきたものと見られる。そもそも、自発・可能・受身など未分化なものを含んでいた「(ら)る」が次第に意味を分化させていくプロセスや、「なる」「できる」が「自然発生」から「可能」を生み出していくプロセスとは異なり、我々はすでに「可能」という意味を表すようになった段階から観察を始めている。もはや「自発系／完遂系」といった

---

5　これとやや異なる形で、尾上（1998）では、「自発」「意図成就」「可能」といった意味の枠組みが設定されている。これらの意味関係の歴史的解釈については、川村（2013）などを参照されたい。

"起源"を論じる段階にはなく、したがって「状況可能／能力可能」のような偏りが観察されないことは十分に肯けよう[6]。可能を表すために作り出された"可能動詞"は、可能表現一般を表す形式として成長していったものと考えられる[7]。

## 3.2　助動詞「る」との競合

　上で述べたようなことは、助動詞「る」との関係を見ると理解しやすいだろう。すなわち、文献の上で、両者が意味的観点から使い分けられた形跡は見られないのである。まず、抄物時代の例を掲げておこう。

（16）a.　云ノ字ガ中ニハサマリテ、サフハ読マレヌゾ

（史記抄・巻 3・11 オ）

　　　b.　中デアラウズガ、此デ中トハヨメヌゾ

（史記抄・巻 15・31 オ：湯沢 1929）

（16a）の「読まれぬ」と（16b）の「読めぬ」は、ほぼ同じ文脈で用いられている。また、山田（1995）には、「高祖ニ酒ヲシイタニサウハエノメヌト云タゾ（玉塵抄・巻 21・71 ウ）」の例が挙げられるが、その直前には「【沛公不勝杯杓】杯酌トアルガ酒ヲエノマレヌト云心ゾ」という文がある。「飲めぬ」と「飲まれぬ」は、やはり同じ意味を表していると言ってよいであろう[8]。

　近世期に入ってからのものとしては、渋谷（1993: 108）に以下のような例が掲げられている。

（17）　（仏）もつともじやが、其なりでは仏になれぬ

　　　　（ばゝ）エゝ仏にもめつたになられることじやない　　　（滑稽邯鄲枕）

---

6　したがって、意味的観点から"文法化"の跡を辿ることは難しい。

7　これは方言を考え合わせても同様で、「自発系」の「（ら）る」が状況可能に偏るのは通方言的に見られる現象であるが、可能動詞にそのような偏りはほぼ見られない。渋谷（1993）では、北越・北奥で能力可能に用いられることを重視するが（したがって起源を「完遂系」のウ（エル）と見るが：注4）、中央語の歴史との関係については十分に論証されたとは言えないだろう。

8　抄物資料においては、可能だけでなく、尊敬の場合も使い分けは見られない（敬意の度合いが等しい）ことが、村上（1976）において報告されている。

「両者ともに外的条件可能の例と考えることができる」として、同じ意味であるとされている。中央語の歴史において、可能動詞と助動詞「る」が、意味的観点から使い分けがあった事実は観察されないと言えるだろう。

　ただし、明治期以降の文法家の記述においては、使い分けがあるという観察もある。チェンバレンと松下大三郎の記述を挙げておこう。

(18) a.　チェンバレン (1888: 207) *A Handbook of Colloquial Japanese*
　　　　Thus *ikemasu* means "one can go" (because the way is easy, or because one is a good walker).

　　　　*Ikaremasu* means "one can go" (because there is no prohibition against so doing).

　　b.　松下大三郎 (1930: 361)『改撰標準日本文法』中文館
　　　　此の本は文が拙くて読まれない。字を知らないから読めない。
　　　　道が悪くて歩かれない。脚気で道が歩けない。
　　　　上段 (引用者注：「読まれない」「歩かれない」) は困難で下段 (「読めない」「歩けない」) は不能である。その区別は否定の場合に著しい。

両者ともに、「る」が「状況可能」、可能動詞が「能力可能」に相当するものと見ている。しかし、こうした記述にはにわかには従いがたく、可能形式として存在する 2 種に、無理やり意味の違いを見出しているように思われる。実例を見る限り、両者を同じ文脈で使用した例はあっても (= 16、17)、こうした違いは観察されないのである[9]。

　以上のような検討を経ることによって、助動詞「る」と可能動詞は、既存の形式と新興の形式という競合関係として捉えられることになる。18 世紀後半以降からの両者の勢力関係について調査されたものに、神田 (1961)、および鴎岡 (1967) がある。神田論文に示された表を掲げておこう。

---

9　神田 (1961)、鴎岡 (1967) でも、こうした見方は否定されている。渋谷 (1993: 109) では、松下の方言の影響の可能性も示唆されている。

(19)

| | 「る」 | 可能動詞 |
|---|---|---|
| 1770 年 | 71.40% | 28.60% |
| 1813 年 | 48.30% | 51.70% |
| 1870–71 年 | 66.70% | 33.30% |
| 1887–89 年 | 44.80% | 55.20% |
| 1908–10 年 | 15.50% | 84.50% |
| 1925–27 年 | 26.10% | 73.90% |
| 1936–39 年 | 13.90% | 86.10% |

近世後期に文法形式として成立した可能動詞が、明治期に至ると約半数まで数を伸ばし、大正期あたりから主流な形式となっていることが見て取れる。鶴岡論文で示されたデータも大体同様であり、1910 年ごろが勢力交替の境目となっている。

以上のように、助動詞「る」と可能動詞は、新旧の関係で捉えられるのであるが、可能動詞が凌駕していくにあたって、「る」が比較的最後まで残った領域などは観察されないのであろうか。これについては、あらためて「否定」という環境が注目される。可能の意味が否定文中で現れやすいのはこれまでも見た通りであるが、明治後期から大正期にかけて、つまり (19) で勢力交替が示された時期の資料として有用な「太陽」コーパスを用い、可能表現が共起する否定形式について分析すると、以下のような緩やかな棲み分けが観察される[10]。

(20)

| | 「る」 | 可能動詞 |
|---|---|---|
| ず | 26 | 5 |
| ない | 12 | 53 |

上の (20) に示されるように、否定形式も「ず」から「ない」へ交替が起こっているが、旧い形式の「ず」は「る」と共起しやすく、可能動詞とは共起しにくい、という結果が見て取れる。具体例も掲げておこう。

10　調査は 2016 年 4 月、コーパス検索アプリケーション「中納言」(バージョン 2.2.0) を用いて行なった。

(21) a. 去年大威張で前へ出た招待席なぞへは迚も行かれぬ。

　　　　　　　　　　　　　　　　　　（江見水蔭「朝顔」1895–9）

　　 b. 疲れては居るが眠られぬ。　　　（正木不如丘「特志解剖」1925–1）

　　 c. それなら眞に先夫のことが忘られず、飽くまで其れに對して嘗て
　　　　の約束を守らうとするなら

　　　　　（中島徳蔵「再婚に迷ふ若き未亡人に」『婦人倶楽部』1925）

　旧い形式同士が結びつきやすいのはある意味当然のことではあるが、文章
語に注目するに際しては重要である。特に中止形は、現在にあっても「な
く」「なくて」は使いにくく、「ず」「ずに」が用いられる。そうした際、「行
けず」や「眠れずに」が使えずに、「行かれず」「眠られずに」のほうが好も
しかったというわけであるから、文章語においては、大正期以降も、依然と
して助動詞「る」が優先的に使われたということになろう。

　言語の歴史変化を論ずるにあたって、なぜ急に文章語の話を持ち出すのか
と訝しがる向きがあるかもしれない。しかし、「非情の受身」が生み出され
る世界は、口頭語の世界ではなく、「広域言語」[11] が用いられる文章語の世界
なのである。すなわち、欧文翻訳を通じて「非情の受身」が成立した明治期
の「広域言語」においては、助動詞「る」は、未だ確固たる可能の用法を有
していたわけである。

## 4.　おわりに

　近代以降、非情の受身が急速に発達した背景として、近世後期にはすでに
「る」が受身専用になっていた（＝可能の領域は可能動詞が表すようになっ
ていた）という事情を想定する仮説は魅力的ではあるが、少なくとも、非情
の受身を生み出す「広域言語」の世界では、未だそのような状況にはなり得
ていない。1900年に記された文法書の記述も掲げておこう。

---

11　金水（2011: 2–3）では、基本的な文法と基礎語彙を含み、ほぼ100％音声言語である
「子供の言語」、基本文法の上に付加される拡張的な文法である「地域の言語」、音声言語を
共有する共同体を越え、文字言語を基盤として存在する「広域言語」という、3つの「階
層」が想定されている。

(22)  岡田正美（1900: 24）『日本文章法大要』吉川半七
　　　本が甲によまる。乙が甲にうたる。
　　　後者は差支なし。前者は如何あらん。勿論その意義のとれぬといふ
　　　ことはなけれども、かく形を換ふれば、寧ろ別の意義（（甲ニハ本
　　　ガ読メル（読ミ得ラレル）の意味））となる。
「非情物ガ・有情物ニ・〜ラレル」という文では、可能の解釈が優先される
ことが示されている。
　したがって、可能の領域において「る」が用いられなくなったのは、可能
動詞の勢力に自然に淘汰されていったというよりは、非情の受身の発達に
よって「る＝受身」という認識が定着することにより、可能の意味で用いに
くくなった、という説明のほうが実情に即していよう。鸎岡（1967）で、「大
正期以降、助動詞「れる」が受身専用の助動詞となったのは、欧文脈の影響
と思われる。「風で垣根が倒された」という言い方が一般化したということ
と無関係ではないと思う」と述べられる通りである。非情の受身の成立は、
その一方で、「可能：可能動詞／受身：ラレル」という役割分担を形成する
一助となったものと考えられよう。

## 付記

　本稿は、JSPS 科研費 17K02779（基盤研究 C「近代語文法の体系的研究」）による研
究成果の一部である。

## 参照文献

青木博史（2010）『語形成から見た日本語文法史』ひつじ書房.
尾上圭介（1998）「文法を考える 6　出来文（2）」『日本語学』17-10, pp. 90–97, 明治書
　　院.
川村大（2013）「ラレル形述語文における自発と可能」『日本語学』32-12, pp. 30–42,
　　明治書院.
神田寿美子（1961）「現代東京語の可能表現について」『日本文学』16, pp. 70–84, 東京
　　女子大学.
木部暢子（2004）「九州の可能表現の諸相—体系と歴史—」『国語国文薩摩路』48, pp.
　　140–127, 鹿児島大学法文学部国文学研究室.
金水敏（2003）「ラ抜き言葉の歴史的研究」『月刊言語』32-4, pp. 56–62, 大修館書店.
金水敏（2011）「文法史とは何か」金水敏・高山善行・衣畑智秀・岡崎友子『シリー

ズ日本語史 3　文法史』pp. 1–17, 岩波書店.

此島正年（1973）『国語助動詞の研究』桜楓社.

坂梨隆三（1969）「いわゆる可能動詞の成立について」『国語と国文学』46-11, pp. 34–46, 東京大学国語国文学会.

志波彩子（2018）「ラル構文によるヴォイス体系―非情の受身はなぜ存在しなかったか―」岡﨑友子・衣畑智秀・藤本真理子・森勇太（編）『バリエーションの日本語史』pp. 175–195, くろしお出版.

渋谷勝己（1993）「日本語可能表現の諸相と発展」『大阪大学文学部紀要』33-1, pp. 1–262, 大阪大学文学部.

渋谷勝己（2005）「日本語可能形式にみる文法化の諸相」『日本語の研究』1-3, pp. 32–46.

申鉉竣（2001）「近代語における可能動詞の動向」『国語と国文学』78-2, pp. 39–51, 東京大学国語国文学会.

鈴木博（1972）『周易抄の国語学的研究』清文堂.

鸎岡昭夫（1967）「江戸語・東京語における可能表現の変遷について」『言語と文芸』54, pp. 54–63, 東京教育大学国語国文学会.

永澤済（2004）「式根島方言の可能形式 2 種の意味領域―「能力可能」と「一般可能」―」『日本語文法』4-2, pp. 169–185.

中村通夫（1953）「「来れる」「見れる」「食べれる」などという言い方についての覚え書」金田一博士古稀記念論文集刊行会（編）『金田一博士古稀記念言語民俗論叢』pp. 579–594, 三省堂.

橋本進吉（1969）『助詞助動詞の研究』岩波書店.

三宅俊浩（2016）「可能動詞の成立」『日本語の研究』12-2, pp. 1–17.

村上昭子（1976）「『玉塵抄』『詩学大成抄』における四段動詞および上一段動詞「見る」に対応する下一（二）段動詞」佐伯梅友博士喜寿記念国語学論集刊行会（編）『佐伯梅友博士喜寿記念国語学論集』pp. 483–512, 表現社.

柳田征司（1974）「中興禅林風月集抄」近代語学会（編）『近代語研究 4』pp. 47–169, 武蔵野書院.

山田潔（1995）「『玉塵抄』の中性動詞―「読ムル」の用法」『国語国文』64-8, pp. 22–37, 京都大学文学部国語学国文学研究室.

湯沢幸吉郎（1929）『室町時代の言語研究』大岡山書店.

湯沢幸吉郎（1936）『徳川時代言語の研究』刀江書院.

吉田永弘（2013）「「る・らる」における肯定可能の展開」『日本語の研究』9-4, pp. 18–32.

吉田永弘（2016）「「る・らる」における否定可能の展開」『国語研究』79, pp. 49–65, 國學院大學国語研究会.

# スタイルと役割語

# 役割語の周縁の言語表現を考える
――「人物像の表現」と「広義の役割語」と「属性表現」――

西田隆政

## 1. はじめに

　役割語研究は、金水（2003）で提唱されて以来、この10年余りで、研究分野としても定着してきたと考えられる。そして、その成果は、金水編（2014）に辞典の形となってまとめられている。

　ただ、その研究の範囲は、近世後半からが中心で、それ以前の役割語の可能性、特に古代や中世については、まだ検討が十分になされていないのが現状である。稿者は、西田（2015、2016a、2016b）で、平安時代や鎌倉時代の古典作品での登場人物の会話文に、特定の人物像を反映したことばづかいがあるのかどうか、という点について検討してきた。その結果として、現代の役割語と同様とまではいえないまでも、登場人物の人物像を示す表現を会話文や地の文での説明の中に見出だすことができた。

　しかし、その検討の過程で、改めて役割語をどのように定義すればよいか、ということが課題となった。たとえば、平安時代の仮名文学作品は、上流階層の貴族を読者層とする、非常に限られた範囲においてのみ流通していたものである。それを現代の役割語と同一に見てよいものなのか。また、役割語の言語的な特性という点からも、ことばづかいの面で特定の用語等が定着していないものを役割語としてどのような位置づけにすべきなのか、というのも問題となる。

　そこで、本稿では、稿者がこれまで行ってきた、各時代の役割語の可能性

を探る「役割語史」と、マンガやアニメ等のキャラクターの言語表現の側面に着目した「属性表現」の観点から、改めて、役割語の周縁の言語表現の検討を試みる。その中でも、それぞれの人物像に対応する特定のことばづかいの存在の有無やその固定化についても考える。金水（2003）以来の役割語の定義も近年新たな見直しが行われている。その点も踏まえて、検討を進めていくことにしたい。


## 2. 平安時代の「役割語史」の検討

### 2.1 登場人物にふさわしい「発声のあり方」

　西田（2016b）では、平安時代の子ども、女性、老人のことばづかいに、役割語の可能性があるのかどうか、という点について検討を行った。その結果として、現代の役割語と方法は異なるものの、いかにもそれらしい人物像を表現する工夫をしていることが明らかとなった。

　たとえば、小林（1997）の指摘によると、子どもの場合、会話文の用語が平易でかつ文も短文で複雑な構文とはなっていない、という特徴があるとのことである。また、女性や老人の場合、ことばづかいそのものというよりも、話す様子や声色等に、成人男性を基準として見ると、異なるところがあり、そこからそれぞれの人物らしさを示そうとしていることが見出された。

(1)　「雀の子を犬君が逃がしつる。伏籠の中に籠めたりつるものを」とて、いと口惜しと思へり。（中略）尼君、「いで、幼や。言ふかひなうものしたまふかな。おのがかく今日明日ともおぼゆる命をば何とも思したらで、雀慕ひたまふほどよ。罪得ることぞと常に聞こゆるを、心憂く」とて、「こちや」と言へばついゐたり。

（源氏物語、若紫、① pp. 206–207）[1]

(2)　尚侍の君対面したまひて、「かくいと草深くなりゆく葎の門を避きたまはぬ御心ばへにも、まず昔のこと思ひいでられてなん」など聞こえたまふ、御声あてに愛敬づき、聞かまほしういまめきたり。

（源氏物語、竹河、⑤ pp. 107–108）

---

1　以下、用例の引用は『新編日本古典文学全集』（小学館）による。下線は稿者が付した。

（3）　「それは外になんものしたまふ。されど思しわくまじき女なむはべ
　　　る」と言ふ。声いとうねび過ぎたれど、聞きし老人と聞き知りた
　　　り。　　　　　　　　　　　　　　　　　（源氏物語、蓬生、②p. 346）

　（1）は、若紫と祖母の尼君との会話文である。この例については、小林
（1997）でその特徴について指摘がある。非常に構文が簡単で、かつ、用語
も特に難解なものはない。そして、対する祖母の会話文も、「たしかに大人
の会話であり長文であるが、子どもが聞くことも計算に入れているので、そ
う難しい文ではない」（小林 1997: 32）とされる。子どもの会話文は、わかり
やすさを意識したものとなっているのであろう。これは、それに対する大人
の会話文も同様である。

　（2）は、尚侍となった玉鬘の声の様子を表す例である。彼女の声が「気品
がありかつ情味がある」とする。貴族の女性らしい上品な声が評価されてい
る例である。その一方で、会話文自体には、特に女性らしさを示すようなこ
とばづかいはない。

　（3）は、光源氏の従者、惟光が荒れ果てた末摘花の屋敷を訪ねるときの例
である。老女房が「いとうねび過ぎ」と年寄りじみた声で応えたとある。た
だ、この例でも会話文には、特に老人らしさを示すものはない。

　これらの用例からすると、確かに、それぞれの人物像を物語中で示そうと
していることが見てとれる。しかし、これらは、いずれも現代語の役割語の
感覚からすると違和感がある。それは、ことばづかいそのものではなく、こ
とばをどのように発していたか等によって、人物像が示されているからであ
る。子どもの会話文での用語や構文にしても、大人のそれと比較しての相対
的なものであり、特定の子どもらしい人物像を示す用語等は見出せない。

（4）　ある人の子の童なる、ひそかにいふ。「まろ、この歌の返しせむ」
　　　といふ。　　　　　　　　　　　　　　（土左日記，1月7日、p. 23）

　（4）は、子どもが人称代名詞「まろ」を使用した例である。しかし、平安
時代には、「まろ」は子どもの使用した例が散見されるものの、子どもが主
に使用するとまでは言えず、『角川古語大辞典』の「まろ」の項目には、「上
下、男女を問わず使われたと推測される」（第5巻: 449）とある。

　となると、平安時代の性差や年齢の面での、ことばづかいの相違には、現

代語のような明らかな特徴は見られないことになる[2]。しかし、作品を享受する言語社会の中においては、人物像とその「発声のあり方」等の関係については、ふさわしいとされるような、一定のイメージが共有されていたと考えられる。

これを現代語での役割語と比較してみると、特定の語形が特定の人物の使用するものという点での定着の有無が相違しているということになる。特に、現代語の役割語で重要となっている、人称代名詞や文末の助詞等の使い分けの点については、平安時代には見出すことはできないのが重要となる。

この点からすると、少なくとも性差や老人と若者というような世代の差の面では、平安時代には、ことばづかいそのもので人物像がイメージされるような役割語は存在しないということにもなる。また、この「発声のあり方」等も役割語に含まれるものとすると、役割語の対象となる言語関連の要素をどこまで認めるのか、というのを再検討する必要も出てくることにもなる。

ただ、その一方で、特定の用語等が特定の人物像と結びついていると考えられる例がないわけではない。2.2 では、そのような例を検討する。

## 2.2　人物像に固定化したことばづかい

築島（1963）の指摘以来、儒者のような特定の階層のことばづかいが、一般の貴族のそれとは異なることが注目されてきた。そこには、和文作品では一般に使用されない、当時の漢文訓読の語彙や語法を見ることができるとされる。

(5)　しひてつれなく思ひなして、家より外にもとめたる装束どもの、うちあはずかたくなしき姿などをも恥なく、面もち、声づかひ、むべむべしくもてなしつつ、座につき並びたる作法よりはじめ、見も知らぬさまどもなり。若き君達は、えたへずほほ笑まれぬ。(中略)「おほし垣本あるじ、はなはだ非常にはべりたうぶ。かくばかりのしるしとあるなにがしを知らずしてや朝廷には仕うまつりたうぶ。はなはだをこなり」など言ふに、　　　　　　(源氏物語、少女、③ p. 24)

---

2　金水編 (2014) の「役割語とは何か—この辞典を利用する前に」には、現代語の性差や年齢・年代による役割語についての解説がある。

役割語の周縁の言語表現を考える | 221

(5) では、築島 (1963) で儒者の会話文の副詞「はなはだ」や否定表現の「ずして」が漢文訓読語と指摘されている。儒者のような特殊な階層のことばの例として注目される例である[3]。

　この例では、少なくとも語彙や語法の側面から、一般の貴族のことばづかいと相違する面を見ることができる。しかし、その一方で、儒者たちのことばづかいだけでなく、その姿とともに、「声づかひ、むべむべしくもてなしつつ」と「声の調子をもっともらしく何度も振舞って」とその「発声のあり方」にも注目する必要がある。

　物語作品内で儒者を登場させる際には、やはり、その姿や「発声のあり方」を描写することも不可欠であったと考えられる。ことばづかいだけが決め手となるわけではないともいえるだろう。

　同様の例は、女性の登場人物にもある。

(6)　　声もはやりかにて言ふやう、「月ごろ風病重きにたへかねて、極熱の草薬を服して、いと臭きによりなむえ対面賜らぬ。目のあたりならずとも、さるべからむ雑事らはうけたまはらむ」とあはれにむべむべしく言ひはべり。　　　　　　　　　　（源氏物語、帚木、①p. 87）

(6) は、儒者の娘の会話文である。会話文内に、「風病」「極熱」「草薬」「服す」「雑事」と、普通の女性は使用しない漢語が多用される。しかし、それだけでなく、「はやりかにて」の「軽快な様子で」、「むべむべしく」の「もっともらしく」と、その「発声のあり方」自体にも特徴のあることが示される。

　これらの例からすると、登場人物の人物像を示すためには、そのことばづかいで示す例がないわけでないものの、そのような人物でも、やはり、その「発声のあり方」も重要であったことが理解される。ことばづかいと「発声のあり方」の両者相まって登場人物の人物像が造形されていたというべきであろう。

　平安時代の和文の作品においては、登場人物とその「発声のあり方」については、一定の結びついたイメージがあり、それを踏まえて、登場人物が造

---

3　高山 (2007)・金水 (2008) では、この例を役割語として考える可能性があることの指摘がある。

形されていたといえる。要するに、その人物像をことばづかいによって示すことができないことがあり、「発声のあり方」によって示されることがあったと推測される。

そして、和文の作品においては、一部の人物以外は「発声のあり方」でしか人物像を示す手段がなかったということでもある。人物像を示す意識はあり、また、その人物像のイメージは共有されていた。しかし、それをことばづかいで十分に示せる状況にはなかったのである。

これらの例を役割語とするのかどうかは、判断の難しいところである。金水（2003）では、役割語に該当する「言葉づかい」を「語彙・語法・言い回し・イントネーション等」(p. 205) とする。話し方は「言い回し」や「イントネーション」に関連するものではある。しかし、金水編（2014）で主要な対象とされるのは、語彙・語法が中心である。「言い回し」等であっても、それはことばづかいの形で会話に反映されるものが対象となるだろう。そこで、本稿では、「発声のあり方」としたものは、まずは、現代の役割語と同様のものとは認めにくいものと位置づけておきたい。

## 3. 「属性表現」の検討

稿者は、西田（2010）で、「属性表現」という概念を提起した。これは、役割語の前段階ともいえるもので、人物の性格的な属性等を示すための言語表現である。たとえば、ツンデレキャラクターという、相手に自分の気持ちをうまく伝えられず、気持ちと逆の表現をしてしまう者がいる[4]。女性の場合なら、「あ、あんたのことなんか、全然興味ないんだからね」（本当は相手のことが大好き）のような会話文がその典型例となる。

この例の場合、文頭のことばのつっかえや、「～なんだからね」と本心と逆のことを述べる際の文末表現が注意される。西田（2011）では、このような表現をツンデレとされる人物が使用するという共通理解は、マンガやアニメやゲームを愛好する者たちの間では、2005 年ごろには定着していたこと

---

4 ツンデレキャラクターの言語表現の特徴については、冨樫（2011）、西田（2009、2010、2011）に詳細な解説がある。

を確認した。

　しかし、このツンデレの表現とされるものは、一般の日本語話者の間では必ずしも共通理解されるものとして定着しているものではない。あくまでも特定の愛好者という限定された言語集団の中で用いられるものである。そして、ツンデレという存在も、典型的な役割語を使用するお嬢様のような、社会的に認知された存在ではない。

　社会的に何らかの位置づけを得られない以上、そのような存在の使用する用語を役割語と認定することはできない。それゆえ、西田（2010）では、そのような存在の使用する用語を、ことばづかいと人物像の結びつきはあるものの社会的に認められた存在でない者の用語である場合、「属性表現」としたのである。

　そして、この「属性表現」は、社会状況等の変化によって役割語となりうるものでもある。西田（2010）では、その一例として、メイドのことばをあげた。近年、日本各地でメイド喫茶が開業し、その中ではメイドに扮する女性たちが来店した客に対して、「お帰りなさいませ、ご主人様」（女性ならお嬢様）という、お迎えのことばを発する。

　これは、店を貴族のお屋敷に見立てて、客をそのお屋敷の主人のように遇して使用する会話文である。また、この文では語順も「お帰りなさいませ」と「ご主人様」の順で固定化したものとなっている。マンガやアニメ等に登場するお屋敷のメイドを模して、始まった営業パターンの店といえる。

　当初は、特定のファンに対する店であったが、店の数が増え、多くの人が来店するにつれて、社会的にその存在が知られるようになりつつある。現状ではその可能性は低いのであるが、これが一つの営業形態として、もし一般化するなら、メイドのことばは、役割語として認知される可能性もある。

　以上のことからすると、ことばづかいとして、特定の人物像と特定の語形が結びついたとしても、それだけでは役割語とはならないことがわかる。やはり、言語社会において、人物像が社会的な存在として認められ、その人物像とことばづかいの結びつきを誰もが理解するような段階になって、はじめて、役割語ということになるのである。

　また、2.2で述べたように、役割語として認められるのには、単に社会的にその話し方や風貌等と特定の人物像の結びつきが認められるだけでは不十

分で、やはり、特定のことばづかいと特定の人物像との結びつきも含めて認められることが不可欠となるのではなかろうか。

これらの点を踏まえて、さらに4節で検討を進めたい。

## 4. 役割語と周縁の言語表現

金水（2003）で提起されて以来、十余年を経過して、役割語についての新たな定義が金水（2016a、2016b）で提起された。金水（2016b）から引用すると、「言語コミュニティに所属する大多数の言語主体が共有している、社会的・文化的ステレオタイプと連動した話し方」[5]、というものである。また、金水（2016a）では、「キャラクター言語」という考え方も提起された。これは「フィクションの中でキャラクターに割り当てられた特有の話し方」とするものである。そして、役割語は「キャラクター言語の部分集合と考えることができる」（p. 12）と役割語は「キャラクター言語」に包摂されるものと位置づけている。

金水（2003）での役割語の定義は、「特定の言葉づかいと特定の人物像」が結びつくことがその中心となるもので、誰が結びついたと認めるのか、という言語主体の側面については日本語社会を構成する言語主体といった、大まかなものを意識して定義されていたと考えられる[6]。しかし、それでは、「属性表現」のような狭い言語集団の中でのみ通用する、ことばづかいと人物像の結びつきについては、位置づけを与えにくいことにもなってしまう。

その点で、金水（2016a）での検討は重要であり、役割語を「人物像」と「ことばづかい」の関係の側面だけでなく、言語社会における「人物像」の認められ方の側面についても意識した定義となっている。ただ、この定義では、言語社会において人物像は認められているものの、それと結びついた

---

5　金水（2016b）では、「狭義役割語」の定義となっているが、従来の比較的広く対象を見ていた役割語の範囲を見直すための定義なので、現在の役割語の定義と見てよいであろう。なお、金水（2016a）には役割語の定義を一文でまとめたものがなく、金水（2016b）を引用した。

6　金水（2016a）では、金水（2003）の定義は、「キャラクター言語」に通じる、広い範囲を指しうるものであったとする。

「特定のことばづかい」を持たない例についてはどう考えるべきなのか、という疑問が生じる。

　平安時代の仮名文学作品での子ども、女性、老人には、ことばづかいの面で、用語として、特にこれといったものを指摘することはできない。子どものことばが用語や構文において平易なものというのも、大人のそれからしてという、相対的なものでしかなく、この語を使えば子どもらしい、となるものはない。定延（2011）で指摘されるように、現代日本語では「〜でちゅ」「〜でしゅ」のような舌足らずの文末表現が幼児らしいことばづかいと認識されるのとは対照的である。

　とすると、社会的・文化的にその「発声のあり方」や容姿等から特定の人物像が想起される場合は、どのように考えるべきであろうか。本稿では、それを人物像を説明するための言語表現として、「人物像の表現」と仮称する[7]。「発声のあり方」等を役割語とするのは困難だからである。

　また、特定の人物像に該当する人物の使用する用語や構文に特徴的なものがあるものについては、「広義の役割語」と仮称する[8]。平安和文作品の例では、儒者が漢文訓読語を使用したり、漢語を多用したりするのは、その一例となる。

## 5.　「人物像の表現」と「広義の役割語」と「属性表現」

　以上の検討を踏まえて、次のような仮説を提示してみたい。

　(7)　役割語の周縁の言語表現には、「人物像の表現」と「広義の役割語」と「属性表現」がある。「人物像の表現」は社会的・文化的に人物像がステレオタイプとしてその知識が共有されているものの、特定のことばづかいとの関係が存在せず、人物の「発声のあり方」等を説明することで人物像を示しているものである。「広義の役割語」は社会的・文化的人物像がステレオタイプとしてその知識が共有されているものの、特定のことばづかいとの関係は存在しつつもまだ

---

7　「発声のあり方」だけでなく人物の容姿や仕草や服装等の説明もこれに含まれる。

8　金水（2016b）での「狭義役割語」との対応も想定している。

この語を使用すればこの人物像という段階にまでは定着していないものである。「属性表現」は、社会的・文化的にステレオタイプとして広く人物像の知識は共有されていないものの、一部の言語集団の中で人物像と特定のことばづかいとの関係が定着しているものである。

この (7) からすると、「人物像の表現」は社会的には知られるステレオタイプであっても特定のことばづかいがまだ存在していないもの、「属性表現」は社会的にまだステレオタイプとして認められていなくても特定のことばづかいとの結びつきが認められているもの、というように、対照的なものとして存在していることになる。要するに、「役割語」の周縁の言語表現には、三つのタイプがあると仮説するのである。整理すると、(8) のようになる。

(8)

| | 人物像の知識 | ことばづかい |
|---|---|---|
| 人物像の表現 | 共有されている | 存在せず |
| 広義の役割語 | 共有されている | 存在するも定着せず |
| 属性表現 | 共有されていない | 定着している |

先の「キャラクター言語」では、「属性表現」の例についてはカバーできるが、同じ役割語の前段階でも「人物像の表現」とは合致しない。ことばづかいで人物像が示せない段階で、「キャラクター言語」とすることは難しいからである。

本稿で、ことばづかいの側面を重視するのは、特定の固定化したことばづかいがあるからこそ、役割語として言語社会で広く知られるようになると考えるからである。現実社会には、「そうじゃ、わしが博士じゃ」と発言する博士や、「ごめん遊ばせ、よろしくってよ」と発言するお嬢様が存在しないにもかかわらず、上記のようなことばづかいが博士やお嬢様の役割語であるとして知識が共有されている[9]。

逆にいえば、特定のことばづかいとステレオタイプとの関係づけが強化されることによって、現実社会で使用されないことばづかいまでもが、あたかもそういうものが存在するかのように、ステレオタイプの言語表現として想

___

9　金水 (2003) の「役割語世界への招待状」参照。これらの例の場合、「わし」のような1人称や「じゃ」や「てよ」のような文末表現がいかにもこれらの人物が使用するものとしての知識が共有され固定化しているのが重要である。

起されるようになる。そしてこれが言語社会で役割語と認められる。しかし、特定のことばづかいとの結びつきがなければ、まだ何となくステレオタイプらしさを示すことばづかいというレベルにとどまり、役割語となることは困難で、「広義の役割語」の段階にとどまるであろう。

　以上のことから、役割語の周縁の言語表現を検討する際には、まず、何らかの人物像が社会で知識として共有される段階を考える必要がある。そして、そのような人物像に対して、何らかの特徴の描写が行われれば、それは「人物像の表現」と見ることができる。

　次の段階として、人物像が社会で共有されるだけでなく、そのような人物像に対して何らかのふさわしいことばづかいが使用されるものという、知識が共有される段階がある。これが「広義の役割語」とするものである。なお、「人物像の表現」と「広義の役割語」の関係は微妙なところがあり、「人物像の表現」が前段階で、それが必ず「広義の役割語」となるわけではない。儒者のことばづかいのように、人物像にふさわしい言語表現がある場合には「広義の役割語」と位置づけることができるのである。

　それゆえ、「広義の役割語」の前段階として「人物像の表現」があったかどうかは、検証することは困難である。ただ、金水 (2011) で指摘される、言語資源の側面からすると、そのような人物が使用しそうな用語として難解な漢語や漢文訓読語があって、それが活用されたとはいえそうである。

　一方、「属性表現」については、ことばづかいの定着の方が先行しており、人物像自体がステレオタイプとして言語社会に定着しているのかどうかが問題となる。本稿では、役割語の周辺の言語表現の中でも、「人物像の表現」「広義の役割語」とは異なった性格のものとしておきたい。

## 6.　おわりに

　現在、役割語研究は、現代日本語の共通語だけでなく、金水 (2014) で具体的に検証された役割語の形成過程や、金水・田中・岡室編 (2014) で検討された方言の例、他言語への翻訳など、様々な分野に広がっている。日本語以外の言語での役割語のような存在はどのようなものなのか、という点につ

いての研究も進展しつつある[10]。

　稿者は、「役割語史」や「属性表現」といった、役割語の周縁に存在する言語表現のあり方を考える者である。今後とも、人物像とことばづかいとの関係についての検討を進めていきたい[11]。

## 参照文献

金水敏 (2003)『ヴァーチャル日本語　役割語の謎』岩波書店.

金水敏 (2008)「役割語と日本語史」金水敏・乾善彦・渋谷勝己『シリーズ日本語史4　日本語史のインターフェース』pp. 205–236. 岩波書店.

金水敏 (2011)「言語資源論から平安時代語を捉える―平安時代「言文一致」論再考―」『訓点語と訓点資料』127, pp. 80–89, 訓点語学会.

金水敏 (2014)『これも日本語アルカ？　異人のことばが生まれる時』岩波書店.

金水敏 (2016a)「役割語とキャラクター言語」『役割語・キャラクター言語研究国際ワークショップ 2015 報告論集』pp. 5–13, 私家版.

金水敏 (2016b)「第5章　現代日本語小説のキャラクターと発話」定延利之・瀬沼文彰・金水敏・Andrej Bekeš・友定賢治・金田純平・宿李由希子「キャラ・役割語をめぐる問題とその検討」『日本語学会 2016 年度秋季大会予稿集』pp. 230–233.

金水敏 (編) (2007)『役割語研究の地平』くろしお出版.

金水敏 (編) (2011)『役割語研究の展開』くろしお出版 .

金水敏 (編) (2014)『〈役割語〉小辞典』研究社.

金水敏・乾善彦・渋谷勝己 (2008)『シリーズ日本語史4　日本語史のインタフェース』岩波書店.

金水敏・田中ゆかり・岡室美奈子 (編) (2014)『ドラマと方言の新しい関係―『カーネーション』から『八重の桜』、そして『あまちゃん』へ―』笠間書院.

小林千草 (1997)『ことばの歴史学　源氏物語から現代若者言葉まで』丸善.

定延利之 (2011)『日本語社会のぞきキャラくり　顔つき・カラダつき・ことばつき』三省堂.

定延利之・瀬沼文彰・金水敏・Andrej Bekeš・友定賢治・金田純平・宿李由希子 (2016)「キャラ・役割語をめぐる問題とその検討」『日本語学会 2016 年度秋季大会予稿集』pp. 225–242.

高山倫明 (2007)「「訓読語と博士語」九州大学大学院人文科学研究院（文学部）平成19 年度社会連携セミナー①言語と文芸―和漢古典の世界―」第1回, 2007 年7月 28 日於福岡市文学館.

---

10　役割語研究の広がりについては、金水 (編) (2007、2011) 参照。

11　金水 (2016b) の「キャラクター言語」と「属性表現」の関係については、稿を改めて検討する予定である。

築島裕（1963）『平安時代の漢文訓読語に就きての研究』東京大学出版会.

冨樫純一（2011）「ツンデレ属性における言語表現の特徴—ツンデレ表現ケーススタディ—」金水敏（編）（2011）『役割語研究の展開』pp. 279–295, くろしお出版.

中村幸彦・岡見正雄・阪倉篤義（編）（1982〜1998）『角川古語大辞典』第 1 巻〜第 5 巻, 角川書店.

山口仲美（1998）「源氏物語の「男の表現」・「女の表現」」増田繁夫・鈴木日出夫・伊井春樹（編）『源氏物語研究集成　第 3 巻　源氏物語の表現と文体　上』pp. 275–330, 風間書房.

西田隆政（2009）「ツンデレ表現の待遇性—接続助詞カラによる「言いさし」の表現を中心に—」『甲南女子大学研究紀要』文学・文化編 45, pp. 15–23, 甲南女子大学.

西田隆政（2010）「「属性表現」をめぐって—ツンデレ表現と役割語の相違点をめぐって—」『甲南女子大学研究紀要』文学・文化編 46, pp. 1–11, 甲南女子大学.

西田隆政（2011）「役割語としてのツンデレ表現—「常用性」の有無に着目して—」金水敏（編）（2011）『役割語研究の展開』pp. 265–278, くろしお出版.

西田隆政（2015）「役割語史研究の可能性を探る (1) —平安時代における年長者の男性の会話文をめぐって—」『甲南国文』62, pp. 15–26, 甲南女子大学国語国文学会.

西田隆政（2016a）「役割語史研究の可能性を探る (2) —軍記物語における「受身」と「使役」の併用をめぐって—」『甲南国文』63, pp. 15–24, 甲南女子大学国語国文学会.

西田隆政（2016b）「役割語史研究の可能性—平安和文作品での検証—」『国語と国文学』93-5, pp. 59–71, 東京大学国語国文学会.

# 書き手デザイン

## ―平賀源内を例にして―

渋谷勝己

## 1. はじめに

　本稿は、渋谷（2013a）で概要を示した、言語使用者のもつ多言語・多変種能力を明らかにする試みの一環を構成するもので、事例として江戸時代後期にさまざまなジャンルで執筆活動を行った平賀源内（風来山人）のことばを分析しつつ、当時の著作者が行った書き手デザインのあり方を、歴史社会言語学的な視点（渋谷2013b）から考察するものである。本研究プログラム全体としては以下の問題に取り組むものであるが、書き手デザインに焦点を当てる本稿では、おもにアとイを取り上げ、一部ウについて触れることにする。エは今後の課題である。

ア　それぞれの著作者は、それぞれの作品において、どのようなことばを使用したか。

イ　それぞれの著作者は、ジャンル間あるいはひとつのジャンルの作品間、さらにはひとつの作品の内部で、どのようなことばの切り替えを行ったか。

ウ　そのような切り替えを行う背景として、それぞれの著作者はどのようなスタイル能力を身につけていたと考えられるか。

エ　そのようなスタイル能力は、どのようにして習得されたのか。

なお、ここで江戸時代後期の著作者を対象とするのは、次の理由による。

オ　同じ著作者が、古典研究、読本、黄表紙、合巻、洒落本、滑稽本、随筆

など、さまざまなジャンルの作品を執筆していること。

カ　それぞれの著作者は、それぞれのジャンル間・ジャンル内、あるいは作品間・作品内において、文語文や口語文およびそれを特徴づける個々の言語項目など、多彩なことばを使い分けており、言語使用者のもつ、（書きことばの）スタイル能力、書き手デザインの様相を解明するのに好適な条件を提供すること（文語文・口語文はそれ自身、多様性、連続性という視点から整理、分析することが必要であるが、本稿ではごくおおまかなカバータームとして使用する）。

キ　そのうちとくに文語文は、当時の言語使用者にとっては第二言語ともいえるほど口語文や口頭語（当時の日常語）と乖離しており、著作者間における、あるいは同じ執筆者でも執筆時期による（中間言語的な）多様性があることが予想され、言語使用者のスタイル能力の習得プロセスを明らかにするのに適当な材料になりうること。

　以下、本稿では、本研究プログラムのキー概念である「スタイル能力」と「書き手デザイン」の概要を述べることに主眼をおき（2節）、分析事例として平賀源内の行った書き手デザインを概観する（3節）。


## 2.　スタイル能力と書き手デザイン

　本節では、本研究プログラムのキー概念である、「スタイル能力」（2.1）と「書き手デザイン」（2.2）について述べる。

### 2.1　スタイル能力

　スタイルとは、一人の言語使用者が場面や状況に応じて使い分ける形式や変種のことをいう。言語使用者がさまざまな社会状況のもとで使用する（社会的な情報が焼きついた）多様なことば要素（たとえば変異理論における言語変項の具現形（variants））や、複数のレパートリー（体系としての変種（varieties））をたがいに対立させて見たときのそれぞれをいうもので（フォーマルスタイル／カジュアルスタイルなど）、言語使用者がもつそのような多様なことばの知識とそれを使用する（使い分ける）能力がスタイル能力である。

　次節で述べる書き手デザインとは、一人の言語使用者（著作者）が、さま

ざまな社会的情報が焼きついた形式や変種をひとつの作品のなかで使い分けるプロセス（操作）をいうものであるが、書き手デザインという視点からそれぞれの著作者がもつスタイル能力を捉えたとき、そのスタイル能力の特徴は次のようにまとめることができる（本稿にかかわるところを中心に述べる）。

(a) スタイル能力は、変種にかかわる知識とその運用能力の 2 つの側面を含むものである。

(b) 個々の言語使用者のもつそれぞれの変種についての知識は、脳のなかで切り離されているのではなく、変種間で重なるところがある（「重なり合う体系としての多変種能力」、渋谷 2013a 参照）。

(c) 作品を執筆する際には、1. 通常使用することばのほか、2. 通常は理解能力の範囲にとどまることばも、使用することばのなかに取り込まれる。

(d) それぞれの言語使用者のスタイル能力は、固定したものではなく、時間とともに変化しうる動的なシステムである。

以下、若干の説明を加える。

　(a) について、スタイル能力には、少なくとも、1. ひとつの言語の下位変種およびそれを特徴づける個々の要素に関する言語面での知識と、2. それぞれの下位変種およびそれを特徴づける個々の要素をどのような場面でどのように運用するかに関する運用面での知識の、2 つの知識が含まれる。前者にはその形式に焼きついた、それを運用するための手がかりとなる社会的な情報も含まれるため、実際には 2 つの知識は緊密に結びついている。

　(b) の「重なり合う体系としての多変種能力」の基本的なアイディアは、変種間で共有する言語項目と、共有されない言語項目があり、後者の共有されない項目が、それぞれの変種が変種であることをもたらしている部分であるということにある。具体的には、前者の、変種間で共有される言語項目には、たとえば語彙面では「山・川・目・手」などの基本語彙があり、音声面でも多くの母音や子音は変種間で共有されている。文法面でも、語順や形態素配列順序などは変種間で大きな違いはない。こういった変種間で共有される要素は、それぞれの変種を特徴づける社会的なマーカーにはならない。一方、変種間で共有されない（スタイルをマークする）言語項目には、従来行われてきた社会言語学の変異やスタイルをめぐる研究領域が分析の対象としてきた項目と関連させつつまとめれば、次のようなものがある。小さなもの

から順にあげる。

(b-1)　同一の意味を表す複数の形式（変異理論の対象）

(b-2)　同一の機能を担う複数の表現法（異文化間／中間言語語用論の対象）

(b-3)　その他、スタイルやレジスターを表示する、さまざまな言語／非言
　　　　語形式・表現法など

　(b-1) は変異理論が分析単位として設定する言語変項とその具現形のこと
である。欧米の研究では、ひとつの単語や形式をどのように発音するか (car
の r が発音されるか否かなど) を取り上げることが多い。日本語では、現代
語の可能の着ラレルと着レル、使役の書カセルと書カサセルなど、形態レベ
ルの言語変項もよく取り上げられる。3 節で取り上げる非音便形／音便形、
二段形／一段形の対立なども、ここに属する。

　(b-2) は、スタイルといった概念のもとで研究されることは少ないが、あ
る一定の状況下で依頼や断りなどのある発話行為を行う際に、どのような発
話 (連鎖) を使用するかを、(異文化間の相違あるいは中間言語的な特徴に注
目しつつ) 明らかにするものである。ポライトネス理論を採用して、聞き手
のフェイスをつぶす発話行為を取り上げるものが多い。この種の研究では、
抽象的な意味単位である意味公式 (semantic formula。たとえば断りの場合、
statement of regret (I'm sorry…など)、reason (I have a headache など)) といっ
た単位を設定し、使用する意味公式の種類、意味公式の連鎖のあり方、それ
ぞれの意味公式が述べる具体的な内容などを、(広義) スタイルマーカーと
して捉えることがある (Beebe et al. 1990 など)。

　(b-3) は、ある種の文章や談話に特徴的に見出されるさまざまな言語形式
やその使用のあり方をスタイルとして捉えようとするものである。方法論的
にも多様なものがあり、たとえば Tannen (1991) の、パラ言語の特徴や、質
問・繰り返し・笑いの有無などに注目して区分した high involvement /high
considerateness style などの会話スタイルもここに含まれる。なお、この種
の研究について、たとえば、英語の THAT omission、Pro-verb DO、Pronoun
IT、Attributive Adjectives、Prepositional Phrases、Type/Token Ratio などに注
目してさまざまなジャンルの話しことば、書きことばの特徴を包括的に分析
しようとした Finegan & Biber (2001) らのレジスター分析など、取り上げた
言語項目の多くは、その文章などが表現しようとする中身によって生じるも

のであって（レジスター・バリエーション）、社会的な情報を担うものではないため、スタイルに含むべきではない（スタイルはあくまでも社会的な情報を担うものに限定すべきである）という批判がある（同書の Milroy 論文など）。この批判は、品詞の使用比率や文字数、（延べ・異なり）語数、文の長さ、接続詞や指示詞などの使用実態によって作家の文体を考察した樺島・寿岳（1965）らの計量的な文体研究などにも適用されるであろう。しかし、次節で述べる書き手デザインという視点から見れば、これらの特徴が、たとえばそれぞれの作品がどのジャンルに属する作品かといったこと（社会的情報のひとつ）を読者に知らせるのに寄与する部分があるのであれば、スタイルマーカーと考えてよいものである。

　(c) の使用、理解能力について、次節で書き手デザインについて説明するために、ここでは書き手の理解能力ということを確認しておこう。書き手デザインを考えるためには、言語使用者のもつ、次のような、理解できることばの知識に注目する必要がある（明治期のものではあるが、森岡（1991: 52以下）に、「当時の人の〔もっていた理解言語〕目録」の事例が記載されている）。

(c-1)　他者が使用するのを（よく）聞く（したがって、そのようなことばを使用するのはどのような人かを（おおよそ）理解できる）が、自身では使用しないことばの知識。

(c-2)　日常的に口頭で使用する人はいないが、読書等を通じて接触する同時代、先行する時代に記された書籍等で目にすることばの知識。

　著作者が作品を執筆する行為は、以上のような、日常の会話において使用することのない理解変種にとどまることばを、使用変種に転換するという行為を含むものである。口語を用いて書く会話文の場合なども、登場人物に、自身が通常使用する変種以外の変種を使用させることになる。このような、理解変種から使用変種への転換は、日常会話でも、他者のことばを引用する際などに起こることであるが、作品を執筆する過程においては作品全体にわたってあまねく行われることになる。なお、金水（2003）の役割語およびその形成過程は、(c-2) と関連するところがある。また、定延（2007）のキャラ語尾は、その作品で（新たに）創造されることばであり、「接触することば」の範囲を超えるものであるが、読者が当該キャラ語尾と現実世界の人や

動物などをリンクできる必要があるという点で、「接触することば」とどこかでつながっていよう。

　最後に、(d) 多変種能力の動態ということについて、それぞれの著作者がある作品のなかで使用することばは、変動していくことがある。たとえば、それぞれの著作者が、同時代の作品や古典作品を読み進めるあいだに古典語の習得が進むなどして、最初は理解形式であったものが、徐々に使用形式へと変化する（ことばの伝播などと同種の変化）、あるいは、ある作品では使用が多かった中間言語的な要素が、別の作品では少なくなるという変化が生じることが起こりうる。また、同じ形式を使用していても、それを意識せずに自動的に使用しているか、それともモニターしながら使用しているか、などに、習得のレベルを反映した時期的な違いがある可能性もある。

　以上がスタイル能力の概要である。次に書き手デザインについて述べる。

## 2.2　書き手デザイン

　書き手デザインとは、執筆者が執筆する文章のなかで使用することばを創造的に選択する行為をいう。本稿では書きことばを対象とするために「書き手デザイン」という用語を用いるが、筆者の考える「デザイン」は書きことばだけではなく話しことばも含むもので、「言語使用者デザイン」として一般化して言及してよいものと考えている。なお、この、「言語使用者によることばの創造的選択」という観点と類似する観点は、書きことばについては岡本 (1989) などに言及があり、話しことばについても Schilling-Estes (2002) の speaker design というアイディアがある。詳細は省くが、書き手デザインも、これらの研究の基本的なアイディアを踏襲している。なお、現在のスタイルあるいはスタイル切り替えの研究は、聞き手とともに会話を構築していくという相互作用的な視点のもとで考察することが主流であるが（渋谷 2015b 参照）、言語使用者がもつスタイル能力や行うデザインの方法を明らかにするためには、言語使用者が（聞き手や読み手を予想しつつではあるが）単独でテキストや談話を構築する方法を探ることも有効である。

　さて、このような書き手デザインは、次のようなかたちで行われる。

(e)　書き手デザインは、言語使用者のスタイル能力に基づいて行われる。

(f)　書き手デザインは、書き手の認識するさまざまな社会的要因によって、

能動的、受動的に行われる。（能動的か受動的かは連続的である。）

(g) 書き手デザインは、無意識に行われることもあれば、意識的に行われることもある。（その間は連続的である。）

(h) また、そのデザインの及ぶ範囲は、文章全体であることもあれば（グローバルデザイン）、文章の特定の箇所で個別になされることもある（ローカルデザイン）。（デザインが及ぶ範囲も、連続的である。）

(e) のスタイル能力については 2.1 で述べた。

(f) の、書き手デザインの能動性、受動性について、これまでの、おもに日常会話のなかで生起するスタイルの選択行為を分析の対象とした研究においては、次の 2 つのメカニズムを指摘するものが多い（表 1、Bell 2001 による。文献情報は省略）。本稿の書き手デザインもこの 2 つを採用する。

(f-1) 聞き手や場面、状況等に応じて受動的にスタイルを選択するもの（表 1 の Responsive）

(f-2) 発話にさまざまな社会的な効果をもたらすべく、話し手が能動的にスタイルを選択するもの（表 1 の Initiative）

表 1　スタイルの選択メカニズム（Bell 2001: 166 による。一部変更）

| Source | Responsive | Initiative |
|---|---|---|
| Bakhtin（1981） | style | stylization |
| Blom & Gumperz（1972） | situational | metaphorical |
| Bell（1984） | audience design | referee design |
| Myers-Scotton（1993） | unmarked | marked |
| Rampton（1995） | - | crossing |
| Coupland（2001） | rational | identity |

それぞれの研究には、分析の対象とした言語や言語事象、考え方の違いもあり、表 1 は大枠で整理したにすぎないが、筆者の書き手デザインの考え方にそって述べれば、(f-1) はなかば社会的に規範化、慣習化したスタイルの選択・運用方法であり、言語使用者はその規範、慣習にしたがって、使用する具体的な言語変種や言語形式を選択するものである。このうち、社会的にもっとも規範化されたスタイル運用のあり方が、井出（2006）などが指摘する「わきまえ」である。以下、本稿では、このタイプのスタイル運用のあり

方を「文脈応答的スタイル使用」と呼ぶ。

　一方 (f-2) は、(f-1) の社会的な規範や慣習を踏まえつつも、言語使用の
その場その場の状況や使用者の動機、意図などによって、使用する言語変種
や言語形式を、自由に、あるいはときに意図的に社会的規範から逸脱して、
選択するものである。以下、本稿では、このスタイル運用のあり方を「文脈
創造的スタイル使用」と呼ぶことにする。

　なお、上では「能動的」「受動的」ということばを使用したが、「受動的」
ということばは誤解を招くかもしれない。書き手デザインの立場では、「文
脈応答的スタイル使用」「文脈創造的スタイル使用」のいずれをも、書き手
の主体的、創造的な選択行為とみなす。

　(g) の意識化の度合いについては、書き手デザインは、なかば無意識のう
ちに行う場合（慣習化された多くの文脈応答的スタイル使用の場合など）と、
意識的に行う場合（多くの文脈創造的スタイル使用の場合など）がある。こ
の意識化の度合いは、Labov の「ことばに対する注意度（ことばをモニター
する度合い）」を含むものではあるが、規範から意図的に逸脱する文脈創造
的スタイル使用のような、社会的な効果をもたらそうとする場合も視野に入
れるもので、それよりもカバーする範囲が広い。

　(d) のデザインの及ぶ範囲については、われわれが言語使用の場において
スタイルを選択する場合には、文脈応答的スタイル使用と文脈創造的スタ
イル使用の 2 つの運用法をまぜることも多いが、それぞれのデザインの及
ぶ範囲（スコープ）は異なるようである。おもに山東京伝がその作品のなか
で使用するスタイルとその切り替えのあり方を分析した渋谷 (2015b) では、
京伝が、作品のジャンルに社会的に期待される（基調）変種を、作品全体を
スコープとして使用しつつも（グローバルデザイン）、個々の地の文や会話
文においては、その箇所にさまざまな効果をもたらすために、局所的にスタ
イルをデザインする（ローカルデザイン）ことがあることを指摘した。前者
にはおもに文脈応答的スタイル使用が、後者には、一部、文脈創造的スタイ
ル使用が観察される。

　なお、小説などの会話部分については、山口 (2007) が指摘する、次のよ
うなことばの二重性（二重のデザイン）を考慮に入れる必要がある。
・登場人物の、ほかの登場人物に対することば（微視的伝達、自然性）

・作者の、読者に向けられたことば（巨視的伝達）

　すなわち、小説などの会話部分は、一方では登場人物が別の登場人物に語りかけることばであると同時に、また一方では、その登場人物の会話を介して、作者が読み手に語りかけることばでもあるというものである。山口（2007）は役割語の機能について論じるなかでこの二重性に言及し、役割語を導入することによって、読み手に対して必要な、キャラクターに関する詳細な説明を省略することが可能となり、物語を効率よく提示することができると述べている。この点、書き手デザインも同じ見方を採用するが、書き手デザインでは、会話文だけでなく、地の文においても、巨視的伝達の一環として、どのようなことばを選択したかが、読み手に、その作品のジャンルや期待される読み手など、さまざまな社会的な情報を伝達すると考えるものである。

　以上が、筆者が考える「スタイル能力」と「書き手デザイン」の概要である。これを踏まえて、次に、事例として、平賀源内が行った書き手デザインの具体的な様相を見てみることにしよう。

## 3.　平賀源内の書き手デザイン

　本節では、事例として、平賀源内が行った書き手デザインの実態をごく簡略に提示する。具体的には、五段動詞音便形／非音便形と二段形／一段形の2つの言語変項を取り上げて、その実態を記述することにする。なお、源内においてデザインの対象となった言語項目には、そのほかにも、形容詞の活用（音便形－非音便形）、アスペクト形式（テイル・テアル－タリ・リ・ツ・ヌ）、テンス形式（ターキ・ケリ）、係り結び（不使用－使用）など、多様なものがある。デザインはこれらのスタイルをマークする形式すべてを対象に行われ、その選択の結果が、グローバルにまたローカルに作品のもつ社会的な情報を読者に伝えているわけであるが、分析の手順として、まずは多くの著作者がデザインの対象としている個別の言語変項の分析からはじめる。

### 3.1　分析の対象

　本節では、平賀源内（風来山人）が残した作品のうち、談義本（『根南志草』

240 | 渋谷勝己

と『風流志道軒伝』（いずれも 1763（宝暦 13）年））、（時代物）浄瑠璃（『神霊矢口渡』（1769（明和 6）年））の、2 つのジャンルの 3 つの作品を取り上げて、源内が行った書き手デザインのあり方を分析する。ここでいうジャンルとは文学史研究が採用している枠のことであり、仮に採用するものである。ことば研究の立場からは、著者が使い分けたことばをもとにしてジャンルを認定するという方法も考えられるが、これは今後の課題とする。

　本文は岩波日本古典文学大系『風来山人集』（中村幸彦校注）によった。なお、『神霊矢口渡』の跋に「初段の切・三段目の口のみ予が筆にあらず」とある。これは吉田冠子らの補助を受けたものであるが、同書の中村の解説（24 頁）は、その補助は「演技に関した面で、文章の上では、源内の作たることを示す」とする。本稿の分析項目については初段の切・三段目の口とほかの部分で目立った違いはないので、ここではこの部分も含めて分析する。

　なお、源内は、中村の解説によれば、1728（享保 13）年、讃岐高松藩の小吏白石茂左衛門良房の三男として志度浦に生まれ、1749（寛延 2）年家督を相続（平賀に改姓）、1752（宝暦 2）年に藩主の命によって長崎に 1 年ほど留学したあと、1754（宝暦 4）年に家督を妹婿に譲って江戸に出ている。このことから、源内の母方言は讃岐のことば、江戸の日常語は第二方言であると思われる。中村は、『神霊矢口渡』373 頁の万八のことば、

（1）　　こなたに少ト頼ム事が有ル。何ンと聞テ下さるべいか。

に、「この語法は関東語になれない源内の間違い」といった注を付している。

　さて、これらの作品の文章のおおまかな特徴を理解するために、以下に一部を引用する。一部表記を変更した（以下の例も同様）。なお、カッコ内は校注者による補記であり、以下の分析の対象から除いた。

（2）　　閻王もさまざまの 政 を聞（か）せられければ、少の暇もなきをりふし、獄卒ども地獄の地の字の付（き）たる高挑灯を先に立（て）、一人の罪人を引（つ）立（て）来れり。閻王はるかに御覧あれば、年の頃廿計の僧の、色白く痩たるに、手かせ首かせを入（れ）、腰のまはりに何やらん、ふくさに包たるものをくくり付（け）てぞ有（り）ける。「此者いかなる罪にてか有（る）」と尋（ね）給へば…

（根南志具佐 一之巻 42 頁）

（3）　　其時仙人羽扇をあげて曰（く）、「汝能我（が）言を信ず。今我（が）

身の上と汝が生涯を示さん。我は其昔元暦年中の生れにして、源平の戦なんどは、稚心の耳に残、漸（く）天下治て、鎌倉将軍政を専にし、諸人太平の化をたのしむ。…

（風流志道軒伝 巻之一 165 頁）

(4)　娘のお舟。「ほんに美しいといはふか。可愛らしいといはふか。迚も女に生るるならあんな殿御と添ッて見たい。夫レはそふとあの女中。兄弟なりやよいが。若シ夫婦なら。わしや何ッとせふどうせふ」と。おぼこ娘の一ト筋に思ひ乱るる糸芒。穂に顕はれて見へにける。義岑公は一ト間を立チ出（デ）。「申シ申シお女中。連の女が薬たべる。お湯の無心ン」との給へば…　　（神霊矢口渡 第四 386 頁）

　これらの作品のスタイル的な特徴をごくおおまかにまとめれば、次のようである。
・談義本：会話文、地の文とも文語文が中心で、散発的に口語形がまじる。
・浄瑠璃：会話文は口語形が多用されるが、地の文は文語文であり、散発的に口語形がまじる。
　以下、2つの言語変項について、書き手デザインの実態を整理する。

## 3.2　五段動詞音便形／非音便形

　最初に、渋谷（2015a、b）で、山東京伝について取り上げたものと同じ、五段動詞の音便形／非音便形の使用実態を見てみよう。具体的には、次の形式である（カッコ内は音便形‐非音便形の順。テ形で代表させる）。
　〈イ音便動詞〉行クを除くカ行動詞（書イテ‐書キテ）、ガ行動詞（凪イデ‐凪ギテ）
　〈促音便動詞〉行ク（行ッテ‐行キテ）、タ行動詞（勝ッテ‐勝チテ）、ラ行動詞（切ッテ‐切リテ）
　〈撥音便動詞〉ナ行動詞（死ンデ‐死ニテ）、マ行動詞（読ンデ‐読ミテ）、バ行動詞（並ンデ‐並ビテ）
　〈促音便・ウ音便動詞〉ハ行動詞（笑ッテ・笑ウテ‐笑ヒテ）
複合動詞の前部要素等に見られる音便形（追ッカケルなど）は除く。
　この分類によって源内が使用した形式を整理すると、表2のようになる。

242 | 渋谷勝己

表2 五段動詞音便形／非音便形

| ジャンル | 作品 | モード | イ音便動詞 | | 促音便動詞 | | 撥音便動詞 | | 促音便・ウ音便動詞 | | |
|---|---|---|---|---|---|---|---|---|---|---|---|
| | | | イ | 非 | 促 | 非 | 撥 | 非 | 促 | ウ | 非 |
| 談義本 | 根南志 | 会話 | 2 | 3 | 8 | 10 | 9 | 0 | 0 | 4 | 3 |
| | | 地文 | 2 | 5 | 2 | 16 | 0 | 3 | 0 | 8 | 3 |
| | 志道軒 | 会話 | 1 | 2 | 9 | 20 | 0 | 1 | 0 | 1 | 2 |
| | | 地文 | 3 | 14 | 8 | 34 | 5 | 5 | 0 | 6 | 5 |
| 浄瑠璃 | 矢口渡 | 会話 | 56 | 0 | 155 | 2 | 19 | 1 | 10 | 41 | 4 |
| | | 地文 | 27 | 2 | 81 | 11 | 18 | 0 | 3 | 4 | 1 |

・「会話」＝会話文、「地文」＝地の文
・「イ」「促」「撥」「ウ」「非」＝イ音便形、促音便形、撥音便形、ウ音便形、非音便形
・複合格助詞類（外数）　根：ニヨッテ1（地）・ニオイテ1（会）・ニヨリテ1（地）、志：ニヨッテ1（会）、ニオイテ2（会）、矢：ニオイテ1・ニツイテ1（会）、{N/ヲ}モッテ（会6・地2）、ニヨッテ（会1・地1）・ニヨリテ1（地）
・副詞類・慣用句等（外数）　矢：追ッテ1（会）、差シ当タッテ2（会）、鍬形ウッタル1（地）、タッテ1（地）、先ダッテ1（地）、早マッタ1（会）、先モッテ1（会）
・不明（複合格助詞・副詞等を含む。左：会話文、右：地の文。行テ（イテ）は除いた））
　　根：イ音便動詞（5・10）、促音便動詞（21・43）、撥音便動詞（4・8）、促・ウ音便動詞（2・8）
　　志：イ音便動詞（1・12）、促音便動詞（42・76）、撥音便動詞（3・6）、促・ウ音便動詞（2・9）
　　矢：イ音便動詞（4・2）、促音便動詞（6・8）、撥音便動詞（3・1）、促・ウ音便動詞（1・2）

　なお、用例の分類と整理は、以下のように行った。1.表記に見られる「笑フテ」と「笑ウテ」などのゆれはひとつにまとめた（この場合ウ音便形）。2.ほかの書物等からの引用部分は省く（他者の発話の引用は含む）。3.「～において」や「～をもって」などの複合格助詞の一部として使用されたものはほかの作品でほかの動詞とは異なった状況が観察されるため、表の下に取り出して記載した。4.「書て」「付て」など音便形か非音便形かが不明のもの、あるいは上の例に見たような校注者がカッコに入れて補足した例は表から省き、表の下に「不明」として記載した。

書き手デザイン ｜ 243

　この表から、源内の行ったデザインについて、次のようなことがわかる／推測される。渋谷（2015b）で整理した山東京伝のケースと比較しつつ述べる。

　（a）促音便・ウ音便動詞を除き、ほかの動詞については、カテゴリカルなものではないが、談義本と浄瑠璃で使用する形式を切り替えていることがうかがえる（グローバルデザイン）。談義本では、音便形のほうが使用度の高い撥音便動詞を例外として、会話文、地の文ともに、基本的に非音便形が選択されることが多い。（京伝の場合、同じく文語文で書かれた読本ではカテゴリカルに非音便形が使用される。撥音便形については、合巻の会話部分で非音便形を上回るといった状況であった。なお、京伝の場合、読本と合巻において、撥音便形よりもイ音便形のほうが使用されやすいという傾向があり、源内と違っている。）一方、浄瑠璃においては、いずれの動詞でも音便形の使用が顕著である。

　（b）促音便・ウ音便動詞については、ウ音便形について、（書きことばとしての）口語形／（日常語としての）口頭語形と、文語形の、二重（口語形と口頭語形を対立的に捉えた場合には三重）の意識が働いているように思われる。ウ音便形は、一方では古典語で使用される文語形であり、また一方では口語文に使用され、さらには当時の日常的な口頭語形として地域差をもつ形式である（上方語形式）。作品のなかの分布の様相からは、談義本ではウ音便形と非音便形がひとつのグループ（文語形）を構成し、スタイル面で促音便形（口語形）に対峙していることがうかがわれるが、浄瑠璃においてはウ音便形が口語形として会話文でも多用されている。（京伝の合巻ではウ音便形が促音便形よりも多用されるが、黄表紙や洒落本では促音便形のほうが多用されている。）これは、『神霊矢口渡』が武士が主人公である時代物（新田・足利時代）であるということと関係しており、ウ音便形がその時代性や伝統性、使用者階層をマークする形式として、作品の登場人物を造形する、あるいは個々の場面の特徴を設定するために活用されているものと思われる。

　（c）一方、（a）のような全体状況のなかで、使用頻度が少ない形式が、（登場の機会の少ない）人物の属性や個々の場面の特徴等をマークするのに使用されるという、ローカルデザインの例があることがうかがえる。たとえば、次のような例である。

(5)　一ト間の方には女中の聲々。「御家中の内方達チ。君の御最期面々の
　　　　夫ト別れを悲しみて皆々自害致されし」と。聞ィて驚ク人々より御
　　　　臺所は心付。ハァ死ニおくれたりさらばぞと。守刀を抜放し。自害
　　　　と見ゆれば…
　　　　　　　　　　　　　　　　　　　　　　（神霊矢口渡 第二 337 頁）

この例の「悲しみて」は、味方の武士とその家族の死を述べる戦況報告のな
かで使用された、撥音便動詞のなかの唯一の非音便形である。ここでは、続
く地の文のイ音便形との対比もあって、場面に厳かな雰囲気をもたらす結果
となっている。

　ただし、ローカルデザイン（に見える箇所）について、使用頻度が少ない
有標形式が口頭語形（著者の日常語）と同じ形式である場合には、注意が必
要である。文語形が優勢な文章のなかに、口頭語形が無意識のうちに混入し
た可能性があるからである。この種の例は、第二言語習得研究でいう転移
（エラーの一）やミステイクと同じ性格のものと考えるべきであろう。

　（d）その他、書き手デザインの質ということを考えるとき、この作品では
表の下に記載した音便形か非音便形かが不明な例が多いことにも留意する必
要がある。渋谷（2015b）では、スタイルをマークする形式には、特定のス
タイルであることを強力にマークする「強スタイルマーカー」と、それほど
強くはマークしない「弱スタイルマーカー」があることを述べた（その間は
もちろん連続的である）。音便形か非音便形かが不明の用例数が多いという
ことは、この作品においては、この言語項目はそれほど強いマーカーとして
機能してはおらず、文章のなかで時々明示されて、グローバルに、またロー
カルにスタイルをマークするという機能を担っているものと思われる。（ち
なみにここで、校訂者が、「したが（ひ）て」「買（ふ）た」（いずれも『根南
志具佐』）など、何を基準にして音便部分を補ったのかが問題になるが、こ
こでは触れない。凡例には、「作者の送仮名法に従おうとしたが、合理的で
統一したものが、なかなか見出しがたい」とある。）

### 3.3　二段形／一段形
　次に、二段動詞／一段動詞の終止・連体形と已然形の使用実態を見てみよ
う。表3のような分布状況である。

表3　二段形／一段形

| ジャンル | 作品 | モード | 終止・連体形 | | 已然形 | |
|---|---|---|---|---|---|---|
| | | | 動詞 | 助動詞 | 動詞 | 助動詞 |
| 談義本 | 根南志 | 会話文 | 6/4 | 5/1 | 4/0 | 0/0 |
| | | 地の文 | 14/5 | 9/0 | 10/0 | 0/0 |
| | 志道軒 | 会話文 | 14/4 | 3/0 | 1/0 | 0/0 |
| | | 地の文 | 15/7 | 8/0 | 14/2 | 1/0 |
| 浄瑠璃 | 矢口渡 | 会話文 | 17/25 | 4/3 | 1/0 | 1/0 |
| | | 地の文 | 37/10 | 4/0 | 18/2 | 1/0 |

・左：二段活用、右：一段活用（段の上下は区別しない）
・思ホユは一段形と対立しないものとして除外
・不明（左：会話文、右：地の文。すべて動詞（助動詞の例なし））
　根：終止・連体（2・14）、已然（0・2）
　志：終止・連体（13・21）、已然（4・14）
　矢：終止・連体（5・29）、已然（0・11）

　先行研究では、上下の二段動詞が一段動詞化するプロセスにおいて、言語内的制約条件として、動詞＞助動詞、上二段＞下二段、終止・連体形＞已然形、三音節語＞四音節語、ル語尾を有さない動詞＞有する動詞（忘ルルなど）などが、また言語外的制約条件として、話者の属性（庶民＞武士、女子＞男子、教養の低い者＞教養の高い者）、聞き手（目下の者・親しい者＞目上の者）、スタイル（会話文＞地の文、うちとけたとき＞あらたまったとき、喜怒哀楽の情の激しいとき＞落ち着いたとき）などが要因として関与したことが指摘されている（不等号の左側の条件のときに一段形が使用されやすい。坂梨1970、山内1972）。このことを踏まえつつ、書き手デザインについて表3から理解／推測されることをまとめれば、次のようになろう。五段動詞音便形／非音便形の場合とパラレルな状況が観察される。

　(a) 会話文、地の文ともに文語をベースにして書かれている談義本では、二段形が優勢である。とくに已然形においては、已然形そのものがスタイルをマークしているということと連動してか、一段形はほぼ使用されない（グローバルデザイン）。一方、浄瑠璃においては、地の文では談義本と類似する使用状況であるが、会話文では一段形のほうが優勢である（地の文、会話文に対する個別のグローバルデザイン）。

246 | 渋谷勝己

（b）その全体的な状況のなかで、それぞれ使用頻度が少ない形式が、人物の属性や場面の特徴等をマークするのに使用された例があることがうかがえる（ローカルデザイン）。たとえば、

（6）　「ハァァ有リ難き御ン詞。新ン参の某シ。大役仰付ヶらるる段武士の面目身の本ン望。」　　　　　　（神霊矢口渡 初 317 頁 監物→新田義興）

の例において二段形が使用されていることには、（助動詞であるといった言語内的要因も働いている可能性があるが）公式の場において主君から職務を任命されたことへの返答であるという場面的な要因も大きく働いている。

（c）この変項についても、表の下に示したように不明の例が多く、スタイルマーカーではあってもそれほど強いものではない。

## 4.　まとめと今後の課題

　以上、本稿では、平賀源内を例に取り上げつつ、筆者の考える書き手デザインと、その背景にある、著作者がもつスタイル能力の概要を述べた。以下、書き手デザインの基本的なアイディアをあらためて整理するとともに、書き手デザイン研究に残されている課題についてまとめる。

### 4.1　まとめ ―書き手デザインの基本的なアイディア―

　金水（2008: 206–207）は、役割語研究の採用する視点として、

（ア）フィクションの制作者による人物像の表現としてデータを取り扱う。

（イ）制作者・受容者の共有された知識の状態を研究対象とする。

の 2 点をあげているが、これは書き手デザイン研究も共有するところである。これに加えて、書き手デザイン研究は、次のような特徴をもつ。

（ウ）作品全体のことば使用のあり方に注目する。書き手デザインがなされる対象は、会話文のみならず、地の文など作品の文章すべてである。デザインの対象となるスタイルマーカーであれば、どのような事象でも取り上げる。

（エ）同じ著作者の作品の、ジャンル間、作品間等の相違に注目しつつ、ことばの選択による主体的な創作活動に注目する。著作者は、作品全体で（あるいは会話文、地の文などのそれぞれを単位として）基調となる言

語変種を選択するグローバルデザインによって、その作品がどのような
ジャンルの作品として読者に受け入れてほしいと思っているのかを示し
（ここでは社会的に慣習化されたスタイルが選択されやすい）、ローカル
デザインによって、作品のその場その場での創造的な（ときに慣用から
逸脱する）ことば使用、あるいは文脈を創り出すことば使用を行い、そ
の場面をどのような場面として読者に理解してほしいと思っているのか
を伝えていると考える。ここではもちろん、読み手にも、ある程度社会
に共有された、あるいは個々の発話に付与された作者のメッセージを読
み取る／解釈する能力（スタイル能力）があるということを前提として
いる（上記（イ））。

## 4.2　書き手デザイン研究に残された課題

　以下の点は、書き手デザイン研究に残された今後の課題である。

（オ）根本の、スタイル／スタイル能力とは何か、という点については、まだ
　　検討しなければならないことが多い（Register や genre という用語の定
　　義もかかわる）。たとえばスタイルに焦点を当てたシンポジウムの成果
　　である Eckert & Rickford（2001）の各論考では、スタイルを、なんらか
　　の社会的な情報を表現する機能を担う要素と考える点では共通するもの
　　の、具体的な分析対象については、Labov の言語変項のように意味から
　　切り離して狭い範囲に限定する立場から、Finegan & Biber のように文
　　やテキストの内容と結びついた機能的な要素を含める立場まで幅があ
　　り、議論の的になっている（2.1 参照）。

（カ）また、同じく Eckert & Rickford（2001）のなかには、話しことばと書き
　　ことばのスタイルを同次元で分析しようとする Finegan & Biber らと、
　　話しことばと書きことばは同じ次元では分析できないとする Milroy ら
　　のあいだに対立があるが、この点も課題として残されている。筆者は、
　　話し手デザインと書き手デザインは同じ言語使用者が行うものである点
　　で共通点が多い（はずである）と考えているが、そう考えるだけの根拠
　　はまだ十分ではない。

（キ）本稿 3 節および渋谷（2015b）でスタイルマーカーとしての強さという
　　ことに言及したが、そもそも、それぞれの言語変項がどのようなスタイ

ル（社会的情報の種類）をマークするものか、という、スタイルのタイプの分析はまだ十分には進んでいない。現在、1. ある文学ジャンルの作品のスタイルを特徴づける言語変項にはどのようなものがあるかという観点と、2. ある特定の言語変項の具現形がどのような文学ジャンルの作品（のなか）のスタイル（や登場人物の属性）を社会的にどのように特徴づけるのか、という2方向から分析を行っているが、後者の観点からの分析が不足している。

　以上のような点に留意しつつ、書き手デザインのあり方を経験的にまた包括的に明らかにしていくことが、今後の課題である。

## 付記

　本研究はJSPS科研費25370516（「江戸後期の著作者を対象とするスタイル能力の歴史社会言語学的研究」2013–2015）の助成を受けたものである。

## 参照文献

井出祥子（2006）『わきまえの語用論』大修館書店.

岡本勲（1989）「明治文語研究の方法」奥村三雄教授退官記念論文集刊行会（編）『奥村三雄教授退官記念国語学論叢』pp. 246–261, 桜楓社.

樺島忠夫・寿岳章子（1965）『文体の科学』綜芸社.

金水敏（2003）『ヴァーチャル日本語 役割語の謎』岩波書店.

金水敏（2008）「役割語と日本語史」金水敏・乾善彦・渋谷勝己『シリーズ日本語史4 日本語史のインタフェース』pp. 205–236, 岩波書店.

坂梨隆三（1970）「近松世話物における二段活用と一段活用」『国語と国文学』47-10, pp. 157–174.

定延利之（2007）「キャラ助詞が現れる環境」金水敏（編）『役割語研究の地平』pp. 26–48, くろしお出版.

渋谷勝己（2013a）「多言語・多変種能力のモデル化試論」片岡邦好・池田佳子（編）『コミュニケーション能力の諸相―変移・共創・身体化―』pp. 29–51, ひつじ書房.

渋谷勝己（2013b）「歴史社会言語学の（再）構想」『明海日本語』18, pp. 313–321.

渋谷勝己（2015a）「山東京伝の作品に見るスタイル切り替え―音便形・非音便形を事例に―」高田博行・渋谷勝己・家入葉子（編）『歴史社会言語学入門―社会から読み解くことばの移り変わり―』pp. 70–91, 大修館書店.

渋谷勝己（2015b）「書きことばにおけるスタイル生成のメカニズム―山東京伝を例として―」『社会言語科学』18-1, pp. 23–39.

森岡健二（編著）（1991）『近代語の成立―文体編―』明治書院.

山内洋一郎 (1972) 「院政鎌倉時代における二段活用の一段化」『国語学』88, pp. 27–42.

山口治彦 (2007) 「役割語の個別性と普遍性―日英の対照を通して―」金水敏 (編)『役割語研究の地平』pp. 9–25, くろしお出版.

Beebe, Leslie M., TomokoTakahashi and Robin Uliss-Weltz (1990) Pragmatic transfer in ESL refusals. In Robin C. Scarcella, Elaine S. Andersen and Stephen D. Krashen (eds.) *Developing Communicative Competence in a Second Language*, pp. 55–73. Rowley, MA: Newbury House.

Bell, Allan (2001) Back in style: Reworking audience design. In Penelope Eckert and John R. Rickford (eds.) *Style and Sociolinguistic Variation*, pp. 139–169. Cambridge: Cambridge University Press.

Eckert, Penelope and John R. Rickford (eds.) (2001) *Style and Sociolinguistic Variation*. Cambridge: Cambridge University Press.

Finegan, Edward and Douglas Biber (2001) Register variation and social dialect variation: The register axiom. In Penelope Eckert and John R. Rickford (eds.) *Style and Sociolinguistic Variation*, pp. 235–267. Cambridge: Cambridge University Press.

Schilling-Estes, Natalie (2002) Investigating stylistic variation. In Jack K. Chambers, Peter Trudgill and Natalie Schilling-Estes (eds.) *The Handbook of Language Variation and Change*, pp. 375–401. Malden, MA: Blackwell Publishing.

Tannen, Deborah (1991) *Conversational Style: Analyzing Talk among Friends*. Norwood, NJ: Ablex.

# 行為指示表現「〜ておくれ」の歴史
―役割語度の低い表現の形成―

森　勇太

## 1.　はじめに

　現代の話しことばにおいて、行為指示表現「〜ておくれ」(およびその縮約形「〜とくれ」) はあまり聞かれない。役割語と位置づけられることもある。例えば、国際交流基金が日本語教授用教材として web で公開している「アニメ・マンガの日本語[1]」の中では、「〜ておくれ」が「おじいさん」の表現として紹介されている。(1a) は「アニメ・マンガの日本語」内にある「おじいさん」の紹介文、(1b) は「〜ておくれ」についての解説である。

　(1)　a　年をとったおじいさんや武道の師匠などが使う表現。「〜じゃ」
　　　　　「〜ぬ」など昔の日本語と似ている。目下の者への発言がほとん
　　　　　どなので、基本は普通体で命令や指示の表現が多い。「〜ておく
　　　　　れ」「〜かね」など目下の者への優しさを見せることもある。「〜
　　　　　のう」など詠嘆の表現も特徴的。　　　(アニメ・マンガの日本語)
　　　　b　〜ておくれ　依頼する時に使う。優しい言い方。[例文] 顔を見
　　　　　せておくれ　　　　　　　　　　　　(アニメ・マンガの日本語)

　しかし、近年出版された小説において、「〜ておくれ」は、「おじいさん」に限らずさまざまな人物に用いられている。

　(2)　a　お祖母ちゃんは全然止まらない。それでなくても丸っこい身体つ

---

1　http://anime-manga.jp/CharacterExpressions/ (2017 年 5 月 5 日確認)

[251]

きなのに、転がるような勢いで走る走る走る。「悟！そんなとこ
で何してるんだい？車を<u>出しておくれ</u>！出かけるんだから」［現
代・おばあちゃん］

（BCCWJ、宮部みゆき、ブレイブ・ストーリー［2003］）

b 〔お縫〕「さあ万吉、ここはあたしが引き受けたから、皆を連れて
火事場に<u>戻っておくれ</u>」お縫は若衆に礼を言うのももどかしげで
した。［江戸時代・女性］

（BCCWJ、夢野晴吉、新門辰五郎［2004］）

c 〔光源氏→葵の上〕「気をたしかに持っ<u>ておくれ</u>——私に悲しい思
いをさせないでくれ」［平安時代・貴族］

（新潮 100、田辺聖子、新源氏物語、7［1978］）

このように「〜ておくれ」が用いられるキャラクター像は多様である。こ
れは、「〜じゃ」が「老人」「博士」といったキャラクターと密接に結びつ
くこと、あるいは、「〜だわ」が女性と密接に結びつくことと性質が異なっ
ているように見える。このような違いはなぜ生じているのだろうか。金水
（2003）では「ある話体（文体）が、特徴的な性質の話し手を想定させる度合
い」を「役割語度」と定義している。これによれば「役割語度」は話体・文
体レベルのものとして定義されているが、文体を構成する一つ一つの要素間
でも「役割語度」の違いがあるとすれば、このような「役割語度」の違いは
どのように形成されてきたのだろうか。

本稿では、行為指示表現「〜ておくれ」「〜とくれ」の歴史について調査
し、この表現が日本語の行為指示表現体系の中でどのように位置づけられて
きたか、また、どのような言葉として現代まで生きながらえているのかを考
えたい。

## 2. 役割語としての「〜ておくれ」「〜とくれ」

### 2.1 質問紙調査の概要

本節では、まず、現代語における「〜ておくれ」「〜とくれ」に対する意
識を調査するため、質問紙調査を行った。調査の概要を（3）に挙げる。

（3）a 対象：関西大学学生 183 名（1990 年〜 1999 年生、男性 56 名・

行為指示表現「〜ておくれ」の歴史 │ 253

女性 127 名[2]）

b　質問：以下のことば［下記設問］を使って、自由にセリフを作っ
てください。そのときあなたが思い浮かべた人物像について、性
別・年齢・その他の情報を、下の表に記入してください。

c　設問：①「〜じゃ」、②「〜だわ」、③「〜おくれ」、④「〜とく
れ」

　調査の目的は、「〜ておくれ」「〜とくれ」がどのような人物像を示すのか
を明らかにすることであるが、対照として、老人語・博士語とされる「〜
じゃ」、および女性語とされる「〜だわ」も調査した。それぞれの回答につ
いて、こちらの意図した文法形式以外のものは対象から外し、そのセリフに
設定された年齢・性別について集計した。

## 2.2　性別・年齢についての概観

　まず、性別に関しての結果を示すと、表 1 の通りである。

表 1　回答された人物像の性別

|  | 〜じゃ | 〜だわ | 〜ておくれ | 〜とくれ |
| --- | --- | --- | --- | --- |
| 男 | 161 | 16 | 77 | 95 |
| 男女両方 | 2 | 5 | 13 | 10 |
| 女 | 11 | 155 | 96 | 71 |

　「〜じゃ」は男性を、「〜だわ」は女性を想起したとする回答が多い。「〜
じゃ」は老人語・博士語、「〜だわ」は女性語とされるステレオタイプがそ
のまま回答の差として現れたといえる。一方で、「〜ておくれ」「〜とくれ」
について見ると、両者は男女比が拮抗している。「〜とくれ」は、男性に若
干偏っているが、「〜じゃ」「〜だわ」と比較するとその偏りは少ない。

　それでは、年齢も加味して、想起されやすい人物像について詳細に見てみ
よう[3]。想起される人物像の年齢層が有効回答数の中でどれだけ回答されたか

---

2　回答者の出身地は、168 名（91.8%）が近畿 2 府 4 県である。回答者の性別、および出身
地で本稿の問題にかかわるような回答の差はなかった。記述欄のうち「その他」は、必須項
目ではなく、自由に回答を求めたため、必ずしも等質な回答が出てきているわけではない。

3　図 1・図 2 の集計では、設定したセリフの人物の性別を「男女どちらも」とした回答は

を図1・図2に示した。なお、年齢の区分は、青年層（20代以下）、壮年層（30代〜50代）、老年層（60代以上）とした。

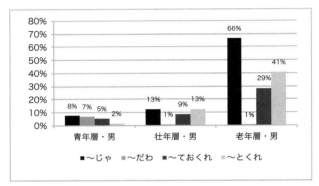

図1　各形式から想起される男性人物像の年齢層

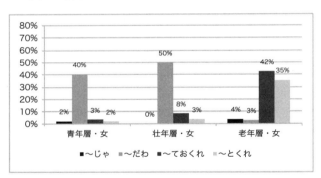

図2　各形式から想起される女性人物像の年齢層

　回答を見ると、「〜じゃ」は「老年層・男性」、「〜だわ」は「青年層・女性」「壮年層・女性」に回答が集中している。ところが、「〜ておくれ」「〜とくれ」は老年層に多いものの、性別の偏りは少ない。

---

除いた。回答された年齢は、具体的な年齢を回答したもの（45歳、69歳など）もあれば、10代・20代といった幅を持った回答もあったが、ここでは青年層・壮年層・老年層に区分して集計した。複数の年齢層にまたがるような回答は該当するそれぞれの年齢層で計上したので、例えば「20代から40代」という回答は、青年層と壮年層の両者で計上されている。

行為指示表現「〜ておくれ」の歴史 ｜ 255

## 2.3 役割語度の高い要素

図 1 で示したように、「〜じゃ」で想起される人物像としては、老年層の男性という回答が圧倒的に多い。

(4) ［セリフ］わしは、博士じゃ。［性別］男［年齢］60 代以降［その他］博士など少し教養のある人、身分の高い人。

ただし、老年層以外の回答もある。まず、中国地方の人物という回答である。芸人の「千鳥」の名前を挙げた回答もあった。

(5) a ［セリフ］次体育じゃ［性別］女［年齢］19 歳［その他］広島県出身

b ［セリフ］くせが強いんじゃ［性別］男［年齢］40 くらい［その他］方言っぽい。千鳥

「千鳥」は大悟・ノブの両者が岡山県出身[4]で、「じゃ」を使用する地域の出身である。母方言をそのまま用いている可能性が高いが、関西圏の若年層には、その語感が印象に残るものとなっていると思われる。この他にも、「〜じゃ」では、「荒そう」「怒っている」など性格的な特徴も挙げられていた。このように老年層男性以外の回答であっても、特定の地域、人物像や性格が想起されており、「〜じゃ」の役割語度は非常に高いといえる。

「〜だわ」も「〜じゃ」と同様、人物を特定する度合いが強いといえる。まず、性別で見ると、女性が圧倒的に多い。その他欄の回答を見ても、お嬢様、貴婦人、上品な女性といった回答のほか、「上から目線」「プライドが高い」といった性格面の記述も一定数見られた。

(6) a ［セリフ］きれいだわ［性別］女［年齢］50 代〜 70 代［その他］お金持ちのおばあさん

b ［セリフ］失礼な男だわ［性別］女［年齢］20 〜 30［その他］貴族令嬢。他人を見下す。

「〜だわ」も同様に、女性が想起されやすく、性格的な特徴も想起されやすい表現であり、役割語として特定性の高い形式であるといえる。

---

4 吉本工業の web ページ「吉本興業芸人プロフィール　千鳥」http://search.yoshimoto. co.jp/talent_prf/?id=098 を参照した（2017 年 4 月 28 日確認）。

## 2.4 「～ておくれ」「～とくれ」の性質

一方、「～ておくれ」「～とくれ」は年齢層こそ老年層に偏るものの、性別にはそれほど偏りが見られない。

- (7) a ［セリフ］しょうゆを取っておくれ［性別］女［年齢］73［その他］あまり会わないおばあちゃんと食事してる時の会話
  - b ［セリフ］そこに置いておくれ［性別］男［年齢］60代［その他］おじいちゃんが孫に言っているイメージ
- (8) a ［セリフ］早く帰っとくれ。［性別］男［年齢］80［その他］怒っている感じ
  - b ［セリフ］そこにこの皿をおいといとくれ［性別］女［年齢］80歳［その他］かなり歳のいったしわしわのおばあさん

その他欄に記述された項目でまとまったものを挙げると、「～ておくれ」には「優しい」という性格的属性（9名）、昔話（昔の人）・時代劇・物語・魔女（9名）、田舎（4名）といった時代・地域・人物設定についての回答があった。「～とくれ」には「ずうずうしい」「性格が悪い」といったマイナス評価を受ける性格の回答が9名あった。しかし「優しい」というプラス評価の回答も2名あり、一様ではない。「田舎」という回答も6名から見られた。また、「～とくれ」で想起する人物像が「いない」「思いつかない」といった回答も見られ、無回答も他の設問より多かったことから、他の項目に比べて特定の人物像が想起されにくかったのではないかと思われる。

このことを総合して考えると、「～ておくれ」「～とくれ」は老年層というイメージは広く認識されているものの、「～じゃ」や「～だわ」と比較すると、それ以上の人物像、つまり性別・社会的地位・性格等は必ずしも共有されず、幅広いイメージの中で用いられているといえる。「～ておくれ」「～とくれ」の役割語度は、「～じゃ」や「～だわ」と比較して、低いといえるだろう。

それでは、「～ておくれ」「～とくれ」はなぜ多様な人物像を想起する表現になったのだろうか。その理由を考えるため、「～ておくれ」「～とくれ」の歴史を確認していきたい。

行為指示表現「〜ておくれ」の歴史 | 257

## 3. 「〜ておくれ」の歴史

### 3.1 近世後期

「〜ておくれ」は近世後期から見られるようになる。近世後期の「〜ておくれ」の使用状況について、上方と江戸に分けて表2に示す[5]。

表2　近世後期の「〜ておくれ」の使用状況

| | | 上方・関西 | | | 江戸・東京 | | |
|---|---|---|---|---|---|---|---|
| | | 〜てくれ | 〜ておくれ | 〜とくれ | 〜てくれ | 〜ておくれ | 〜とくれ |
| 18C | 男 | 2 | 8 | 0 | 9 | 1 | 0 |
| (1750–1800) | 女 | 1 | 19 | 0 | 0 | 3 | 0 |
| 19C | 男 | 5 | 8 | 0 | 26 | 6 | 0 |
| (1801–1867) | 女 | 0 | 40 | 0 | 1 | 26 | 0 |

　近世後期では、上方と江戸の両地域において、「〜ておくれ」が使用されている。当時は「〜とくれ」は見られない。

　まず、上方について、「〜ておくれ」は、18世紀・19世紀のどちらにおいても、男性も女性も用いる行為指示表現である。

(9)　a　〔友（男）〕「ほんまにほれて居るのじや」〔ちく〕「ヲヲすかん」
　　　　　〔友〕「すいておくれ」　　　（洒落本、新月花余情：②319［1757］）
　　　b　〔松江（女）→八五郎〕「かんにんしておくれ。わたしじやてて、
　　　　　ひいきにしてくれてじやお客もございます」

（洒落本、箱枕：㉗130［1822］）

　次に江戸について見る。江戸では男女差が顕著であり、男性は「〜てくれ」、女性は「〜ておくれ」を使用するという男女差が窺える。ただし、19世紀の状況には留意する必要がある。「〜てくれ」が男性に多く用いられているが、「〜てくれ」の使用は『東海道中膝栗毛』（24例）、『浮世風呂』（3例）にあり、19世紀でも比較的早い時期の作品に用いられていた。1836年刊の人情本『春色恋廼染分解』を見ると、「お」が付加されない「〜てくれ」が見られるものの、他者の発話を引用した間接的な発話の中にのみ見られる

---

5　使用した作品は稿末の資料欄に挙げた。口語を反映しているとされる洒落本・滑稽本・人情本作品から用例を集めた。

ものであった。目の前の聞き手に向けられた行為指示の発話では、「〜てお
くれ」が用いられている。

(10)a　〔与四郎→彦三〕「其やうな品物をお預りにはおよびませぬといろ
　　　　いろ申たがぜひ近日に金調ひ請戻す迄此品をあづかッてくれろと
　　　　事をわけて被仰るゆへ」　　　（春色恋廼染分解、三編：113［1836］）

　　b　〔小万→花雪〕「つまらない気に障ツたら堪忍してお呉ヨ」

（春色恋廼染分解、初編：47［1836］）

　近代の東京でも「〜てくれ」は用いられているので［3.2節］、「〜てくれ」
が全く用いられなかったということではなかったと思われるが、日常的な行
為指示の文脈では、「〜てくれ」の使用が少なくなっていた可能性がある。

　それでは、「〜ておくれ」は、近世後期においてどのような表現として認
識されていたのだろうか。江戸の作品を見ると、「〜ておくれ」が上方の言
葉だったという意識が窺える。例えば、『浮世風呂』では、義太夫を習う
「京談まじり」の娘やけちな上方下りの商人に「〜ておくれ」が用いられて
いる。

(11)a　〔住吉→小弦〕「トソシテあのナ、お宿を御遠慮申てわざとおしら
　　　　せ申ませんさかい、よろしうお頼申ますと、此様に云ふてお呉
　　　　れ」　　　　　　　　　　　　　（浮世風呂、三編下：209［1809］）

　　b　〔けち→商人〕「わしや又置往くといふさかい、無銭かと思ふた。
　　　　銭出せば、こりや置にや成まい。サア其中で壱厘なりと、目方の
　　　　ありさうなを二ツくだんせ。ヲヲ、ヲヲ、能は。ヤこりやそつち
　　　　や其方のと替ておくれ。」　　　（浮世風呂、四編中：266［1809］）

　この2人の発話では、条件表現「さかい」、ワ行五段動詞のウ音便（波線
部）など、上方のことばの地域的特徴が現れている。「〜ておくれ」もその
ような西日本的な表現体系に含まれる要素と認識されていたことが窺える。

　ここまでに挙げた形式以外に、江戸・東京では、「〜てくんな（くんない、
くんねえ等を含む）」のような形で用いられることが多く、この形で、「〜て
おくんな」となっているものは見られなかった。このことから、相対的に
「〜ておくれ」が上方方言的で、「〜てくんな」が江戸方言的な形式であった
と考えられる。

(12)　〔谷粋→後家〕「かかさんおれにも、つゐでくんな」

（洒落本、甲駅新話：⑥ 302 ［1775］）

　近世後期において、上方語では「〜ておくれ」は男女とも使用する日常的な表現だった。江戸語では、もともと上方の言葉という意識があったものの、19 世紀以降その使用は一般化していると考えられる。

## 3.2　明治・大正期

　明治・大正期の「〜ておくれ」の使用状況を表 3 に示す[6]。

表 3　明治・大正期の「〜ておくれ」の使用状況

| | | 上方・関西 | | | 江戸・東京 | | |
|---|---|---|---|---|---|---|---|
| | | 〜てくれ | 〜ておくれ | 〜とくれ | 〜てくれ | 〜ておくれ | 〜とくれ |
| 落語 | 男 | 3 | 23 | 10 | 22 | 28 | 0 |
| | 女 | 0 | 3 | 1 | 0 | 6 | 0 |
| 明治大正期小説 | 男 | 8 | 1 | 5 | 103 | 8 | 2 |
| | 女 | 0 | 0 | 4 | 0 | 5 | 0 |

　まず、上方・関西の様相を確認する。「〜ておくれ」は落語資料において多く用いられている。調査した落語には男性のほうが多く出現するという事情はあるが、明治・大正期の小説においても「〜ておくれ」が用いられないことから、女性では早くに用いられなくなったということが想定される。

　（13）〔旦那→番頭〕「決してのろけやあらへんで、まあ話や聞いとくれ。」
　　　　　　　　　　　　　　　　　　　　　（②林家染丸、電話の散財 ［1923］）

　次に、江戸・東京を見る。明治期東京語の命令表現について調査した陳（2006、2009）は、男性が「〜てくれ」を多用するのに対し、士族・知識層女性が「〜ておくれ」を使用するという位相差があると述べる。また、陳氏によれば、士族・知識層女性の「〜ておくれ」の使用量は、明治 10 年代に比較的多いが、20 年代以降は減少している。明治 20 年代以降は「〜てちょうだい」や「〜てくだされ」などの使用量が増加しているようである。筆者が調査した範囲においては、女性は「〜てくれ」を用いず「〜ておくれ」を

---

6　使用した作品は稿末の資料欄に挙げた。明治期小説は『明治の文豪』に収録されている森鷗外・夏目漱石・尾崎紅葉の作品を使用した。

一定数使用している。なお、明治期に入り、関西・東京ともに縮約形「～とくれ」も使用されるようになる。

(14) 〔お熊→伝三郎〕「お願エだから取つてお呉れヨ」

（④三遊亭円生、鰍沢雪の酒宴 [1889]）

しかし、昭和戦前期になると、上方・関西の作品に「～ておくれ」はあまり見られないようになる。昭和期の関西方言を使用している作品[7]を確認したところ、「～てくれ」の例は見られたが、「～ておくれ」「～とくれ」ともに用例がなかった。近代以降、標準語では「～してくださいませんか」等の依頼表現が増加しているとされるが（工藤 1979）、上方・関西の作品でも同様に、近世後期以降に出現した新しい依頼表現（「～てんか」、テ形命令）が用いられている。

(15)a 「あ、二枚だけ五円札混ぜといてんか。」［～てんか］

（大阪の話、藤沢桓夫：292 [1934]）

b 「お初に告わんといてや」［テ形命令］

（わが町、織田作之助：259 [1943]）

c 「――ちよつと、三十円ほど都合してくれへんか？」［くれる＋否定疑問］

（大阪の話、藤沢桓夫：291 [1934]）

近世後期以降新しい依頼表現形式が形成されたことには、命令形命令の聞き手に対する拘束力が強まり、使いにくくなったという要因があったと考えられる。「～ておくれ」は語構成上は「お＋連用形」であるが、「お＋命令形」のようにも見えるため、命令形命令を避けるという流れに沿って新しい依頼表現にとってかわられたという過程が想定される。

昭和期以降、「～ておくれ」「～とくれ」がどのように認識されていたかについては、次節で方言資料の解釈と合わせて考える。

### 3.3 方言資料

本節では、「～ておくれ」「～とくれ」の地域性について、全国規模で対照できる方言資料で確認する。『方言文法全国地図』（以下、GAJ）215 図には、孫に「窓を開けてくれ」と頼むときの表現が示されている。孫に対してであ

---

7 ここでは、武田麟太郎『釜ケ崎』[1933]、藤沢桓夫『大阪の話』[1934]、織田作之助『わが町』[1943] を確認した。

行為指示表現「〜ておくれ」の歴史 | 261

るので、「開けろ」等の形式も出やすく、必ずしも「〜てくれる」等を用いた依頼表現が出てくるとは限らないが、それでも「開けておくれ」等の表現は見られる。図3は、GAJ215図の回答から、「〜ておくれ」「〜とくれ」、および、新しい依頼形式としての「〜て」「〜てんか」を抜き出して図示したものである。

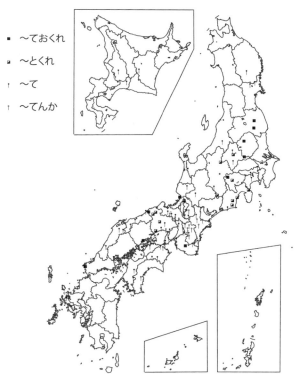

図3 「〜ておくれ」「〜とくれ」の使用地域

　図3によって「〜ておくれ」「〜とくれ」の使用地域を見てみると、東京の周辺地域（栃木・群馬・山梨・静岡等）、および、近畿の周辺地域（福井・滋賀・兵庫・和歌山等）に分布する。なお、都市部には「〜て」（テ形命令）や「〜てんか」など、新しい依頼表現が分布している。「〜ておくれ」は、

東京、あるいは京都・大阪という都市部の周辺地域に分布する周圏分布となっており、もとは東京や大阪・京都といった地域の中心でも使われていたということを示唆する。

GAJの話者は、1891（明治24）年〜1931（昭和6）年生（基準は、1925年以前の生まれ、基本的に調査時60〜75歳）とされる。この基準を満たす都市部の話者に「〜ておくれ」が採用されていないことから、昭和戦前期頃までに、東京と関西の両地域の都市部において「〜ておくれ」が日常で使用される表現ではなくなっていると想定される。また、「〜ておくれ」「〜とくれ」の「田舎」のイメージは、この表現が都市部の周辺地域で用いられていたという実際の地域差が反映したものと考えられる。

### 3.4　現代の小説作品

次に、現代の小説作品を見る。現代の文学作品における使用実態を確認すると、そのイメージはさまざまである。『新潮文庫の100冊』（新潮社）の戦後の小説、および『現代日本語書き言葉均衡コーパス』（以下、BCCWJ）の範囲で「〜ておくれ」「〜とくれ」を用いる人物を見てみると、以下のような特徴が列挙できる（複数の特徴を持つ人物もいる）。

(16) a　老人男性：まなせゆめみ『海とコンタクト』
　　 b　中年以上の女性：野坂昭如『プアボーイ』
　　 c　田舎の人物：壺井栄『二十四の瞳』＝小学生、青年男性を含む。
　　 d　江戸時代の人物：池波正太郎『剣客商売』、山本周五郎『さぶ』
　　 e　平安時代・戦国時代の人物：田辺聖子『新源氏物語（上）』＝光源氏、司馬遼太郎『国盗り物語』＝日護上人

老人男性の表現というのは、調査範囲ではまなせゆめみ『海とコンタクト』に見られたものの、他の作品に見られた老人男性の多くは、(16b、c、d、e)といった他の特徴を併せ持っていた。

その他の特徴を見ていくと、(16b、d) は、「〜ておくれ」の歴史的な使用実態が反映したものといえる。また、(16c) についても3.3節の状況を踏まえれば、当該地域の言葉を反映していると見るべきであろう。作者の壺井栄は香川県の出身であるが、「瀬戸内海べりの一寒村」の登場人物の言葉に「〜ておくれ」が使われており、使用者層も幅広い。

行為指示表現「〜ておくれ」の歴史 ｜ 263

(17)a 〔松江＝小学生〕「マアちゃんも、ミイさんも、ユリの花のべんとう箱買うたのに、うちにもはよ買うておくれいの。」

(新潮 100、壺井栄、二十四の瞳、5［1952］)

  b 〔礒吉＝30歳近くの男性〕「みな気がねせんと、写真の話でもめくらのことでも、大っぴらにしておくれ。」

(新潮 100、壺井栄、二十四の瞳、10［1952］)

ところが、使用実態とのずれも見られる。例えば、田辺聖子『新源氏物語』では、光源氏［→(2c)］や御息所（落葉の宮の母）が、司馬遼太郎『国盗り物語』では日護上人が「〜ておくれ」を用いている。

(18)a 〔御息所→女房・小少将〕「たとえ潔白であったとしても誰が信じますか。……宮さまをここへお呼びしておくれ」

(新潮 100、田辺聖子、新源氏物語、36［1978］)

  b 〔日護上人→庄九郎〕「美濃にとどまっておくれ。この始末はわしにまかせてくれればよい。」

(新潮 100、司馬遼太郎、国盗り物語、7［1963］)

「〜とくれ」については、田舎のイメージ以外に、ぶっきらぼう、あるいは粗野な人物として、性格的なイメージと結びつくことがある。

(19)a 「おっかあ、痛えか。がんばれよ。今、助けてやっから。［中略］」「あいたたた、お、おまえ、そんなことしたら、いたた、足がちぎれちまうよ。やめとくれ」

(BCCWJ、いとうひろし、あぶくアキラのあわの旅［2005］)

  b ［築地場内市場について］「ちりめんじゃこ二百グラムちょうだい」は御法度だ。よほど店がヒマか、お兄さんの機嫌がよろしい時以外は、「他に行っとくれ！」と突っけんどんに扱われるのがオチ。 (BCCWJ、小林充、築地のしきたり［2003］)

## 4. 「〜ておくれ」の役割語化の過程

### 4.1 現実の使用に基づくイメージの形成

「〜ておくれ」「〜とくれ」が多様なイメージの中で用いられていたが、その背景には、「〜ておくれ」「〜とくれ」のさまざまな歴史的な状況が反映し

ているといえる。まず、「老人」の表現について、近代に入って、「〜てんか」やテ形命令といった新しい依頼表現が形成されたときに、老年層はそれまで使用していた「〜ておくれ」を使い続けていたため、「〜ておくれ」が老年層の言葉として解釈されるようになった、と考えられる。この過程は金水（2003）で述べられた老人語の形成と同様のものであろう[8]。また、「女性」の表現について、女性は近世後期から明治・大正期にかけて、「〜てくれ」をあまり使用せず、「〜ておくれ」を使用することが多いという実態があり、それが、女性が使う言葉としてのイメージの形成につながったと考えられる。また、江戸時代の言葉というイメージも、「〜ておくれ」が近代以降衰退に向かっていったため、使用される頻度の高かった時代である江戸時代のイメージが固定化したものと考えられる。また、方言的特徴としても、田舎の表現であるというイメージは、これらの表現が都会の周辺地域で用いられるという使用実態の反映だといえる。

## 4.2 バーチャルな言葉としての起源

　それでは、このような現実の使用に基づかない、バーチャルな言葉としての「〜ておくれ」の起源はどこにあるだろうか。『青空文庫』を見ると、明治期にはすでに翻訳作品で「〜ておくれ」が用いられているものがある。例えば、森鷗外が訳した『ファウスト』では8例「〜ておくれ」が用いられている。(20b) に見られる命令表現「〜たまえ」は武家のことばを由来とし、明治期の書生の言葉遣いとも連続しているが（金水 2003）、このような文体の中で「〜ておくれ」も用いられていることは注目される。

(20) a　〔ヘレネ〕スパルタのどの家よりも美しく飾られた、この尊い御殿。お前はどうぞわたくしを迎え入れておくれ。

(青空文庫、森鷗外、ファウスト［1913］)

---

8　ただし、もともと西日本方言であったという状況は現代の老人のイメージにあまり影響を与えているとはいえない。三好（2011）では、「おばあさん」の役割語について、西日本的な言葉遣い（一人称「わし」、コピュラ「じゃ」、否定「ん・ぬ」等）をとる類型と東日本的な言葉遣い（一人称「あたし（ゃ）／わたし（ゃ）」、コピュラ「だよ」、否定「ない」）をとる類型があることが示されている。依頼表現については、西日本系のおばあさんは「動詞の命令形／ーておくれ系」、東日本系のおばあさんは「お＋連用形＋（よ／な）・ーておくれ系」を用いるとされており、東西にかかわらず「〜ておくれ」が用いられている。

行為指示表現「〜ておくれ」の歴史 | 265

b 〔イワン→エレナ＝妻〕「心配するには及ばないよ。何も己に気兼をして好な事をせずにゐなくても好い。あす又来ておくれ。」イワンは又己に言つた。「君はね御苦労だが、晩にもう一遍来てくれ給へ。君は忘れつぽいから、直にハンケチに結玉むすびたまを一つ拵へてくれ給へ。」 （青空文庫、森鷗外、鰐［1912］）

　鷗外の作品は小説や翻訳作品をはじめ多岐にわたり、後世の作家への影響も指摘されている（水内 1996）。鷗外は翻訳のみならず他の作品でも「〜ておくれ」を使用しているので、何か特定のキャラクターと結びつけようとしているというよりは、描く世界に応じた表現形式として、少し上品な言葉遣いを選択したと思われる。3.1 節で述べたように、近世末・19 世紀において、女性は「〜てくれ」を用いにくく、また、1836 年刊の人情本『春色恋廼染分解』で「〜てくれ」は直接聞き手に対して使われない形式であった。これには「〜てくれ」が、ぞんざいな表現としての意識があったためと考えられるが、近代に入っても、翻訳小説に出てくることの多い上流の上品な世界を描くために、「〜てくれ」ではなく「〜ておくれ」のほうが適しているという意識が存在していたと考えられる。明治期はこのような翻訳小説の文体も形成期にあるが、この時期にすでにそのような文体で「〜ておくれ」を使うという描き方があったことは注目される。

　明治から昭和戦前期には、その他の翻訳作品でも「〜ておくれ」が用いられている。

(21) a 〔アンナ〕「やつとタランテラの衣裳の箱を見つけました。」〔ノラ〕「有難うよ、テーブルの上に置いておくれ。」
（青空文庫、島村抱月、人形の家[9]［1913］）

b 〔スクルージ＝老人→少年〕「私は真面目だよ。さあ行って買って来ておくれ。そして、ここへそれを持って来るように云っておくれな。」 （青空文庫、森田草平、クリスマス・カロル［1929］）

　このような上品さを与える、また、翻訳世界のような非現実の世界を喚起する「〜ておくれ」の用法は現実世界にも見られる。例えば、以下の (22a)

_____
9　該当部分のテキストは早稲田大学図書館古典籍データベース所収の資料（1913 年）にて確認した。『人形の家』は 1911 年に公演が行われているが、ノラ役は当時 25 歳の松井須磨子であった。

は参議院総務委員会での那谷屋正義氏の発言であるが、「人事院よ」と呼びかけ、その後、「～ておくれ」が用いられており、翻訳作品での使用との連続性を感じさせる。

(22) a 　人事院よ、人事行政の専門機関として<u>しっかりしておくれ</u>と切なる願い、エールを送りまして、質問を終わりにしたいと思います。　　　　　　　　　　　　　　　　　（BCCWJ、国会会議録［2005］）

　　 b 　あ～どうかダンナよ、知恵袋の存在に<u>気づかないでおくれよ</u>

　　　　　　　　　　　　　（BCCWJ、健康、美容とファッション［2005］）

　このような用法は、「～ておくれ」が非日常的になったということを背景にして、非現実の世界の言葉として小説や童話、翻訳作品の中で再生産され、現代にも受け継がれているものと位置づけられる。


## 5.　まとめと展望

　本稿では、「～ておくれ」「～とくれ」が、歴史的にさまざまな背景のもとで用いられてきたという側面を見てきた。老年層、女性、江戸時代、田舎といった特徴は、「～ておくれ」「～とくれ」の使用実態の反映だと考えられる。

　一方で、明治期以降、翻訳小説の文体が形成される中で、上品な言葉として、「～ておくれ」が利用されるということもあった。「～ておくれ」は「～てくれ」よりも丁寧な表現だといえ、翻訳小説のような、非現実であり、上品な世界を描くためには、「～ておくれ」が適していたといえる。

　金水（2003）で「役割語」は、「ある特定の言葉づかい（語彙・語法・言い回し・イントネーション等）を聞くと特定の人物像（年齢、性別、職業、階層、時代、容姿・風貌、性格等）を思い浮かべることができる（同：205）」（あるいはその逆）ことによって定義されている。「～ておくれ」の位置づけを考えると、現代の（少なくとも若年層の）日本語母語話者には、年配者との結びつきは認められる。しかし、作品での使用を見てみると、その人物像が「特定」されている程度は低い。「～ておくれ」は現在、標準語の会話の中では日常的に用いられない「バーチャル」な言葉になっており、老年層をはじめとした、主人公になりにくい人物の造形に広く使われていると考えられる。また、現実世界に基づかない作品世界、例えば貴族、あるいは翻訳小

行為指示表現「〜ておくれ」の歴史 | 267

説に見られる外国を舞台とした作品世界の形成にも寄与している。

「役割語度」という概念は、「役割語」という概念の広まりと比べると、これまであまり問題となることはなかったように感じられるが、あるキャラクターの言語的な造形の全体像を見るうえでは、追究すべき観点のように思われる。例えば、老人語・博士語の「〜じゃ」は、標準語の「〜だ」と対置され、強く人物のイメージを特定する。「〜てよ」「〜だわ」はもともと女学生のことばだったものであるが、今でもお嬢様を特定する程度が高い。本稿の「〜ておくれ」が人物を特定する程度が低いのは、それが敬語を付与した丁寧な依頼表現であり、もともと地域的にも位相の上でも広く使われていたこと、また、依頼表現自体が多様で一つの表現がある特定のイメージと強く結びつかなかったことに起因するのではないかと思われる。「〜ておくれ」のようにバーチャルな言葉でありながら、多様なキャラクターとしての表現体系の中に組み込まれる形式というのはいくつかあると予想され、それらを含めたキャラクターの表現体系がどのように形成されているのか、という点は、文体論とも連続する重要な問題である。

本稿では、「〜ておくれ」の役割語化の過程を想定してきたが、特に翻訳小説から非現実の人物造形が成立する過程は、まだ明らかにできていない部分が多い。これはこのような文体そのものがどのように形成されてきたか、ということと関連するものと思われるが、今後の課題としたい。

## 付記

本稿は JSPS 科研費（26244024、17K13467）による研究成果の一部である。

## 資料

近世後期上方語　『穿当珍話』『聖遊郭』『月花余情』『陽台遺編』『妣閣秘言』『新月花余情』『郭中奇譚（異本）』『風流裸人形』『見脈医術虚辞先生穴賢』『短華蘂葉』『北華通情』『睟のすじ書』『十界和尚話』『三睟一致うかれ草紙』『南遊記』『当世嘘の川』『滑稽粋言竊潜妻』『当世粋の曙』『河東方言箱枕』『北川蜆殻』（以上『洒落本大成』中央公論社）
近世後期江戸語　『異素六帖』『浮世風呂』（以上『新日本古典文学大系』岩波書店）、『遊子方言』『傾城買二筋道』『東海道中膝栗毛』『浮世床』（以上『新編日本古典文学全集』小学館）、『辰巳之園』『通言総籬』『鹿の子餅』『春色梅児誉美』（以上『日本古典文学大系』岩波書店）、『廓中奇譚』『遊子方言』『南閨雑話』『聞上手』『甲駅新話』

『契国策』『妓者呼子鳥』『売花新駅』『多佳余宇辞』『二日酔巵𤭯』（以上『洒落本大成』中央公論社）『春色恋廼染分解』（おうふう）。読みやすさのため本文を改めたところがある。

明治期関西方言　落語＝「猿後家」「人形買」「たちぎれ線香」「子は鎹」「市助酒」「自動車の蒲団」「吉野狐」「天王寺詣り」「借家怪談」「貝野村」（五代目笑福亭松鶴『上方はなし』三一書房）、真田信治・金沢裕之（編）（1991）・金沢裕之（編）（1998）所収作品／小説＝岩野泡鳴『ぽんち』上司小剣『鱧の皮』『天満宮』宇野浩二『長い恋仲』里見弴『父親』（以上『現代日本文学大系』筑摩書房）、川端康成『十六歳の日記』（『川端康成全集』2、新潮社）、水上瀧太郎『大阪の宿』武田麟太郎『釜ヶ崎』（以上『現代日本文学大系』筑摩書房）、織田作之助『わが町』（『定本織田作之助全集』3、文泉堂書店）

明治期東京語　落語＝③三遊亭円遊「成田小僧」「鼻毛」「思案の外幇間の当込み」、④三遊亭円生「鰍沢雪の酒宴」、④橘家円喬「鼻無し」「狸」「蒟蒻問答」「たらちめ」「三保の松原」「朝友」「法華長屋」、③柳家小さん「無筆」「粗忽長屋」、③柳家小さん「閉込み」「猿丸大夫」「唐茄子屋」「三人無筆」「神酒徳利」「位牌屋」「二人癖」、②禽語楼小さん「親の無筆」、②三遊亭金馬「自動車の布団」、②古今亭今輔「雷飛行」、②柳家つばめ「ちりとてちん」（以上『口演速記明治大正落語集成』講談社）。小説＝新潮社（1997）『CD-ROM 版 明治の文豪』

## 参照文献

金沢裕之（編）（1998）『二代目桂春団治「十三夜」録音文字化資料』平成 10 年度文部省科学研究費補助金（基盤研究 C）「明治時代の上方語におけるテンス・アスペクト型式」研究成果報告書所収作品.

金水敏（2003）『ヴァーチャル日本語 役割語の謎』岩波書店.

工藤真由美（1979）「依頼表現の発達」『国語と国文学』56-1, pp. 46–64, 東京大学国語国文学会.

真田信治・金沢裕之（編）（1991）『二十世紀初頭大阪口語の実態―落語 SP レコードを資料として―』平成 1・2 年度文部省科学研究費補助金（一般研究 B）「幕末以降の大阪口語変遷の研究―SP レコード・速記本を主資料として―」研究成果報告書.

陳慧玲（2006）「明治期東京語における下層男性の命令表現の考察」『文学研究論集』25, pp. 21–40, 明治大学大学院.

陳慧玲（2009）「明治期東京語における士族・知識層女性の命令表現の考察」『日本近代語研究』5, pp. 177–203, 日本近代語研究会.

水内透（1996）『森鷗外と西洋』松江今井書店.

三好敏子（2011）「「おばあさん」の役割語」金水敏（編）『役割語研究の展開』pp. 257–258, くろしお出版（岩田美穂・藤本真理子（要約）「大阪大学卒業論文より（2002～2010)」の第 7 章).

# 比喩によって生じるキャラクター属性
―ラベルづけられたキャラクタの観点からみた―

大田垣　仁

## 1.　はじめに

　ことばとキャラクターの問題をあつかった先駆的な研究として金水（2003、2014、etc.）、定延（2011）がある。定延（2011）はキャラクターを「ラベルづけられたキャラクタ」「発話キャラクタ」「表現キャラクタ」の3類型に分類し、ことばとキャラクターの有機的なむすびつきを精緻に分析している。これに対し、本稿は定延（2011）において詳細に分析がなされなかった、ラベルづけられたキャラクタに注目する。ラベルづけられたキャラクタと名詞に生じる比喩[1]（隠喩・換喩・提喩・換称）を比較したとき、両者にどのような関連性があるのかを分析することで、名詞にあらわれるキャラクターの生成メカニズムをあきらかにすることが本稿の目的である。具体的には、ラベルづけられたキャラクタにどのようなバリエーションがあるかを観察し、それらをメンタル・スペース理論（Fauconnier 1985, 1997）による拡張的な名詞句指示のとらえかたや、認知意味論における認知的なカテゴ

---

[1]　隠喩とは、「人生」を「旅」に喩えたり、「時間」を「お金」に喩えたりするような、事物の類似性にもとづく比喩である。換喩とは、「メガネ（＝メガネをかけた人物）が本を読んでいる」のような、対象と密接に関連のある事物でその対象を指示する比喩である。提喩は「花見」の「花」で〈桜〉を意味したり、「ごはん」で〈食事全般〉を意味するような、カテゴリーの包摂関係にもとづく比喩である。換称は、提喩の特殊事例で、「太閤」で〈豊臣秀吉〉を意味するような、普通名詞が固有名詞になるものや、「小町」で〈美人〉を意味するような、固有名詞が普通名詞になるものをいう。

リーのとらえかた（Lakoff 1987, Kövecsses and Radden 1998）を足がかりに分析することで、ラベルづけられたキャラクタには、比喩によって生じるキャラクター属性が存在することをあきらかにする。これらの理論的枠ぐみを分析にとりいれることで、ラベルづけられたキャラクタの発動に比喩が深くかかわっていることを、言語による対象の指示と意味作用の両面から、一貫したかたちで説明することが可能となる。

　本稿の構成はつぎのとおりである。まず、第2節で「キャラクター」の概念について整理し、本稿における「キャラクター」の定義を「カタログ化された属性」の観点からしめす。第3節で、本稿の分析対象となる「ラベルづけられたキャラクタ」の観察と整理をおこなう。第4節で、本稿の分析の枠ぐみとなるメンタル・スペース理論による名詞句指示のモデルを解説する。また、認知意味論における認知的なカテゴリーのとらえかたについても整理する。第5節で、第4節でしめした分析の枠ぐみをもちいて、第3節で整理したラベルづけられたキャラクタを比喩の観点から分析し、それらがどのような特徴をもち、どのような発動条件をもつかを分析する。第6節で結論をのべる。

## 2.　キャラクターについて

　キャラクターの概念に関しては、哲学、精神医学、心理学、教育学、マンガ批評など、言語学以外の領域でも定義と分析のこころみがある（研究領域のひろがりや研究史については斎藤 2011 を参照）。一方、ことばの問題としてキャラクターをあつかった研究には金水（2003、2014、etc.）の役割語の研究や、定延（2011）によるキャラクタの研究、方言とキャラクターの関係をあつかった田中（2011）やジェンダーと翻訳の関係をあつかった中村（2013）などがある。これらの研究のなかでも定延（2011）の観察は興味ぶかい。定延は、変わると別人のあつかいになってしまう「人格」や、相手に応じて変えることができる「スタイル」に対し、「本当は変えられるが、変わらない、変えられないことになっているもの。それが変わっていることが露見すると、見られた方だけでなく見た方も、それが何事であるかわかるものの、気まずいもの」を「キャラクタ」とよんだ（定延 2011: 199）。キャラクタには

「ラベルづけられたキャラクタ」「発話キャラクタ」「表現キャラクタ」の3種類がある。ラベルづけられたキャラクタとは、「あの人は《坊っちゃん》[2]だ」「あいつは《子供》だ」といった、ことばがキャラクタをあらわすものである。発話キャラクタとは、金水（2003）の役割語と同様のもので、ことばがそのことばを発する話し手のキャラクタをも暗にしめすものである。表現キャラクタとは、ことばが動作を指ししめす際（＝キャラクタ動作の表現）、動作のおこない手のキャラクタまで暗にしめすという（ことばとキャラクタの）むすびつき方である。定延（2011）はキャラクタを「品」「格」「性」「年」という観点のみで分類できる《私たち》タイプと、そうではない《異人》タイプに分けた。また、キャラクタには《坊っちゃん》《いい人》のような個人由来のキャラクタや、《東京人》《大阪人》のような共同体由来のものがあるという。

　本稿ではキャラクターという概念を、定延（2011）のキャラクタの定義にみちびかれつつ、仮につぎのように規定しておく。

（1）　自分以外の対象（個人、集団）を識別するために付与するカタログ化された属性

このうち、「カタログ化された属性」とは、単純化され記述可能になった属性のことである。この定義に合致する属性やその属性をあらわす表現がキャラクターであると考える（カタログ化された属性については第5節であらためて詳述する）。定延（2011）がのべるように、言語表現にかぎらず、対象のあらゆる痕跡がキャラクターになりうる。それらの多様な属性のたちあらわれのなかでも、本稿ではとくに、名詞の位置にキャラクターがあらわれる表現を分析の対象とする。すなわち、定延（2011）のいう「ラベルづけられたキャラクタ」である。このキャラクタはことばだけでなく、動作そのものがキャラクターをあらわすラベルになることがある（e.g.「片手首直立逆口端微笑[3]」定延2011参照）が、動作そのものについては本稿の分析の範囲外である。本稿の目的は、名詞にあらわれるキャラクターの観察と生成メカニズムをあきらかにすることである。観察の基準点としては、つぎのような対象

---

2　以下、キャラクター属性を《》でしめす。

3　「右手首から先をピンと反り返らせて直立させたまま口の左端あたりに持ってきて微笑む、あるいは左手を同様にして口の右端あたりに持ってきて微笑む（定延2011: 112）」という動作。《オカマ》キャラクタを直接あらわすという。

の属性をのべる叙述的なコピュラ文に注目したい。

(2) ［大人の男性に対して］あいつは**坊っちゃん**だ。

この文脈において、この文は対象が幼い男子であることをのべているわけではない。文字どおりの意味以上のカタログ化された属性が、述語名詞の解釈でたちあらわれている。このようなキャラクター属性は、述語名詞の部分に先鋭的にあらわれるように思われる。また、対象の属性をのべるという特徴からも、この文はキャラクターがもつ、自分自身では名のれず、他者の評価においてのみ付与可能、という特性に合致している。次節ではこのようなコピュラ文の述語にあらわれうる名詞を中心に、観察と整理をおこなう。

## 3. ラベルづけられたキャラクタの観察と整理

ここでは「ラベルづけられたキャラクタ」にどのようなものがあるかを観察する。足がかりとして人物をあらわす名詞を俯瞰していくが、ここで問題となるのは、「人物をあらわす名詞がすべてラベルづけられたキャラクタになりうるのか」、ということである。人物をあらわす名詞にはさまざまなものがある。そのような名詞のどこまでがラベルづけられたキャラクタになりうるのかを観察し整理する。

### 3.1 キャラクタと役割のちがい

定延（2011: 68）は「目的論的」で、「場面や相手や話しの内容に応じて、意のままに切り替え可能な動的な性質をもつ」ものを「役割」とよびキャラクタと区別した。したがって、「部長、課長、係長」のような役職名や、「警察官、消防士、弁護士、医師」のような職業名はキャラクタではないことになる。また定延のいう役割は、人物をあらわすものに限定されている点にちがいがあるが、Fauconnier（1985）のいう「役割」（後述）とおおむね合致した概念である。

### 3.2 比喩とラベル

比喩をもちいてつけられたあだ名の類も、ラベルづけられたキャラクタの一種と考えられる。たとえば、夏目漱石の『坊っちゃん』には同僚となった

教師たちにあだ名をつけるシーンがある。

(3)　今日学校へ行ってみんなにあだなをつけてやった。<u>校長は狸、教頭</u>
　　　<u>は赤シャツ、英語の教師はうらなり、数学は山嵐、画学はのだい</u>
　　　<u>こ</u>。　　　　　　　　　　　　　　　　　　　　　　　（坊っちゃん）

このうち、「狸」「山嵐」「のだいこ」といったあだ名は、事物の類似性にも
とづく隠喩による命名である。また、「うらなり」というあだ名は、うらな
りの唐茄子ばかりたべている百姓が青い顔でふくれていたということに由来
するが、これは、フレーザー（1994）のいう類感呪術（e.g. 髪の毛をふやす
にはワカメをたべればいい）的な命名由来であり、やはり、隠喩によるあだ
名であると考えられる。

(4)　英語の教師に古賀とか云う大変顔色の悪るい男が居た。大概顔の蒼
　　　い人は瘠せてるもんだがこの男は蒼くふくれている。（……）蒼く
　　　ふくれた人を見れば必ずうらなりの唐茄子を食った酬いだと思う。
　　　この英語の教師もうらなりばかり食ってるに違いない。

　　　　　　　　　　　　　　　　　　　　　　　　　　　（坊っちゃん）

一方で、「赤シャツ」は事物の隣接性にもとづく換喩によるあだ名であろう。

(5)　挨拶をしたうちに教頭のなにがしと云うのが居た。これは文学士だ
　　　そうだ。（……）あとから聞いたらこの男は年が年中赤シャツを着
　　　るんだそうだ。　　　　　　　　　　　　　　　　　（坊っちゃん）

以上のような、類似性や隣接性にもとづいて個体にラベルをはる、あだ名によ
る命名はラベルづけられたキャラクタを生成するひとつの手段と考えられる。

### 3.3　個体とラベル

　また、個体にラベルがはりつく、という過程に注目すると、本来役割をあ
らわす名詞や記述が、ラベルづけられたキャラクタにかわる現象がみられる。

(6) a.　ニンジャスレイヤー（『ニンジャスレイヤー』の主人公。ニンジャ
　　　　を殺すことを目的に生きるニンジャ）

　　b.　黄色い帽子のおじさん（『おさるのジョージ』の登場人物）

　　c.　「お姉さん」（『ペンギン・ハイウェイ』の登場人物）

これらの例では普通名詞や記述が特定の値を限定した結果、それが登場人物
の名前として定着している。このような名づけには換称とよばれる比喩のメ

カニズムが成立に関与している。換称とは、提喩の下位類に位置づけられる言語表現である。佐藤（1978）によれば、提喩には上位カテゴリーの形式で特定の下位カテゴリーを限定する「類による提喩」と、下位カテゴリーの形式で上位カテゴリーを代表させる「種による提喩」がある。

(7) a. 卵《＝ニワトリの卵》をかってきて。［類による提喩］

b. 今日はまだごはん《＝たべもの全般》をたべていない。［種による提喩］

これに対し、換称は人物に特化した提喩といえる。これにもふたつの方向性がある。ひとつは「類による換称」で、ある特定の人物が所属する類概念をあらわす普通名詞によって慣用的に限定するもの、つまり普通名詞の固有名詞化である。もうひとつは「種による換称」で、ある特徴をその特徴をもつ典型例である人物の名前で総称するもの、つまり固有名詞の普通名詞化である。

(8) a. キリスト（＝イエス）、ブッダ（＝釈迦）、太閤（＝豊臣秀吉）［類による換称］[4]

b. 小町（＝美人）、ドン・ファン（＝好色漢）［種による換称］

さきにあげた、本来役割をあらわしていた名詞や記述が、ラベルづけられたキャラクタにかわる現象は類による換称を動機づけとしている。また、種による換称は日常的な表現としては、「日本のスティーブジョブズ」「21世紀の石原裕次郎」といった、場所や時間を限定する要素と共起しやすい。定延（2011）は固有名詞がラベルづけられたキャラクタになる現象について積極的に分析をおこなっていないが、種による換称は、固有名詞の属性のカタログ化が極端にあらわれて定着したものと考えられる。

### 3.4 異化された役割がキャラクターになる事例

通常、役職や職業をあらわすような名詞は役割であって、キャラクターではないと考えられる。しかし、世間において「キャラクター小説」とよばれている一群の作品を観察すると、「異化された役割」に遭遇することがある。これは、役割が物語世界のなかでカリカチュアライズされることによって、

---

4 本来、「キリスト」は救世主を、「ブッダ」は悟りをひらいた人を、「太閤」は関白を引退した人をあらわす普通名詞である。

日常的な文脈からの切り離しによる属性の改変（＝異化）が生じ、キャラクター性をもつようになった役割である。このような異化現象が生じている典型的な作品として、『ニンジャスレイヤー』をあげることができる。このキャラクター小説は、超常の力をそなえた「ニンジャ」が支配する、高度な文明をもつ一方で、管理・監視社会化し、環境汚染がひろがった近未来の日本を舞台にした海外小説の翻訳作品である[5]。この作品には日本文化を象徴する「サラリマン」「ヤクザ」「オイラン」「スモトリ」「ボンズ」といった人物たちが登場する。しかし、これらの人物は、カタカナ表記でかつ語形の一部において長音が省略されて表示されていたり、撥音で表示されていたりすることからわかるように《外国人からみた日本人》という位置づけが対象にされている。これらの登場人物は、カリカチュアライズされた発話キャラクタや、フレームの類似によってすりかわった発話キャラクタ（e.g. キリスト教徒的な発話をするボンズ）と紐づけられている。現実世界では役割として使用される形式とその属性が、物語世界ではSF的世界観と戯画化された日本文化との融合によって改変され、キャラクター性をおびたラベルとして使用されている。以下では、冒頭にしめしたいくつかのキャラクターを異化されたキャラクターの実例としてとりあげ、観察をおこなう。

　まず、「サラリマン」は、現実世界における日本のサラリーマンがカリカチュアライズされてえがかれたキャラクターである。「サラリマン」には大企業につとめて出世をかさねることで社会的にたかい地位を獲得した「カチグミ」とそうではない下層階級の「マケグミ」とがいる。サラリマンは仲間どうしの会話において丁寧なことばづかいをこころがける。相手の面子を気づかいながら、「堅苦しく画一的」なことばづかいをくりかえす。

(9) 　「それほどでもないですよ」と、勝利したヒョウロク副課長。「いやいや強いですよ」と言いながら、心の中で「ユウジョウ！」とつぶやくサナダ副課長。（……）二人のカチグミは各々の革張りソファにゆったりと座り、オイランドロイドを横にはべらせて、サケをお

---

5　作者は、アメリカ在住のブラッドレー・ボンドとフィリップ・N・モーゼズの二人組。訳者は本兌有・杉ライカである。ただし、原作者が実在するかどうかは不透明で、訳者を標榜する人々がクリエイティブ集団として、ツイッター上で展開しているオンライン小説が実態であると考えられる。

酌させた。「いいオイランドロイドですね」とヒョウロク。「持って帰りますか？」とサナダ。彼らは IRC 中毒でニューロンをやられ、堅苦しく画一的な言葉遣いしかできなくなっているのだ。

（ニンジャスレイヤー第 1 部　ネオサイタマ炎上 1: 213–214）

つぎに、「ヤクザ」である。『ニンジャスレイヤー』の世界では生身のヤクザだけでなく、「クローンヤクザ」とよばれる傭兵としてニンジャに使役されるクローン人間がいる。ともに、「ヤクザスラング」とよばれる《ヤクザ》性をカリカチュアライズした発話キャラクタがこのラベルには紐づけられている。

(10)　「ザッケンナコラー！」不意に、遠くから剣呑な声が聞こえた。「ヤクザかしら……」トチノキの肩を無意識に抱き寄せるフユコ。

（ニンジャスレイヤー第 1 部　ネオサイタマ炎上 3: 38）

つぎに、「オイラン」である。『ニンジャスレイヤー』の世界において、オイランは江戸時代の遊女である「花魁」ではなく、ひろく《娼婦》をあらわすラベルとして使用されている。このキャラクターには発話キャラクタとしてカリカチュアライズされた《京ことば》が使用されている。

(11)　タタミ玉座のもとには四人のオイランが、それぞれ青、緑、紫、赤……淫靡なデザインの着物を着、艶めかしく侍る。「アーレ、ウフフフ」「いらしたドスエ」口々に嬌声をあげる女達は四人ともブロンドの白人女性で、ラオモトの嗜好を反映している。

（ニンジャスレイヤー第 1 部　ネオサイタマ炎上 4: 497）

つぎに、「スモトリ」である。スモトリには、作品世界において「リキシ・リーグ」に所属する格闘家や、そこから身をもちくずして市井の住人になった者や、科学技術によってうみだされた外見がスモトリに似たバイオスモトリとよばれる生命体が存在する。これらのキャラクターは「ドッソイ！」や「フンムー！」といったかけ声が、カリカチュアライズされた発話キャラクタとして使用されている。

(12)　「ドッソイ！　フンムー！」「ドッソイオラー！」モンタロ、コタロはバッファローのごとき唸りをあげ、ズシリズシリとさらなる前進と圧迫を試みる。

（ニンジャスレイヤー第 1 部　ネオサイタマ炎上 2: 55）

比喩によって生じるキャラクター属性 | 277

　最後に、「ボンズ」である。ボンズはブディズム（＝仏教）における聖職者であるが、現実世界の日本における「坊主」とは微妙にことなる。英語圏の人間からみたブディズムの聖職者であり、類似した概念の混同にもとづくキリスト教的な語彙や語法からなる発話キャラクタでえがかれている。

(13) a.　（アワモ僧正）「ドーモ、お二人ともこんな夜中に、奥ゆかしいことです。ブッダ・ブレス・ユー」

　　　　　　　　　（ニンジャスレイヤー第 1 部　ネオサイタマ炎上 4: 230）

　　 b.　（イロリ僧正）「ブッダ……守りたまえ……悪しき黙示録の獣たちから……この奥ゆかしいテンプルを」

　　　　　　　　　（ニンジャスレイヤー第 1 部　ネオサイタマ炎上 4: 242）

　以上、現実世界においては何らかの役割をあらわしていたラベルが、特殊な作品世界において異化をおこし、キャラクター性を発揮した事例を『ニンジャスレイヤー』から抽出した。

## 4.　分析の枠ぐみ ―メンタル・スペース理論による名詞句指示のモデルと認知的カテゴリー観―

　前節ではラベルづけられたキャラクタの特徴と、それらが比喩や特殊な作品世界における異化によって生じることを観察した。つぎに、本稿でもちいる分析の道具だてについて、メンタル・スペース理論（Fauconnier 1985, 1997）による名詞句指示のモデルと、認知意味論における認知的なカテゴリー観（Lakoff 1987, Kövecsses and Radden 1998）にもとづく「意味の伸縮現象」について整理する。

### 4.1　役割関数

　メンタル・スペース理論では、名詞句が対象を指示する機能を役割関数をもちいて表現する。

　(14)　R (M) =v [R：役割, M：スペース, v：値]

役割は名詞があらわす内包をもったカテゴリーのことである。定延（2011）では役割が人物をあらわすものに限定されていたが、メンタル・スペース理論における役割はひろく名詞がつくるカテゴリーのことをさす。値は名詞の

指示対象である。スペースは役割関数に代入されて値を限定する場所、時間、個人の信念、一般的知識、といったパラメーターである。このモデルにしたがえば、たとえば「大統領」という名詞はつぎのように表示される。

（15）a.　大統領（アメリカ，2015 年）＝バラク・オバマ

　　　b.　大統領（フランス，2017 年）＝エマニュエル・マクロン

つまり、大統領のような名詞はスペースがかわるとことなる値を出力する役割と考えられる。以上のように、名詞句の解釈を役割関数としてとらえることによって、名詞句の解釈にかかわる諸要素の動的な関係を明示的にとらえることが可能になる。

### 4.2　認知的なカテゴリー観

　前節では、役割関数によって、名詞句の解釈にかかわる諸要素の動的な関係を明示的にとらえることが可能になることをのべた。しかし、ラベルづけられたキャラクタがもつキャラクター属性の発動要因をあきらかにするには、この定式化だけでは不十分である。なぜなら、役割関数では明示されない認知操作がカテゴリーの解釈には存在するからであり、その部分にキャラクターの性質が内在しているからである。たとえば、つぎのような例を観察してみよう。

（16）　太郎は男である。

この文は、論理的に考えるのであれば、太郎が女性ではなく男性であることをのべる。一方で、つぎのような表現をみてみよう。

（17）　あいつは男じゃない。

通常われわれは、このような文を論理的に、「ある人物が男性であることを否定する文」とは考えない。すなわちこの文は、「男」という名詞の意味について、[＋ ADULT，＋ MALE]のような素性の有無では表現しきれない意味をもあらわしている。ここに、ラベルづけられたキャラクタのキャラクター属性が発動していると考えられるのである。「男」という名詞はたんに性別を区別するだけではなく、ときに《男らしさ》のようなキャラクターをしめすことがある。このような名詞の意味の伸縮現象について Kövecsses and Radden（1998: 69）は、換喩が成立するための動機づけとなる規則を整理するなかで、Cultural preferences（文化的な優位性）があることをしめし

ている。具体的には、名詞の解釈にステレオタイプや理想例、模範例がひきよせられるという（i.e. STEREOTYPICAL OVER NONSTEREOTYPICAL, IDEAL OVER NON-IDEAL）。たとえば、ステレオタイプによる認知によって、mother というカテゴリーの属性として《housewives》が選択され、bachelor というカテゴリーの属性としてたんなる《独身男性》ではなく、《swinging machos》が選択されるという。また、husband の理想例として《よい稼ぎ頭であり、妻に忠実で、つよく、尊敬できる夫》が選択され、野球選手の模範例としてベーブ・ルースが選択され、裏ぎり者の典型例としてユダが選択される。このような現象を、Lakoff (1987) は「カテゴリーにおけるプロトタイプ効果」とよんだ。これは、あるカテゴリーの典型的な成員がそのカテゴリー全体を代表したり、あるカテゴリーの典型的な成員の特性がそのカテゴリーの中心的な特性として選択されたりする現象である。このメカニズムは、比喩の類型のなかでは、提喩の動機づけになっていると考えられるが、意味の伸縮作用や指示対象の限定によって、人物を指示する名詞が内包的属性をあらわすだけでなく、キャラクター属性をもあらわすようになるものと考えられる。

## 5. 比喩によって生じるキャラクター属性

　ここからは、比喩によって生じるキャラクター属性がどのように発動するかについて、メンタル・スペース理論による拡張的な名詞句指示の定式化と、認知意味論における認知的カテゴリー観の観点から分析をおこなう。

### 5.1　比喩的コネクターの定式化

　さきにのべたとおり、メンタル・スペース理論（Fauconnier 1985, 1997）では、名詞句の指示を役割関数によって定式化する。しかし、比喩にみられるような、名詞句が拡張的な指示をおこなう現象については、さらに語用論的コネクターによるアクセス原理という概念を導入する必要がある。

　(18)　［アクセス原理］二つの要素 a と b がコネクタ F によってリンクされていれば（b = F (a)）、要素 b はその対応物 a の名前か記述か、指差しかにより同定できる。　　　　　　（Fauconnier 1985: 3 を翻訳）

語用論的コネクターは b = $F$ (a) という単純な式で表現されるが（a をトリガー、b をターゲットとよぶ）、比喩が介在したコネクターを役割関数をふまえて精緻化してとらえるならば、つぎのように定式化することができるだろう。

(19)  $F$ ($R_a$, M) = $R_b$ (M)

この式は、「語用論的コネクター $F$ が、役割 $R_a$ とスペースを引数として、$R_b$ (M) の値を限定する」という操作をしめしている。この定式を隠喩、換喩、提喩、および換称に適用させるとつぎのようになる。まず、隠喩と換喩はつぎのようにしめされる。コネクターは類似性と隣接性にもとづくものでそれぞれ $F_{隠喩}$、$F_{換喩}$ のようにあらわしておく。

(20) a.  $F_{隠喩}$ ($R_a$, M) = $R_b$ (M)

b.  $F_{換喩}$ ($R_a$, M) = $R_b$ (M)

たとえば、精神的に幼く、眼鏡をかけている山田太郎という人物を「坊っちゃん」や「眼鏡」と名指すことは、つぎのように表示できるだろう。

(21) a.  $F_{隠喩}$ (坊っちゃん, M) = 山田太郎 (M)

b.  $F_{換喩}$ (眼鏡, M) = 山田太郎 (M)

これらは、ある限定されたスペースにおいて、「山田太郎」という人物が隠喩や換喩によって、「坊っちゃん」や「眼鏡」といった役割がもつ属性で限定されていることをしめす。これに対し、提喩に関しては、類による提喩と種による提喩のふたつの方向性があり、類による提喩を「特殊化」とし、種による提喩を「一般化」といいかえると、関数としてはつぎのように区別する必要がある。この関数に代入されるスペースが何であるかが問題になるが、提喩による特殊化や一般化には国の文化のちがいが反映されることがおおいので、場所や時間をパラメーターとしてふくむ、何らかの一般化された知識スペースが設定されるものと考える。

(22) a.  $F_{特殊化}$ ($R_b$, M) = $R_a$ (M) [$R_a \subset R_b$]

b.  $F_{一般化}$ ($R_a$, M) = $R_b$ (M) [$R_a \subset R_b$]

この式は、あるカテゴリー $R_a$ と $R_b$ がタクソノミーを形成しているにもかかわらず、$R_b$ または $R_a$ によって限定される上位、または下位カテゴリーの値域がひとしくなることをしめす。具体的には、つぎのような表示が可能であろう。

比喩によって生じるキャラクター属性 | 281

(23) a. $F_{特殊化}$（卵，M）＝鶏卵（M）［鶏卵⊂卵］

b. $F_{一般化}$（ごはん，M）＝たべもの（M）［ごはん⊂たべもの］

換称は提喩の特殊な例である。換称の特徴として、提喩の関数における役割
関数 $R_a$（M）の値が単一になるという制限がかかる。

(24) a. $F_{特殊化}$（$R_b$，M）＝$R_a$（M）［$R_a$ ⊂ $R_b$，$R_a$（M）の値は単一］

b. $F_{一般化}$（$R_a$，M）＝$R_b$（M）［$R_a$ ⊂ $R_b$，$R_a$（M）の値は単一］

たとえば、「太閤」「小町」などの役割を換称の関数に代入すると、

(25) a. $F_{特殊化}$（太閤，M）＝豊臣秀吉（M）［豊臣秀吉⊂太閤］

b. $F_{一般化}$（小町，M）＝美人（M）［小町⊂美人］

のように表示できる。特殊化（＝類による換称）では、右辺が値をひとつし
かもたない固有名詞になる。これに対し、一般化（＝種による換称）では、
左辺に代入される役割が固有名詞になる。換称の関数におけるスペースと指
示対象の関係について、類による換称によって成立した名詞はいかなるス
ペースにおかれても唯一の値を出力する。これは固有名詞がもつ特徴であ
り、類による換称が普通名詞の固有名詞化であることをしめす。一方、種に
よる換称では、スペースによってことなる複数の値を出力しうる。本来特定
の個人を限定する固有名詞が、《美人》という属性に合致する対象をひろく
限定する普通名詞に変化するのである。

## 5.2　キャラクター属性と比喩的属性

　以上、比喩的なコネクターの定式化によって、比喩における属性と指示対
象との関係をあきらかにした。これによって、名詞句の「指示」の観点から
比喩をみることで、複数の比喩現象を一貫した枠ぐみのなかで定式化できる
ことがわかった。ここからは、比喩的なコネクターの内実、すなわち「意味
作用」の観点に注目し、比喩によって生じるキャラクター属性が、叙述的な
コピュラ文のなかでどのように発動するかについて考察する。

### 5.2.1　カタログ化された属性と記述不可能な属性

　本稿ではキャラクターを「自分以外の対象（個人、集団）を識別するため
に付与されるカタログ化された属性」と定義した。カタログ化された属性と
は何かについては本稿の冒頭でもふれたが、ここであらためて厳密な定義を

おこないたい。属性の記述可能性の観点からみたとき、カタログ化された属性とは、単純化され記述可能になった属性といえる。これは固有名詞が保持する属性（＝固有名詞の意味）の対極にある属性である。固有名詞における意味をどうとらえるかについては、言語哲学の世界においてすでに多数の議論がある（ライカン 2005 参照）。これに対し筆者は、メンタル・スペース的な観点から、固有名詞もカテゴリーを形成し、固有名詞の意味を指示対象がもつ属性の束であると考える[6]。そのように考えると、この属性群は記述することが不可能である。これに対し、キャラクター属性は固有名詞であっても普通名詞であっても記述可能な属性であり、そこには名詞がもつ属性の単純化やカリカチュアライズが生じている。このような属性が言語コミュニティに蓄積され認知されることによって、カタログ化された属性が定着していくものと考える。

　属性のカタログ化が生じる要因のひとつとして比喩による意味拡張や因果推論がかかわってくる。これは、役職名や職業名などの役割がもつ属性と、キャラクター属性を比較することによって観察することができる。役割が有している属性は、内包的な属性である。内包的な属性は、あるカテゴリーに属する対象が何であり、何でないかをしめす特徴である（i.e. 類概念と種差）。これに対し、大人の男性に対して使用する、「あいつは坊っちゃんだ」のような叙述的なコピュラ文の述語名詞は、当該の対象に〈敬うべき他人の男子〉といった内包的な属性を付与しているのではなく、隠喩的に拡張された《幼児性の抜けない男性》といったキャラクター属性を付与しているのである。このように、ラベルづけられたキャラクタとなる名詞があらわす意味は、その名詞がもつ内包的な意味ではなく、そこから比喩を介して拡張された意味であると考えられる。このような、比喩によって拡張され、固定化された一群の属性がカタログ化された属性を形成する。カタログ化された属性を形成する比喩には隠喩、提喩、換喩がある。以下では、それぞれの比喩がどのようなカタログ化された属性をうみだすかを分析する。

---

6　「このドラマでは、徳川吉宗は松平健だ」のような表現が可能であることから、固有名詞もカテゴリーを形成する役割の一種であると考える。この文では、固有名詞『徳川吉宗』が値を欠いた役割として主題になり、述語がしめす固有名詞である『松平健』という俳優名の指示対象が値としてわりあてられる。

### 5.2.2 隠喩によって生じるキャラクター属性

まず、隠喩によって生じるキャラクター属性についてのべる。

(26) a. ［大人に対して］あいつは {坊っちゃん、赤ん坊、お嬢ちゃん} だ。
《幼児性》

 b. あいつは犬だ。《従順さ》

 c. あいつは豚だ。《大食い、肥満、緩慢さ》

 d. あいつは (女) 狐だ。《ずるがしこさ》

 e. あいつは鬼だ。《冷酷さ》

上記の文では、隠喩によって述語名詞がもつ属性が変化している。これらの文は、文字どおり解釈しようとすると矛盾した文になる。しかし、《》にしめした属性を当該の人物が保持していると判断されたとき、類似性による隠喩表現として有意味な文として解釈される。さらに、隠喩による属性の付与は「二次的活性化」という効果もうみだす。二次的活性化とは「ある語がメタファーなどの比喩に基づき新たな意味を生み出す場合に、本来の意味が背後で支えていること」をいう（籾山 2014 参照）。たんに対象に属性を付与するのであれば、隠喩をつかわず「あいつは幼稚だ」などといえばいい。隠喩がラベルづけられたキャラクタとして使用される理由は、たんに属性を付与する以上のイメージ (e.g. 犬がうれしそうにしっぽをふって主人になつき従う様子や、豚の緩慢な様子、鬼の人知を超えた冷酷さなど) を二次的活性化によって対象にあたえられることによるのだろう。

### 5.2.3 提喩によって生じるキャラクター属性

つぎに、提喩によって生じるキャラクター属性についてのべる。

(27) a. あいつは男だ。《典型的、ステレオタイプ的な男らしさ》

 b. あいつは人物だ。《模範的、理想的な人物》

 c. あいつは (内) 弁慶だ。《二面性をもった人物》

 d. あいつは日本のスティーブ・ジョブズだ。《革新的な人物》

提喩によって生じるキャラクター属性は、プロトタイプ効果によってうみだされるものと考えられる。あるカテゴリーにおけるステレオタイプや典型例、模範例や理想例がもつ属性が、当該のカテゴリーの中核的な属性として限定されたり、逆にカテゴリー全体を代表する名称として使用されるものと

考えられる。たとえば、「あいつは男だ」という文では、「男」という名詞がもつ内包的な意味よりも《男らしさ》という属性に焦点があてられている。これは類による提喩である。一方、種による換称によってもたらされるキャラクター属性もある。「あいつは日本のスティーブ・ジョブズだ」という文では、スティーブ・ジョブズという固有名詞がもつさまざまな属性のうち《イノベーションを起こす人物》がもつ《革新性》といった限定された属性に焦点があたっている。このような、固有名詞の部分的な属性が固定化され定着して使用されるようになると、その固有名詞は普通名詞としてカタログ化された属性を伝達するようになる。

### 5.2.4 換喩によって生じるキャラクター属性

最後に、換喩によって生じるキャラクター属性についてのべる。

(28) a. あいつは<u>眼鏡</u>だ。《勤勉さ、博識さ》
　　 b. ［若い男性に対して］あいつは {<u>金髪、長髪</u>} だ。《反社会性》
　　 c. あいつは<u>黒帯</u>だ。《つよさ》
　　 d. あいつは<u>第 1 バイオリン</u>だ。《卓越性、かっこよさ》

換喩によってもたらされるカタログ化された属性が何に由来するかを考える前提として、そもそも、「あいつは眼鏡だ」のようなコピュラ文が換喩であるかどうかという問題がある。隠喩や提喩では述語名詞に比喩が生じることで、述語名詞の意味そのものがキャラクター属性におきかわっている。これに対し、叙述的なコピュラ文の述語名詞に換喩が生じるかどうかということが問題になる。ここでいう換喩とは語用論的コネクターによって指示対象のずれが生じる、メンタル・スペース的にみて純然たる換喩である（大田垣 2011、2013 参照）。これに関しては今井・西山 (2012) や金水 (2016) で議論があるのだが、筆者は日本語において叙述的なコピュラ文の述語名詞の位置に換喩が生じるかどうかについては懐疑的である。Ruiz de Mendoza and Hernández (2001) によると、英語では叙述的なコピュラ文の述語名詞に意味のシフトとしての換喩が生じ、たとえば brain で《知性》をあらわすことがあるという。

(29)　She's a real *brain*.　　　（Ruiz de Mendoza and Hernández 2001: 323）

これに対し、筆者は名詞に生じる換喩は値をもった名詞句に生じると考えて

おり、「あいつは眼鏡だ」のような叙述的なコピュラ文の述語名詞には換喩は生じていないと考える。つまり、この文では主題と述語の対応関係がしめされているだけで、その対応関係によって「あいつは眼鏡を着用している」という解釈が生じるものと考える。この過程をへたうえで、あらためて文レベルでの因果関係にもとづく推論が生じることで、換喩的なキャラクター属性が生じうるというのが筆者の考えである。すなわち、「あいつは眼鏡だ」という文は、第一義的には、「当該の人物が眼鏡を着用している」という対応関係をしめすが、ここからさらに「あいつは眼鏡をかけているから、いつも勉強ばかりしている」といった評価を対象にあたえることができる。これは、「勉強ばかりしていると視力がさがり、その結果として眼鏡をかけることがある」という因果関係が逆転してとらえられることによってあたえられる評価である。因果関係の推論としては間違っているのだが、もともとの因果関係が一般的な知識として言語コミュニティに定着することで、逆転した推論の前提にふくまれる属性が、カタログ化された属性として使用されるようになるものと考えられる。

## 6.　おわりに

　本稿では、定延（2011）で提案されたキャラクタの3類型のうち、ラベルづけられたキャラクタに注目した。まず、定延のキャラクタ論における「ラベルづけられたキャラクタ」にどのような類型があるかを調査した。つぎに、それらについてメンタル・スペース理論（Fauconnier 1985, 1997）や認知的なカテゴリーのとらえかた（Lakoff 1987, Kövecsses and Radden 1998）を足がかりに、言語による対象の指示と意味作用の両面から分析した。結論として、ラベルづけられたキャラクタのキャラクター属性をうみだす要因として比喩が中心的にかかわっていることをのべた。その類型として隠喩・換喩・提喩・換称がうみだすキャラクター属性について分析した。具体的にはつぎのことをあきらかにした。

(30) a.　ラベルづけられたキャラクタは、比喩によって生じるキャラクター属性によってカタログ化されている。

　　 b.　隠喩はトリガーの役割がもつ属性がキャラクター属性をうみだす

とともに、二次的活性化が生じることによってたんに属性を付与
する以上のイメージを対象にあたえる。

c.　提喩や換称はプロトタイプ効果に代表される意味の伸縮作用に
よって、キャラクター属性をうみだす。

d.　換喩によるキャラクター属性は、コピュラ文を介した文レベルの
逆転的な因果推論によってもたらされる。

e.　役割をあらわす名詞が、特殊な文脈で異化することでキャラク
ター性をおびることがある。

　今後の課題について。今回の分析では比喩に由来するカタログ化された属
性の全体像の把握には至っていない。キャラクター言語研究の発展のために
も、記述的な調査が必要である。また、アイロニーなど比喩以外のレトリッ
クによるキャラクター属性の発動があるかどうかについても調査する必要が
ある。また、叙述的なコピュラ文以外のコピュラ文におけるキャラクター属
性のふるまいについて、文法的な観点もふくめた分析が必要であるように思
われる。

**参照文献**

今井邦彦・西山佑司 (2012)『ことばの意味とはなんだろう　意味論と語用論の役割』
岩波書店.

大田垣仁 (2011)「換喩と個体性─名詞句単位の換喩における語用論的コネクターの
存否からみた─」『待兼山論叢』45, pp. 21–36, 大阪大学文学会.

大田垣仁 (2013)「換喩もどきの指示性について」『語文』第 100・101 輯, pp. 1–14, 大
阪大学国語国文学会.

金水敏 (2003)『ヴァーチャル日本語　役割語の謎』岩波書店.

金水敏 (2014)『コレモ日本語アルカ？』岩波書店.

金水敏 (2016)「「ウナギ文」再び─日英語の違いに着目して─」福田嘉一郎・建石始
(編)『名詞類の文法』pp. 203–214, くろしお出版.

斎藤環 (2011)『キャラクター精神分析　マンガ・文化・日本人』筑摩書房.

定延利之 (2011)『日本語社会 のぞきキャラくり 顔つき・カラダつき・ことばつき』
三省堂.

佐藤信夫 (1978)『レトリック感覚』講談社.

ジェームズ・フレーザー (著) 内田昭一郎・吉岡晶子 (訳) (1994)『図説 金枝篇』東京
書籍.

田中ゆかり (2011)『「方言コスプレ」の時代─ニセ関西弁から龍馬語まで─』岩波書店.

中村桃子（2013）『翻訳がつくる日本語—ヒロインは「女ことば」を話し続ける—』白澤社.

籾山洋介（2014）『日本語研究のための認知言語学』研究社.

ライカン, W. G.（著）荒磯敏文・川口由起子・鈴木生郎・峯島宏次（訳）（2005）『言語哲学　入門から中級まで』勁草書房.

Fauconnier, G.（1985）*Mental Spaces*. Cambridge: Cambridge University Press.

Fauconnier, G.（1997）*Mappings in Thought and Language*. Cambridge: Cambridge University Press.

Kövecsses Z. and G. Radden（1998）Metonymy: Developing a cognitive linguistic view. *Cognitive Linguistics* 9-1, pp. 37–77.

Lakoff, G.（1987）*Women, Fire and Dangerous Things: What Categories Reveal about the Mind*. Chicago: University of Chicago Press.

Ruiz de Mendoza Ibáñez, F. J. and L. P. Hernández（2001）Metonymy and the grammar: Motivation, constraints and interaction. *Language & Communication* 21, pp. 321–357.

## 用例出典

夏目漱石『坊っちゃん』（青空文庫、1906 年）／森見登美彦『ペンギンハイウェイ』（角川文庫、2012 年）／マーガレット・レイ、H. A. レイ『おさるのジョージ』（NHK、2006 〜）／ブラッドレー・ボンド、フィリップ・N・モーゼズ［著］、本兌有・杉ライカ［訳］『ニンジャスレイヤー ネオサイタマ炎上（1）〜（4）』（KADOKAWA、エンターブレイン、2012 〜 3 年）

# あとがき

　「はじめに」で述べたように、本書の内容は研究発表会「バリエーションの中での日本語史」が元となっていますが、実は研究会も本書も金水敏先生の還暦のお祝いのため企画したものです。2016 年 4 月に金水敏先生が還暦を迎えるにあたり、大阪大学大学院で御指導頂いた元院生たちが集まり相談し、「学恩は研究成果でお返しする」ということとなり、当企画となりました。

　さて、本書の執筆者、部立て、発刊日、さらに研究発表会「バリエーションの中での日本語史」開催日には、それぞれ意味があります。

　まず、執筆者の方々を見て、金水先生の所属する「大阪大学大学院」とはあまり関係しない人が含まれており、不思議に思われるかもしれません。これは金水先生の日頃の言葉「ゼミという単位にこだわらず、広く良いものを学ぶ姿勢を持ったほうがよい」によるもので、出身・所属機関等の垣根を越えた、これまで深く関わりのあった方々にお声掛けをしました。

　次に、発表・書籍の部立ては先生が研究に着手した順です。先生はまず東京大学大学院の修士論文（1981 年提出）において存在表現を扱われ（2006 年に新村出賞を受賞した『日本語存在表現の歴史』（ひつじ書房、2006 年）のあとがきなど）、最初の公刊論文は『国語と国文学』59-12 に掲載された「人を主語とする存在表現―天草版平家物語を中心に―」（1982 年）でした。次いで、1980 年代から『ケーススタディ日本文法』（明治書院、1987 年）や「日本語における心的空間と名詞句の指示について」『女子大文学国文篇』39（1988 年）で指示詞について執筆されていますが、何と言っても今も読み継がれているものは、田窪行則氏と執筆された「談話管理理論からみた日本語の指示詞」（『認知科学の発展』3、1990 年）でしょう。さらに 1990 年代に入り、雑誌『国語学』164 に「受動文の歴史についての一考察」（1991 年）を発表されています。また近年では文法研究の枠を超え、役割語という概念を提案され、多数の著作があります（『ヴァーチャル日本語 役割語の謎』（岩波書店、2003 年）など）。このように本書の内容は、金水先生が関心を持た

[289]

れたテーマについて、順番に配置されています。

　また、日付については、研究発表会を開催した 2016 年 4 月 30 日は、金水先生が還暦を迎えた 4 月 29 日の翌日であり（4 月 29 日当日は大阪大学の研究室恒例行事に取られました）、本書はその還暦から 2 年経った 2018 年 4 月 29 日に発刊の運びとなったわけです。

　さて、もう一つ、大切なことを記しておきたいと思います。1990 年代から 2000 年代にかけて、日本語史、特に文法史研究は、大きく変貌を遂げたように思います。もちろん、「国語学」には長い歴史があり、これまでに優れた研究者による研究成果も見られます。ただし、研究の多くは資料そのものの記述であって、その裏にある言語コミュニティーや、そのコミュニティーのあり方を含む包括的で抽象的な言語の歴史を捉えようとする理論の力は希薄でした。しかし現在では、日本語の文法史研究は様々な言語理論を取り入れ、また、日本語の諸方言や世界の言語まで視野に入れた研究が多くなっているように感じます。そして、この変化を先導し、常にトップを走り続けたのが金水先生であったことは、誰もが認めるところではないでしょうか。この変化の源といえる金水先生のお考えは、以下の 2002 年の文章に端的に表れていると思われます。

　　　国語学が持っている日本語の歴史に関する知識は、世界的に貴重なものであるから、国語学者は自らの限界性を打破し、新たな研究の目的と方法論を自覚して、世界の言語学者と交流すべきである。そのことによってこそ、日本語研究は世界の言語研究に対し貢献をなし得るであろう
　　　（「日本語文法の歴史的研究における理論と記述」『日本語文法』2-2）

　こうした先生のお考えは、国語学会 2003 年春季大会シンポジウム「日本語史研究の将来―理論と実証の接点―」でも試みられており、記憶に残っている方も多いと思われます。

　このような信念の元、先生は長きにわたって学界で活躍なされ、今でもお忙しい日々を過ごしていらっしゃいますが、そんな中、学生の指導も熱心にして頂きました。夏になると、セミナーハウスや城崎温泉での研究合宿（朝から晩まで研究発表をおこないます）、さらに土曜ことばの会を始めとする

あとがき | 291

国内での研究会や海外での研究会等を企画してくださり、学生ばかりでなく、国内外の著名な研究者を招いて熱い議論がなされることもありました。まさにそこは、上記のような考えを体現する垣根を越えた学びの場であり、そこで得たものは非常に大きかったと現在でも感じています。

このように、我々は「国語学という学問分野に閉じこもるのではなく、世界の言語研究と対峙すべきである」という、ある意味、強烈なメッセージを普段の講義・演習においても受け、また卒業後も意識しながら研究者としての道を歩んできたように思います。そのメッセージに十分答えられるだけの成果を挙げられたかどうかは心許ないところではありますが、本書の刊行をもって、少し前になってしまった先生の還暦をお祝いしたいと思います。

最後に、研究発表会及び本書をなすにあたって、ご協力・ご執筆くださった皆様、及び、編集に尽力してくださったくろしお出版荻原典子さんに深く感謝いたします。

2018 年 4 月
編者一同

# 執筆者紹介 (論文掲載順、*は編者)

**高田祥司 (たかた・しょうじ)**
大阪大学大学院文学研究科博士後期課程単位取得退学。修士 (文学)。新羅大学校師範大学講師、忠南大学校人文大学講師 (共に韓国) を経て、現在、秀明大学学校教師学部講師。主な論文として「岩手県遠野方言のアスペクト・テンス・ムード体系―東北諸方言における動詞述語の体系変化に注目して―」(『日本語文法』3-2、2003)、「日本語東北方言と韓国語の〈過去〉の表現について」(『日本語の研究』4-4、2008) などがある。

**竹内史郎 (たけうち・しろう)**
大阪大学大学院文学研究科博士後期課程終了。博士 (文学)。群馬大学教育学部専任講師、准教授を経て、現在、成城大学文芸学部准教授。主な論文として、「日本語接続詞の捉え方―ソレデ、ソシテ、ソレガ、ソレヲ、ソコデについて―」(『国立国語研究所論集』14、2018)、「動詞「ありく」の文法化―平安時代語のアスペクト表現における一考察―」(『国語語彙史の研究』37、2018) などがある。

**黒木邦彦 (くろき・くにひこ)**
大阪大学大学院文学研究科博士後期課程修了。博士 (文学)。甲南女子大学文学部講師、啓明大学校語文大学助教授 (韓国) を経て、現在、神戸松蔭女子学院大学文学部准教授。主な著書・論文として『日本語はどのような膠着語か―用言複合体の研究―』(共著、笠間書院、2012)、「北薩方言の複合不完成相と抱合不完成相」(『Technical and applied linguistics at Kobe Shoin』19、2016) などがある。

**衣畑智秀 (きぬはた・ともひで)***
大阪大学大学院文学研究科博士後期課程修了。博士 (文学)。福岡大学人文学部講師を経て、現在、同准教授。主な論文として「南琉球宮古方言の終止連体形―方言に見る活用形の合流―」(『日本語文法』17-1、2017)、「南琉球宮古語の疑問詞疑問係り結び―伊良部集落方言を中心に―」(『言語研究』149、2016)、「係り結びと不定構文―宮古語を中心に―」(『日本語の研究』12-1、2016) などがある。

**金水 敏 (きんすい・さとし)**
東京大学大学院人文科学研究科修士課程修了。博士 (文学)。大阪女子大学文芸学部講師、神戸大学文学部助教授その他を経て、現在、大阪大学大学院文学研究科教授。主な著書として、『ヴァーチャル日本語 役割語の謎』(岩波書店、2003)、『日本語存在表現の歴史』(ひつじ書房、2006)、『役割語研究の展開』(編著、くろしお出版、2011年)、『〈役割語〉小辞典』(編著、研究社、2014) などがある。

## 執筆者紹介 | 293

**藤本真理子（ふじもと・まりこ）\***
大阪大学大学院文学研究科博士後期課程修了。博士（文学）。現在、尾道市立大学芸術文化学部准教授。主な著書・論文として『グループワークで日本語表現力アップ』（共著、ひつじ書房、2016）、「現実世界の対象を表さないソの指示―歴史的変遷をとおして―」（『日本語語用論フォーラム』2、ひつじ書房、2017）などがある。

**岡﨑友子（おかざき・ともこ）\***
大阪大学大学院文学研究科博士後期課程修了。博士（文学）。大阪大学助手、就実大学人文科学部准教授を経て、現在、東洋大学文学部教授。主要な著書・論文として、『日本語指示詞の歴史的研究』（ひつじ書房、2010）、『ワークブック日本語の歴史』（くろしお出版、2016）、「指示詞再考―コロケーション強度から見る中古のコノ・ソノ・カノ＋名詞句―」（『日本語学』11月増刊号、2014）などがある。

**堤　良一（つつみ・りょういち）**
大阪外国語大学大学院言語社会研究科博士後期課程修了。博士（言語文化学）。岡山大学文学部講師を経て、現在、岡山大学文学部准教授。主な著書・論文として『現代日本語指示詞の総合的研究』（ココ出版、2012）、『談話とプロフィシェンシー』（共編、凡人社、2015）などがある。

**岡部嘉幸（おかべ・よしゆき）**
東京大学大学院人文社会系研究科博士課程中退。修士（文学）。東京大学文学部助手、中央学院大学商学部講師、千葉大学文学部准教授を経て、現在、同大学院人文科学研究院教授。主な論文として、「近世江戸語のハズダに関する一考察―現代語との対照から―」『日本語文法史研究 2』ひつじ書房、2014）、「大正～昭和前期における助動詞マスの終止・連体形について―マスルの使用状況を中心に―」（『SP盤演説レコードがひらく日本語研究』笠間書院、2016）などがある。

**志波彩子（しば・あやこ）**
東京外国語大学博士後期課程修了。博士（学術）。東京外国語大学非常勤講師、国立国語研究所非常勤研究員等を経て、現在、名古屋大学大学院人文学研究科准教授。主な著書・論文として、『現代日本語の受身構文タイプとテクストジャンル』（和泉書院、2015）、「近代日本語の間接疑問構文とその周辺―従属カ節を持つ構文のネットワーク―」（『国立国語研究所論集』10、2016）などがある。

**青木博史（あおき・ひろふみ）**
九州大学大学院文学研究科博士課程修了。博士（文学）。京都府立大学文学部講師、助教授、准教授を経て、現在、九州大学大学院人文科学研究院准教授。主な著書として、『語形成から見た日本語文法史』（ひつじ書房、2010）、『日本語歴史統語論序説』（ひつじ書房、2016）などがある。

## 執筆者紹介

**西田隆政（にしだ・たかまさ）**
大阪市立大学文学研究科後期博士課程単位取得退学。修士（文学）。西山短期大学講師、大分大学教育福祉科学部助教授を経て、現在甲南女子大学文学部教授。主な論文として、「平安和文の会話文の文体をめぐって」（『文学史研究』54、2014）、「役割語史研究の可能性―平安和文作品での検証―」（『国語と国文学』93-5、2016）などがある。

**渋谷勝己（しぶや・かつみ）**
大阪大学大学院文学研究科博士後期課程中退。学術博士。京都外国語大学助教授等を経て、現在、大阪大学大学院文学研究科教授。主な著書・編著として『シリーズ日本語史4 日本語史のインタフェース』（共著、岩波書店、2008）、『歴史社会言語学入門―社会から読み解くことばの移り変わり―』（共編著、大修館書店、2015）などがある。

**森　勇太（もり・ゆうた）** *
大阪大学大学院文学研究科博士後期課程修了。博士（文学）。日本学術振興会特別研究員（PD）、関西大学文学部助教を経て、現在、関西大学文学部准教授。主な著書として、『発話行為から見た日本語授受表現の歴史的研究』（ひつじ書房、2016）、『ワークブック日本語の歴史』（くろしお出版、2016）等がある。

**大田垣　仁（おおたがき・さとし）**
大阪大学大学院文学研究科博士後期課程修了。博士（文学）。大阪大学大学院文学研究科助教を経て、現在、近畿大学文芸学部講師。主な著書・論文として、『役割語小辞典』（金水敏編、研究社、2014）、「換喩と種差―換喩使用の目的と条件―」（『語文』109、2017）、「換喩と名詞述語文―措定文の述語名詞に換喩は生じるのか―」（『文学・芸術・文化』29-2、2018）などがある。

# 索 引

## あ行

アクセス原理 279
アクチュアル 4, 8, 16
値 277
意外性 145, 153
異化された役割 274
一時性 76
一段形 244
意味記憶 126
隠喩 269
ヴォイス交替 23
エピソード記憶 125
公尊敬 164
音韻的語 51
音便形 241

## か行

概念的知識 140
書き手デザイン 236
格標示 36
可視的 104
仮想世界 115
カタログ化された属性 281
カテゴリーにおけるプロトタイプ効果 279
漢語 221
換称 274
関心の有無 146
完遂系 207, 209
関数名詞句 90
完成相 6, 9, 10
間接経験領域（I-領域） 140
間接的経験 104, 114
間接的知識 116
観念用法 119, 125
漢文訓読語 221

漢文訓読文 99, 170
換喩 269
完了 58
記憶指示 139
聞き手への配慮 116
疑似空間的存在文 95
擬似的直接経験 109
擬人化 165
きもち欠乏症 151
キャラクター 271
キャラクター言語 224
共感・興味の度合い 130
強進行 58
共有知識仮説 139
キリシタン資料 202, 203
空間的存在文 92
グローバルデザイン 237
継続相 6, 7, 10, 17
継続相相当形式 16
結果維持 58
結果継続 58, 72
結果状態 23
現在との断絶性 9
現在パーフェクト 9
〈現在〉を表す「イダ」 4
現実世界 113, 114
現場指示 107
限量的存在文 71, 90
語彙的 203, 204, 206
広義の役割語 225, 227
個体の履歴 170
コピュラ文 92

## さ行

事態実現型 176

実現可能 208
指定文 90
視点 175
自発系 207, 209
弱進行 58
洒落本 99
習慣 73
主催 164
儒者 220
受動化 36
種の履歴 170
状況可能 206, 207, 209
将然 58
状態型 177
抄物資料 198, 202, 203
叙景文 163, 168
所有文 89
新規導入 106, 115
人物像の表現 225, 227
スタイル 232
スタイル能力 232
スペース 278
生産動詞 164
静態化形式 45
絶対存在文 89, 90
潜在可能 208
潜在的受影者 162, 165
前望相 77
属性叙述受動文 170
属性表現 218, 222, 223, 226
尊敬 198, 199, 209
存在型アスペクト 69
存在文 70

**た行**
体験・目撃性 9
対象可能 200, 204
単純状態 73
中進行 58
長期記憶 125
直接経験 140
直接経験領域（D−領域）140

直接的（な）経験 104, 112
直接的体験の知識 121
直接的知識 116, 140
テアル構文 24
定性 28
提喩 269
動作継続 72
動作主項 23
倒置指定文 90
遠野方言 7
特定性 28

**な行**
内容判断一貫性の原則 153
二次的活性化 283
二段形 244
人称代名詞「まろ」219
能力可能 206, 207

**は行**
パーフェクト 73
場所・存在文 89, 92
場所名詞句 95
発生状況描写 168
発声のあり方 220, 221
パラメータ 90
反復 73
非情の受身 159, 175, 197, 198, 212, 213
否定 199, 207, 211
非動詞承接型（の存在型アスペクト）74, 76, 81, 82, 85
被動者項 23
被動者項への指向性 42
非場所名詞句 95
平賀源内 239
弘前方言 6
不可視的 104
複合不完成相 46
不定範疇言語 46
文章語 212
文法化 6, 14, 18, 82, 85, 207, 209
文法的な現象 206

索　引 | 297

文法範疇　46
文末表現　222
文脈応答的スタイル使用　238
文脈創造的スタイル使用　238
変項名詞句　89
抱合不完成相　46
ポテンシャル　4, 8, 16
翻訳　264

**ま行**
無対他動詞　199, 204
明治文語文　99
メイド　223
メタファー　97
メンタル・スペース理論　277
森鷗外　264

**や行**
役割　277
役割語　217, 246, 251, 266
役割語史　218
役割語度　252, 267
融合的な視点　124, 130

**ら行**
ら抜きことば　205
リスト存在文　89
例ノ読ミ　124
歴史社会言語学　231
連辞的言語　47
連声　50
ローカルデザイン　237

バリエーションの中の日本語史

2018 年 4 月 29 日　初版第 1 刷発行

編　者　岡﨑友子・衣畑智秀・藤本真理子・森勇太

発行人　岡野秀夫

発行所　株式会社　くろしお出版
　　　　〒 113-0033　東京都文京区本郷 3-21-10
　　　　TEL: 03-5684-3389　FAX: 03-5684-4762
　　　　URL: http://www.9640.jp　e-mail: kurosio@9640.jp

印刷所　シナノ書籍印刷株式会社

装　丁　庄子結香（カレラ）

イラスト　阿部伸二（カレラ）

© Tomoko OKAZAKI, Tomohide KINUHATA, Mariko FUJIMOTO, and Yuta MORI
2018　Printed in Japan
ISBN 978-4-87424-766-2　C3081
乱丁・落丁はおとりかえいたします。本書の無断転載・複製を禁じます。